CB138390

PSICANÁLISE CLÍNICA

SÉRIE ESCRITA PSICANALÍTICA

Alma migrante, de Plínio Montagna

Análise, teimosia do sintoma e migração, de Daniel Delouya

Caminhando pela psicanálise, de Myrna Favilli

Clínica psicanalítica: testemunho e hospitalidade, de Marcio de Freitas Giovannetti

Uma imagem do mundo, de Walter Trinca

Passado e presente, de Ana Maria Azevedo

Psicanálise: de Bion ao prazer autêntico, de Cecil José Rezze

A posteriori, um percurso, de Marion Minerbo

Psicanálise clínica: novas descobertas, novos conceitos, de Marisa Pelella Mélega

PSICANÁLISE CLÍNICA: NOVAS DESCOBERTAS, NOVOS CONCEITOS

Marisa Pelella Mélega

Série Escrita Psicanalítica

Coordenação: Marina Massi

Psicanálise clínica: novas descobertas, novos conceitos
Série escrita psicanalítica
© 2021 Marisa Pelella Mélega
Editora Edgard Blücher Ltda.

Publisher Edgard Blücher
Editor Eduardo Blücher
Coordenação editorial Jonatas Eliakim
Produção editorial Lidiane Pedroso Gonçalves
Preparação de texto Maurício Katayama
Diagramação Villa d'Artes
Revisão de texto Ana Lúcia dos Santos
Capa Leandro Cunha
Aquarela da capa: Helena Lacreta

Blucher

Rua Pedroso Alvarenga, 1245, 4º andar
04531-934 – São Paulo – SP – Brasil
Tel.: 55 11 3078-5366
contato@blucher.com.br
www.blucher.com.br

Segundo o Novo Acordo Ortográfico, conforme 6. ed. do *Vocabulário Ortográfico da Língua Portuguesa*, Academia Brasileira de Letras, julho de 2021.

É proibida a reprodução total ou parcial por quaisquer meios sem autorização escrita da editora.

Todos os direitos reservados pela Editora Edgard Blücher Ltda.

Dados Internacionais de Catalogação
na Publicação (CIP)
Angélica Ilacqua CRB-8/7057

Mélega, Marisa Pelella

Psicanálise clínica : novas descobertas, novos conceitos / Marisa Pelella Mélega. - São Paulo : Blucher, 2022. (Série Escrita Psicanalítica / coordenação de Marina Massi)

362 p. (Série Escrita Psicanalítica)

Bibliografia

ISBN 978-65-5506-104-8 (impresso)

ISBN 978-65-5506-099-7 (eletrônico)

1. Psicanálise 2. Mãe e bebê 3. Formação simbólica 4. Sonhos (Psicologia) I. Título . II. Massi, Marina. III. Mélega, Marisa Pelella. IV. Série.

21-5417

Índice para catálogo sistemático:
1. Psicanálise

Sobre a Série Escrita Psicanalítica

O projeto de uma série com livros de autores da Sociedade Brasileira de Psicanálise de São Paulo (SBPSP) é fruto da pesquisa de doutorado Trinta anos de história da Revista Brasileira de Psicanálise: um recorte paulista. Nessa tese, abordei os artigos publicados na revista, de 1967 a 1996, por psicanalistas da SBPSP.

Entre os vários aspectos que pude observar, destacou-se a necessidade de organizar a produção psicanalítica dessa instituição, de seus primórdios aos dias atuais, divulgada em revistas especializadas, atividades científicas ou aulas ministradas nos institutos de formação, com influência sobre diversas gerações de profissionais ligados à International Psychoanalytical Association (IPA).

A Série Escrita Psicanalítica tem justamente a ambiciosa proposta de reunir, organizar, registrar, publicar, divulgar e consolidar a produção dos pioneiros e das gerações posteriores da SBPSP. Busca também retratar, para a própria instituição, o que nela foi construído de importante desde a sua fundação. Conta, assim, a história da SBPSP pelo veio da produção e da criação psicanalítica.

Esta série lança um olhar para o passado, pois organiza o que de melhor já foi feito, e um olhar para o futuro, pois transmite a fortuna da SBPSP não só como memória, mas como um importante material de estudo para os diferentes institutos de formação psicanalítica e cursos de pós-graduação no Brasil, além de para o público interessado.

Ao promover uma leitura da história das ideias psicanalíticas – uma leitura crítica, comparada – e, ao mesmo tempo, permitir que os psicanalistas aqui apresentados sejam considerados enquanto autores, produtores de ideias e teorias, a série possibilita sair do campo transferencial institucional e passar ao campo das ideias, da reflexão, do debate, para além da pessoa do psicanalista.

A ciência e a arte necessitam de organização (ou curadoria) da contribuição que o ser humano foi e é capaz de oferecer. Espero que esta série cumpra o objetivo de ser a história das ideias de muitos colegas brasileiros no âmbito da IPA, alguns infelizmente não mais entre nós, outros ainda em plena produção.

Marina Massi

Coordenadora da Série Escrita Psicanalítica

Sumário

Prefácio

A compreensão de que a psicanálise é um corpo de conhecimentos experimentando contínuas transformações pode ser ricamente acompanhada neste novo livro de Marisa Pelella Mélega, *Psicanálise clínica: novas descobertas, novos conceitos*. Nele, não só podemos perceber esse fato, acompanhando o desenvolvimento psicanalítico da autora por meio de seus trabalhos, mas, também, identificar como novas formulações psicanalíticas surgidas nos últimos quarenta anos foram adquirindo aplicação clínica, principalmente no campo da psicanálise de crianças e de adolescentes. Teorias de observação psicanalítica (como o método de observação de bebês de Esther Bick), formas de pensar a prática clínica (com destaque para Bion e Meltzer), abordagens de novas patologias (veja-se a pluralidade da Parte V) e expansões em novos campos (como o trabalho psicanalítico com bebês) são os exemplos mais evidentes. Um apanhado completo dessas contribuições está relacionado no sumário e exposto, de forma elaborada, na Introdução feita pela própria autora.

Nessa perspectiva, podemos também vislumbrar a analista por detrás da autora: uma analista com um pensamento psicanalítico continuamente em expansão, transitando por um largo espectro de ideias. É uma psicanalista de nossos tempos e em nossa cultura psicanalítica, vivendo o que José Longman chamou de "psicanálise psicanalítica", contrastada com "psicanálise profissão".[1]

Essas qualidades do livro apenas confirmam o que quem conhece a autora já sabe. Na convivência científica com colegas, Marisa impressiona por seu pensamento organizado, claro, bem fundamentado, mas, que é, ao mesmo tempo, capaz de ouvir e de considerar ideias diferentes das suas, favorecendo a discussão do que surge com sua argumentação. Em algum momento, conjecturei que esse posicionamento é o que encontramos frequentemente em uma educação europeia. Também impressiona, em especial, sua condição de manter a independência de sua própria forma de pensar perante a autoridade dos autores. Fazendo aqui um enlace com o conteúdo do livro, podemos acompanhar essas observações, por exemplo, no artigo "Reflexões em torno de uma supervisão com Wilfred Bion" (1996b).

A autora é pessoa de pensamentos próprios, não de repetir pensamentos de outros autores; no entanto, reconhece as influências do outro e dá crédito para aqueles que estimulam o desenvolvimento dos seus próprios. Seus trabalhos vão nos expondo suas explorações do universo psicanalítico de inúmeros autores, alguns mais conhecidos; outros, nem tanto. Embora transite com facilidade entre diferentes formas de pensar a psicanálise, em uma formulação muito simplificada, podemos avaliar que há um quarteto *master* de influências em seu pensamento psicanalítico: Freud/Klein/Bion/Meltzer. Influências, não adesões. Vale a pena acentuar algo mais nesse ponto: seus textos são estímulos para o exame

---

1 Longman, J. (2008). Psicanálise psicanalítica e psicanálise profissão. In J. Signorini, A. M. Ziskind, E. Longman (Eds.), *Psicanálise viva*. Rio de Janeiro, Ed. Corifeu, . (Trabalho original publicado em 1981).

crítico que um psicanalista deve fazer ao aproximar-se do pensamento de outros autores. Creio que ela está entre as influências que tive para poder perceber essa diferença e cultivá-la. Valorizo essa condição de Marisa e vejo-a convergente com a epistemologia que norteia Bion, em sua recomendação de que cada analista esteja consciente desse fato e que possa fazer formulações próprias das experiências que vive na relação analítica.

Vale a pena assinalar que este livro representa apenas uma parcela de sua produção psicanalítica escrita, o que nos dá uma ideia de sua prolificidade, criatividade e disciplina mental. E veja-se que neste cálculo não estão incluídas suas incursões pela interface psicanálise/literatura, que lhe renderam duas teses na USP, ambas publicadas.

Partindo dessa visão de conjunto, quero destacar quatro pontos específicos que vejo percorrerem, como eixos organizadores, os trabalhos psicanalíticos incluídos neste livro.

A importância fundamental da observação psicanalítica

O tema *observação* permeia as elaborações das experiências psicanalíticas da autora e embasa a organização de seu pensamento em toda a extensão do livro. Na Introdução, ela mesma destaca que reconhece a observação psicanalítica como o fio condutor em suas contribuições. Sintetiza essa posição por meio de uma frase lapidar: "Colocar um foco de luz para visualizar e acompanhar o que chamo de 'o encontro onírico de duas mentes'".

Como dado significativo em seu desenvolvimento, nessa mesma Introdução, a autora aponta como a importância da observação psicanalítica surgiu-lhe por meio do estudo da obra de Bion, mas que, de fato, "entrou" em sua clínica em torno de 1978, em seminários com Lygia Amaral, pelo contato com o método de observação da relação Mãe-Bebê, de Esther Bick. Também fundamentais nesse sentido foram os contatos concomitantes com Martha Harris e a exposição ao pensamento de Donald Meltzer, de quem Marisa colheu uma das características mais importantes de seu pensamento psicanalítico: as estruturas psíquicas como uma ideia central para seu pensamento clínico.

Nessa perspectiva, podemos ler a Parte I como a apropriação que fez da psicanálise que lhe foi transmitida em sua formação, especificamente em "Construção de uma relação analítica", de 1978, seu trabalho de apresentação como membra associada de sua sociedade psicanalítica. Outro trabalho dessa mesma Parte nos diz da evolução que foi dando à observação no seu pensamento psicanalítico, em "Observação da relação mãe-bebê – instrumento de ensino em psicanálise" (1987 a [1985]). Nesse trabalho isso surge de forma amadurecida, em suas elaborações e aplicação do método de Esther Bick. Essa mesma presença é tema específico do terceiro artigo dessa mesma Parte.

A vertente estética enriquecendo o pensamento psicanalítico de Marisa Pelella Mélega

Quando o reconhecimento da interface, aberta por Bion, entre o pensamento psicanalítico e a dimensão estética era ainda uma ideia estranha para a grande maioria dos analistas, Marisa já tinha se assenhorado dessa visão, por sua aproximação com Meltzer. Não penso que, para isso, tenha sido conduzida por esse autor, e, sim, que nele encontrou ajuda para desenvolver uma veia de pensamentos próprios. Hoje, mais enfronhados nessa forma de pensar, podemos perceber essa vertente estética como uma linha de desenvolvimento presente no pensamento psicanalítico mundial.

Os desenvolvimentos que fez da vertente estética vieram manifestados tanto diretamente, por sua produção clínica, como indiretamente, por explorações psicanalíticas na literatura, em especial na poesia de Eugenio Montale e nas aproximações com a visão de Meg Harris Williams. Em "Imagens oníricas e formas poéticas",[1] de 2014, Marisa nos oferece vislumbres da riqueza que este último caminho abre.

Ainda na perspectiva da vertente estética no pensamento psicanalítico de Marisa, vamos encontrar quatro trabalhos sobre o processo simbólico, constituindo a Parte III. O papel da contribuição psicanalítica é destacado desde a descoberta, por Freud, da importância dos processos simbólicos para a compreensão da vida mental. Esse exame fica complementado por observações sobre como esse conhecimento psicanalítico fertiliza – e é fertilizado – pela literatura. Com disciplina e fina discriminação de conceitos, Marisa vai delineando como a descoberta de Freud abriu caminho para os estudos fundamentais de Melanie Klein, Roger Money-Kyrle, Donald Winnicott, Marion Milner, Hanna Segal, Wilfred Bion e Donald Meltzer.

Essa abordagem reúne um conjunto de formas de pensamento psicanalítico que iluminam o desenvolvimento simbólico da mente humana, ajudando a entender melhor seus pontos de fracasso e suas consequências na vida emocional do indivíduo. Em especial, merecem atenção as aproximações de Marisa ao conceito de símbolos primários e sua função de passagem do biológico ao psicológico. Na dimensão literária, em uma perspectiva integrada com a psicanalítica, exemplos de como os poetas alcançam,

---

1 Mélega, M. P. (2014). *Imagens oníricas e formas poéticas*. São Paulo: Pasavento.

independentemente e diretamente, o que os psicanalistas descobrem após laboriosa abertura de caminhos. Os trechos retirados da poesia de Eugenio Montale são primorosos exemplos dessa convergência.

Desenvolvimento da capacidade simbólica: um eixo importante no pensamento psicanalítico de Marisa

Duas qualidades que a autora deixa transparecer ao transmitir seu pensamento psicanalítico vão ser preciosos auxiliares para quem deseja se enfronhar nesse tema: sua capacidade de apreensão e síntese do pensamento de autores seminais e sua condição de integrar esses pensamentos em sua prática clínica. A complexidade do tema não impede que venhamos a entrelaçá-lo em elaborações que ficam acessíveis. Para bebermos dessaa fonte, podemos estudar a Introdução deste livro (pela autora) e alguns de seus artigos aqui publicados, principalmente estes três trabalhos: "A estrutura simbólica dos sonhos no processo analítico por Meltzer" (2017), "Vicissitudes com o conflito estético – um caso clínico" (2017), e "Apreensão da beleza e conflito estético". Em todos os outros trabalhos, a questão do desenvolvimento da capacidade simbólica também estará presente, de forma importante e entrelaçada com a clínica, mostrando ser uma invariante no pensamento psicanalítico de Marisa.

A autora mostra-se uma cuidadosa estudiosa do desenvolvimento da capacidade simbólica na criança, caminho aberto por Melanie Klein e explicitado em "A importância da formação de símbolos no desenvolvimento do ego" (1930). Acrescentadas as compreensões de Freud e de Klein, vamos encontrar especialmente como as contribuições posteriores de Bion e de Meltzer criaram uma corrente no pensamento psicanalítico em que vicejam esses estudos e pesquisas de Marisa.

Um olhar sobre o pensamento psicanalítico de Marisa Pelella Mélega

Em seu trabalho de qualificação como psicanalista na SBPSP (*Construção de uma relação analítica*, de 1978), fica nítido o eixo Freud/Klein/Bion. A conjunção dessa trinca era uma característica na SBPSP nas três últimas décadas do século XX. Dentro desse referencial, Marisa mostrou, de início, uma decidida inclinação pelo viés entrelaçado, quem sabe influenciada por seu trabalho com crianças. Suas descrições clínicas privilegiam a interpretação de significados de elementos primitivos da mente, que ainda não alcançaram condições para uma representação simbólica, no tradicional movimento do analista de buscar manifestações do inconsciente por meio da decodificação de suas protomanifestações em condutas. De forma hábil, a autora como que "completa" a parte faltante para o desenvolvimento simbólico alcançar formulação verbal, ao entrelaçá-la com experiências de transferências de objetos parciais. Nessa perspectiva, a teoria do pensar de Bion fica presente como um apoio claro a essa influência kleiniana, por exemplo, em sua discriminação das identificações projetivas realistas no processo de formação de símbolos e em sua função de comunicação de significados.

Essas ideias também podem ser seguidas em seu trabalho *Reflexões em torno de uma supervisão com Wilfred Bion* (1996 [1978]), incluído na Parte IV. Nela os objetos psicanalíticos vão ser examinados por meio das estruturas da personalidade, diferenciando-se da proposta de Bion de examiná-los pelas experiências emocionais. Os diálogos entre Marisa e Bion, nessa supervisão, mostram a diferença epistemológica entre duas formas de pensar a psicanálise que continuam presentes entre nós, o que indica a atualidade da leitura e do estudo deste livro. Um detalhamento dessa interação parece-me útil para percebermos a importância do que está em questão. Nessa supervisão, Marisa mostra esperar esclarecimentos para a compreensão das estruturas presentes nas manifestações das dificuldades de desenvolvimento emocional de uma criança de 8 anos. Diante da forma elusiva com que Bion vai se conduzindo na supervisão, Marisa busca que ele se posicione mais claramente, ao que Bion produz uma resposta epistemológica: "Não vi o garoto e sinto ter dado a impressão de que teria, afinal, qualquer ideia. Não quero ser colocado na posição de quem tem de saber todas as respostas". Destaco o episódio por diferentes razões: primeiramente, para apontar os pensamentos psicanalíticos então desenvolvidos por Marisa, em 1978 e por Bion, ao final de sua vida; depois, para esclarecer o que, no início deste Prefácio, apontei como característica marcante de Marisa: sua autonomia de pensamento diante de outros autores, mesmo que já consagrados.

Aproveito ainda esse episódio para avançar em outro esclarecimento sobre as ferramentas privilegiadas por Marisa em seu pensamento psicanalítico e para apontar sua qualidade de aceitar novas evoluções que se lhe mostram úteis, no caso as ideias de Bion. Minha impressão é de que Marisa seguiu o movimento, feito historicamente pelo próprio Bion, de acrescentar a dimensão intuitiva aos processos de formação de pensamento. O artigo mais recente de Marisa, "Intuição como premonição de emoções" (2020), mostra a inclusão desse desenvolvimento em seu pensamento psicanalítico.

Concluindo

Todas essas aproximações aqui feitas assinalam minha profunda satisfação em estar prefaciando *Psicanálise clínica: novas descobertas, novos conceitos,* da gratidão de quem já usufruiu muito com a convivência com a autora, assim como com as ideias que aqui ela expõe. Foi um forte estímulo examinar em mais detalhes o pensamento psicanalítico de Marisa.

João Carlos Braga

Membro efetivo e analista didata da Sociedade Brasileira de Psicanálise de São Paulo e do Grupo Psicanalítico de Curitiba

Janeiro, 2022.

Introdução

Esta coletânea de artigos que apresentei ao longo de mais de quarenta anos de prática psicanalítica revela um fio condutor que se inicia por escritos acerca do "aprendizado" (se assim posso chamar) do método psicanalítico e, mais recentemente, chega a uma visão da qualidade estética desse método.

Devo essa visão às contribuições de Wilfred Bion, que enfatizou a natureza da observação psicanalítica, e às de Donald Meltzer, que "descobriu" ser o método analítico um objeto estético.

Pela descrição desse meu percurso, é possível acompanhar de que modo a observação "entrou" em minha clínica e que consequências produziu. Limito-me aqui a apontar, no meu entender, a mais importante de todas: colocar um foco de luz para visualizar e acompanhar o que chamo de "o encontro onírico de duas mentes".

Minha prática clínica começou em 1966, atendendo principalmente crianças. Ao iniciar a formação analítica com adultos, em 1972, continuei a analisar crianças e adolescentes. Acredito ser fundamental para a experiência do psicanalista ter presente a criança no trabalho clínico.

Dessas análises com crianças, uma particularmente inaugurou meu contato com Donald Meltzer e Martha Harris, na ocasião em que visitaram a SBPSP, em 1979. Trata-se do caso de Mário, um menino de 12 anos, pós-autista, que desafiava minha condição de analisá-lo.[1] A continuidade das supervisões de Meltzer levou-me ao aprofundamento do início da estrutura psíquica e da importância de compreendê-lo em cada caso que eu atendia.

Nessa época, eu havia concluído na SBPSP meu treinamento em *child analysis* com o casal de psicanalistas uruguaios, Drs. Prego y Silva, e também havia concluído um período de dois anos de observação segundo a técnica de Esther Bick. Essa experiência possibilitou-me aprofundar a compreensão das relações emocionais íntimas.

Muitos anos depois, Meltzer declarou que seu modelo psicanalítico foi mudando ao acompanhar, durante os anos 1970, as supervisões de observação da relação Mãe-Bebê que Martha Harris ministrava nos finais de semana na Itália:

> *Talvez tenha sido a experiência de ouvir a observação Mãe-Bebê nos últimos anos que me mostrou a inadequação do modelo psicanalítico vigente para descrever as nuances e complexidades destas relações primárias.*[2]

De fato, a vivência de supervisionar os relatos de observações Mãe-Bebê foi me mostrando tal complexidade comentada por Meltzer e o quanto é necessário, na sala de análise, observar

1 Mélega, M. P. (1999). *Pós-autismo – uma narrativa psicanalítica*; Mélega, M. P. (2014). *Post Autism, a psychoanalytical narrative with supervisions by Donald Meltzer*.

2 Meltzer, D. (1994). Money-Kyrle's Concept of Misconception. In *Sincerity and other Works : Collected Papers of Donald Meltzer* (p. 503).

e descrever o que vai ocorrendo antes de formular alguma compreensão ao paciente.

Dessa fase, resultaram os trabalhos "Observação da relação Mãe-Bebê e formação analítica" (1985) e "Observação da relação Mãe Bebê – instrumento de ensino em psicanálise" (1987a), que integra a Parte I ("Formação analítica"), junto com o trabalho "A contribuição de Esther Bick à clínica psicanalítica", apresentado em Lisboa, em 1998, durante o congresso que comemorou os 50 anos do trabalho seminal de Bick.

A combinação da minha experiência clínica com crianças e a observação da relação Mãe-Bebê levou-me a aplicações clínicas da técnica de observação Esther Bick, agora visando a ajudar os pais na compreensão das interações com seus filhos.

As compreensões surgidas da observação Mãe-Bebê na família poderiam ser aplicadas durante as sessões familiares, desde que tivéssemos referenciais teóricos. Tomamos como base as hipóteses de Bion[3] sobre o funcionamento de grupos, por entender que a família é o primeiro grupo na vida do indivíduo. E assim surgiu o trabalho "Fundamentos e metodologia das intervenções terapêuticas conjuntas pais-filhos".[4] O *paper* "Gerando significados no trabalho com pais-crianças" (2002) descreve a intimidade clínica dessa abordagem. Esses trabalhos compõem a Parte II, "Aplicações do modelo de observação Esther Bick".

O objeto combinado "descoberto" por Melanie Klein por meio do trabalho com Richard pareceu-lhe uma fantasia assustadora. Meltzer considera que, em sua forma primitiva, o objeto combinado consiste no peito e no mamilo (o continente e os meios de acesso);

3 Bion, W. R. (1948).
4 Mélega, M. P. (1998).

estes se fundem com a ideia de mãe e pai em conjunção sexual. Ele adotou, então, uma ideia de objeto combinado como divindade interna e assumiu sua importância por entender que é esse o cerne da formação de símbolos e da criatividade do indivíduo. A experiência de supervisionar observações mãe-bebê levou-me à intimidade do processo de formação de símbolos que descrevo em vários textos que compõem a Parte III ("O processo simbólico – contribuições atuais"). São eles: "Formação simbólica e criatividade"; "Constituição *versus* ambiente: diálogo decisivo na formação e transformação psíquica"; e "A intuição como premonição de emoções".

O trabalho "Formação simbólica e criatividade" aborda a criatividade e detém-se em uma visão da inspiração poética e de significado da criação artística. Em 1995, aproximei-me da literatura, movida especialmente pelo estudo das origens da criatividade e particularmente pelo mundo onírico, tão enfatizado por Bion e Meltzer. A leitura de *The Apprehension of Beauty* (1988), de Meltzer, pôs-me em contato com os trabalhos da autora inglesa Meg H. Williams, escritora, artista plástica e com longo convívio com a psicanálise. Seu livro *The Chamber of Maiden Thought* foi referência em minha tese de mestrado, *Estados de mente poéticos – o processo da criação em Eugenio Montale* (2004), e em *Immagini Oniriche e Forme Poetiche* (2013), nos quais estudei o poeta italiano Eugenio Montale buscando as origens de seu impulso criador. Para Mege e para outros vários autores, literatura e psicanálise têm o mesmo objeto de estudo – a vida mental –, mas com abordagens distintas.

A experiência de supervisionar observações mãe-bebê levou--me à intimidade do processo de formação de símbolos descrito na Parte IV: "Processo onírico. Sonhos". A formação simbólica foi também por mim estudada na estrutura dos sonhos, com base nas supervisões de Meltzer e em seus textos teóricos (*Dream life*, de

1984). Nessa Parte, focalizo os pensamentos oníricos e as imagens inconscientes. Meltzer interessou-se muito pela filosofia da formação dos símbolos e, particularmente, pela tradição de Wittgenstein, Cassirer e Langer. Esses autores preocuparam-se com a distinção entre formas de apresentação (que mostram) e formas discursivas (que dizem), deixando claras as limitações da expressão verbal do significado inconsciente. Para Meltzer, os sonhos são manifestações autênticas do drama dos objetos parciais, com aspectos do objeto interno combinado atuando como protagonistas de um "teatro da fantasia" – o que expressa a visão espacial de Meltzer acerca da vida mental. A teoria dos sonhos de Meltzer comporta a visão da vida onírica como um *continuum*, em que o significado é gerado continuamente por objetos internos (não pelo self). Para ele, os sonhos mostram o nível mais criativo do fundamento mental do indivíduo, e esse é o nível verdadeiramente mental.

Meu *paper* "A estrutura simbólica dos sonhos no processo analítico segundo Meltzer" (2017) vai expondo os passos da exploração de sonhos de uma paciente que foi apresentada a Meltzer em um seminário na SBPSP. Relato a seguir um material dessa mesma paciente que contém um sonho. Esse sonho demonstraria uma característica apontada por Meltzer em *Dream life*, a de que a vida onírica é vista como um *continuum*, em que o significado é gerado continuamente pelos objetos internos. Essa parte contém ainda outros três *papers*:"Reflexões em torno de uma supervisão com W. Bion"; "Relação mãe-bebê, um modelo da relação analítica"; e "A apreensão da beleza e o conflito estético".

A Parte V ("Algumas patologias à luz de novas contribuições"), fundamentalmente clínica, descreve patologias de pacientes que, em um primeiro momento, de 1979 a 1990, abordei com uma teorização e, anos depois, ao revisitá-las à luz de novas teorias, pude expandir a compreensão clínica. É o caso de estados obsessivos, cuja compreensão foi ampliada pela contribuição de Meltzer ao investigar estados autistas e fenômenos da identificação projetiva intrusiva no objeto interno (*claustrum*).

A conceituação do conflito estético (Meltzer, 1988) junto com o conceito de Bion de mudança catastrófica, passou a ser fundamental para se compreenderem as dificuldades para aprender da experiência. Fazem os seguintes trabalhos: "Estados obsessivo-compulsivos – um caso clínico"; "Pós-autismo – um caso clínico; "A propósito da mudança catastrófica de Bion e do conflito estético de Meltzer - uma ilustração clínica"; "Vicissitudes com o conflito estético - um caso clínico"; "Acerca da analisabilidade - um depoimento".

Marisa Pelella Mélega

Janeiro de 2021.

Parte I

Formação analítica

1. Observação da relação Mãe-Bebê: instrumento de ensino em psicanálise[1]

Para esta exposição, escolhi centrar meu relato principalmente:

1. na experiência emocional do candidato que se dispõe a ser observador da relação Mãe-Bebê na família;
2. no papel do observador e na função de observar;
3. na condução do "seminário de observação", de modo a poder lidar com o material para que haja aprendizado psicanalítico da experiência de observação.

Não estou, porém, deixando de considerar o aprendizado trazido pela observação da conduta da mãe (M.) e do bebê (B.), quando se tem a oportunidade de se ver como se estruturam e evoluem as primeiras relações de objeto e acompanhar a capacidade que a dupla tem de aprender a relacionar-se; e também o aprendizado

---

1 Ampliação do trabalho apresentado em mesa redonda no X Congresso Brasileiro de Psicanálise, no Rio de Janeiro, em 1985, e publicado na *Revista Brasileira de Psicanálise*, *XXXI*, 309, 1987.

resultante do alargamento da percepção de condutas não verbais indicativas de realidades psíquicas, de fantasias, e o uso disso ao analisarmos.

O que significa ter uma experiência de observação, dentro da metodologia psicanalítica? Significa, desde 1949, quando começou a ser usada por Bick, proporcionar uma experiência pela qual o observador aprende a perceber as peculiaridades e modificações de uma relação no estado nascente. Nesta, a atitude do observador é do tipo psicanalítico, e passamos, a partir de agora, a denominá-lo observador psicanalítico (OP): mas os fenômenos emocionais que, na situação psicanalítica, são trabalhados por meio da relação transferencial são utilizados pelo OP no sentido cognitivo, examinando-se a relação do OP com ele mesmo, com o B. e com a M. Então, o OP permanece no campo de experiência no qual o processo de conhecimento se realiza mediante a mesma identificação emocional e participação íntima da relação M.-B.

Para Susan Isaacs, o método de observação tende a utilizar princípios da técnica analítica: 1) atenção aos mínimos detalhes; 2) observação do contexto; 3) estudo da continuidade genética. Esses três modos de individuar um processo mental são aspectos essenciais do trabalho analítico. O que tem representado para o candidato iniciar a experiência?

Ao se dispor à observação, o candidato recebe algumas "instruções técnicas" que têm por objetivo criar condições favoráveis para observar do vértice psicanalítico. Ele terá um contato prévio com a M. que aceita ser observada, explicitando seu papel, que terá a finalidade de observar o B. em interação com sua M. Para tanto, fará uma visita semanal durante um ano, com horário a ser fixado, e permanecerá uma hora junto a M. e B., se possível durante mamada e banho.

Sugere-se ao OP que não entreviste os membros da família, que se sinta livre para satisfazer curiosidades quanto à sua pessoa e suas credenciais, e que estabeleça com a M. uma relação de aliança com o trabalho, que está se iniciando, podendo mostrar-se amigável e grato, explicando também que não terá outras atribuições (aconselhar, orientar etc.) a não ser observar.

Espera-se, então, que o OP vá se colocando na família, na medida exata que lhe permita participar de situação emocional sem sentir-se obrigado a atender a expectativas familiares. Ele não se afirma, com sua personalidade, como membro da família, mas permite que o introduzam a seu modo, no contexto familiar, sem, porém, sentir que perdeu sua individualidade.

Já ao comentar as instruções no início dos seminários, surgem questionamentos quanto à aceitação do papel de observador.

Eu registrei como os mais frequentes:

- o de ser invasivo-persecutório;
- o de não poder retribuir a colaboração pela M. (não dar nada em troca);
- o de tentar permanecer em uma posição reflexiva e não ativa, deixando de agir por conta própria, e apenas quando solicitado, ou então em situação de emergência.

Em geral, o candidato leva um tempo frequentando o seminário, até estar de acordo com as premissas da observação.

O que estaria significando esses questionamentos do observador? Durante os seminários ficaram aclaradas algumas origens, como:

- sentir-se, por antecipação, exposto e invadido por emoções ao estar em contato com a M.: e o B. ter de enfrentar

> o "novo", um papel novo, no qual, apesar de a observação estar ligada à formação profissional, o OP não vai visitar a família como médico, psicólogo, terapeuta etc; ele terá de ir delimitando seu caminho, construindo uma relação nova, de observador, diferente de uma relação profissional, familiar, comum. Quanto ao não dar nada em troca, de fato, enquanto o "novo *setting*" não estiver aclarado para o OP, persiste um sentimento de dívida para com a M., já que ela está colaborando e, do ponto de vista de uma relação profissional, familiar ou comum, de fato, não se está dando algo em troca. No entanto, além de mostrar sua gratidão, na medida em que possa ficar livre de estabelecer a relação que está observando, o OP verá, muitas vezes, que a M. se sente agradecida por ter sido ouvida, pela atenção e pelo interesse em ser visitada, ou por ele manter uma presença contínua e discreta, fazendo-a notar a importância da relação dela com seu B. Então, o que o OP dá em troca ao manter seu *setting* é que a M. pode aprender a manter-se "sozinha" na função materna, querendo dizer com isso que há uma privacidade e autonomia dessa função, que a abstenção do OP tende a aclarar.

Ao se iniciarem as visitas em geral, o OP estará muito mais ocupado em delimitar sua nova função e em observar os sentimentos despertados pela dupla do que em registrar a interação M.-B., que, de início, é mais difícil de relatar.

Para alguns observadores, o sentimento predominante foi o de ter sido mais fácil observar a M. ou o B. isoladamente. Perceberam depois que observar só um implica que o OP forme dupla com aquele, enquanto o outro é excluído.

Esse sentimento é comum. A maior dificuldade é de estar no campo emocional em que se dá a relação M.-B., mas sozinho, tendo de contar consigo mesmo, com sua própria mente, capaz de ser continente das emoções despertadas pela dupla.

Se esse estado da mente não puder ser atingido, é possível que o OP atue com seus aspectos infantis e, sentindo-se excluído da relação, tente fazer dupla com M. ou o B., ou, por exemplo, vá se aliar a um irmãozinho de B., ficando sem condição de observar a relação.

Para outros, as dificuldades em se manter na função de OP se originaram das solicitações da M. em ser aprovada ou apreciada em sua conduta com o B., ocupando muito o campo de observação de OP. Mas tivemos de considerar com o OP que esse era o modelo da relação M.-B. que ele estava observando, e não um outro, que talvez preenchesse as expectativas "científicas" dele em relação ao desenvolvimento do B.

Estar sozinho, tendo de contar com seus próprios recursos, é fundamental para o trabalho do analista! É desejável que ele seja continente das identificações projetivas do paciente, assim como a M. aprende a ser continente do seu B. O analista precisa aprender também a ser observador da relação do paciente com o seu objeto interno, a relação M.-B. internalizada, sem se confundir com um dos pares da dupla interna do paciente.

Percebi ao longo dos seminários que essa experiência de observar vai possibilitando ao aluno observar-se também durante e após a visita, permitindo uma confrontação entre as atitudes que o aluno deseja desenvolver no seu treinamento analítico e o quanto elas estão realmente desenvolvidas. Refiro-me, por exemplo, a ser continente, que, no meu entender, significa conseguir, no desenrolar da relação, manter um estado de mente:

1. de estar observando o momento presente, com atenção, sem utilizar as ideias que já fez em relação àquele par M.-B., podendo perceber seus detalhes e contextos (sem memória – Bion);
2. de estar observando, sem expectativas quanto ao desempenho da dupla, sua utilização de modelos ideais (sem desejo – Bion, pois, se assim não acontecer, aparece inevitavelmente o "desejo de cura" ou sua variante: críticas à M., "que não se porta como deveria", o que, em última instância, corresponde a não tolerar o diferente, outros estilos de ser ou não suportar a própria impotência diante de certas realidades.

As necessidades narcísicas do analista podem levá-lo a impor sua personalidade na relação com o analisando, atitude esta que dificultará o desenvolvimento de uma relação analítica em que se espera que o analista seja continente do analisando, das identificações projetivas deste, podendo recebê-las sem se sentir incomodado ou ameaçado de perder sua individualidade.

Durante a visita de observação, o aluno, por não ter a tarefa ativa de analisar, tem a oportunidade de atentar-se melhor a suas atitudes e refletir a respeito.

O OP tem a oportunidade de aprender a prestar atenção em detalhes de uma situação e de seus contextos, o propicia a oportunidade de fazer uma correlação das condutas manifestadas (linguagem oral, linguagem de gestos) com os estados de mente correspondentes.

Gostaria, agora, de comentar um exemplo de visitas de observação trazidas nos seminários, mostrando como o aluno, o OP, vai para a experiência de observação levando expectativas, questionamentos e também a sua "bagagem pessoal" para fazer frente à função nova que ele poderá usar, ora para entrar em contato e perceber essa função, ora para negá-la, portando-se como se fosse uma função conhecida.

Esse OP foi solicitado emocionalmente, precisando elaborar sua contratransferência, elaborar as identificações projetivas da M. para com ele; e o seminário o ajudou a "exercitar-se" em ser continente, podendo, com isso, continuar a experiência.

A M. aceitou a observação, mas informou que se sentia muito ansiosa como mãe e que receava que a observação pudesse piorar o seu estado, e, se isso acontecesse, ela gostaria de interromper. O OP esclareceu-a quanto a isso, e iniciaram-se as visitas de observação.

No primeiro contato, a M. conta que aquele é seu primeiro B., após sete anos de casamento e que sofreu muito durante o trabalho de parto, que durou sete horas. Foi parto cesáreo, e a anestesia geral não pegava; pegou só na segunda dose. Depois, teve problemas com o leite, que era muito e "encaroçou". Está provisoriamente na casa da avó materna, enquanto se instala no apartamento (estava morando em outro estado).

Na primeira visita, o B. foi posto ao seio, mas foi difícil encontrar e acertar o mamilo na boca, e em momento algum a M. ajudou o B. aproximando o seio com a mão; e, quando este tornava a perder o mamilo porque se engasgava, ela o ajudava aproximando o tórax todo...! O OP teve a impressão de que o B. estava solto do corpo da M., que ela estava "desligada" dele fisicamente, se bem que a verbalização que mantinha com o B. fosse carinhosa... Quando o B. passou a choramingar o tempo todo, a M. o tirou do seio e não ofereceu o outro; o OP achou que o B. estava com fome; a M. foi trocar-lhe a fralda, como que procurando a causa do choramingo que não parava, nem no colo nem com a voz da M. tentando acalmá-lo. O OP viu o B. roçando a boca e procurando de novo o seio, "abocanhando-o"; a M. passa a conversar com o OP, contando que tem uma irmã dez anos mais nova, de quem ajudou a cuidar... e, agora, ela está com 20 anos. Queixa-se também, dizendo: "... Como o B. ocupa o tempo da gente! Ele está chorando porque percebe que eu tenho muita coisa para fazer". A M. usa um travesseiro para segurar o B. no colo, dá tapinhas nele com a mão espalmada.

Nas observações seguintes, a M. está ambivalente entre dar o seio e não ajudar na mamada, "esquecer-se de dar o outro seio" e dar chá no lugar, e não perceber que o B. quer ficar mais tempo ao seio e sugando (o engasgo do B. poderia ser decorrente de uma conduta de avidez diante de um seio instável, que não fica firme, que ele perde a toda hora, um mamilo que escapa a toda hora)... A M. está tensa com a mudança de casa e com medo de ficar sozinha com o B. Contou que adormeceu com ele mamando e, quando o B. engasgou, para desengasgá-lo, ela o pôs de cabeça para baixo!

A M. se sente insatisfeita com sua performance e por ter de morar com a avó materna, perto dos familiares, quando ela tinha idealizado ser independente deles. Sente-se vítima nessa função: "ele não me reconhece muito... só porque cuido dele talvez... mas ele se apegaria a qualquer pessoa que lhe cuidasse", diz a M.

Ela sente a função materna invadindo sua personalidade!

Na terceira visita, a M. se mostra hostil com o OP, e este é levado a perguntar se ela quer continuar com a observação (por sentir que sua presença incomoda). O OP conta que, ao chegar, o B. estava no seio, e a M. disse: "Titia tocou a campainha e te acordou... Você se assustou?". Enquanto a M. comentava algo com o OP, o B. resmungou, e a M. disse: "porque estou dando atenção para a tia" (referência ao OP).

O OP tem a impressão de que a M. não gosta de ser invadida na relação dela com o B. e que também não quer que a avó materna interfira, não quer que o peguem no colo:" Assumiu muito a função de mãe", diz o OP no seminário. A M. estava dando de mamar (com um relógio ao lado) e, em certa hora, disse: "Chega!", e tirou o B. bruscamente do seio: "Você já está satisfeito." Sentou o B. para arrotar; ele arrotou e começou a resmungar (parecia ser de fome) Ela deu-lhe a chupeta; ele a pegou e soltou. "É difícil saber o que você quer, frio não é, deve ser dor de barriga..." (e a mãe o pôs deitado no sofá, de bruços). Ele ficou resmungando, e ela, então, o acomodou em uma almofada em cima de suas pernas, de bruços, fazendo massagens, enquanto o B., de cabeça levantada, procurava a M. com os olhos, ela conversava com o OP, mas atenta ao B. "Você está achando ruim que falo com a tia?". A M. esperava que o B. evacuasse e, com essa expectativa, foi trocá-lo; mas ele não havia evacuado. Queixa-se da vida, da sobrecarga que é cuidar da casa e do B. E, em um determinado momento em que o B. lhe sorriu, ela lhe disse: "Você está rindo... mas é uma tristeza". Coloca-o para dormir no berço e cobre-lhe a cabeça com fralda... O B. resmunga e acaba se aquietando quando a fralda lhe cobre inteiramente os olhos.

Quando foi preparar o banho, pediu para o OP segurar o B., demorando-se bastante. O OP gostou, e o B., também. O B. esta risonho e resmunga pouco. A mãe foi tirando a roupa do B. aos poucos, falando bastante com ele. Quando a M. está com o B., dá inteira atenção a ele, apesar dos circunstantes; quando está com ele no colo, é só com ele que conversa, e o B. olha muito para a M., ouve e responde. No banho, ao ser posto em contato com água, recua com o corpo; a M. diz que a água está fria, mas o B. a deve estar achando-a quente. O B. acaba se acomodando e fica batendo perninhas, contente. Ao enxaguá-lo e vesti-lo, ela fala bastante com ele; comenta que a vida dele é triste... é mamar, dormir, fazer cocô, e só.

Essa seria uma projeção de seus sentimentos no B. Ela tem a imagem de um B. com pouca vida, desvitalizado, que não tem alegria, apego à vida... e tem a imagem da função materna como "um monte de obrigações".

A M. interpreta os choros do B. como causados primeiramente por dor de barriga, e trata-os como tal, dando a ele remédios, chá de ameixa; e fica muito atenta às evacuações, achando que ele resmunga se não for limpo logo após isso.

Nas duas visitas seguintes, o OP nota que a M. está mais carinhosa com o B., chama-o de filhinho, aconchega-o mais no colo; Parece estar havendo uma aproximação da M. ao B., e também ao OP. O OP acha que o B. é mais forte que a M., que aguenta as angústias dela. Quando a M. fala com ele, conta-lhe coisas tristes: Fala que as bochechas dele vão ficar caídas quando o B. ficar velho e diz que vai ser bravo e rabugento porque tem uma M. velha. Ela está pensando em voltar a trabalhar; o OP percebe que a M. se coloca muito isolada. Existe um quadro na sala diante do qual a M. coloca o B., para distraí-lo de seus resmungos, e o OP notou que o B. ri e balbucia diante daquele quadro como nunca viu balbuciando.

Durante a exposição no seminário, o OP fala da M. com certa hostilidade; sente-se rejeitado por ela e desconfia, por exemplo, que ela espera terminar a visita para dar ao B. o banho que o OP nunca assistiu (antigamente, a mamada é que era vista poucas vezes durante as visitas). O OP tem noção de que a mãe é muito perturbada, cria problemas onde não há e tem ímpetos de lhe mostrar o que ela está fazendo com o B. (o OP sente o impulso de aplicar terapia na M., de modificar a situação que observa, e não apenas de observar). Ao perguntar-lhe como o B. está reagindo a isso, nós constatamos que ele está se adaptando a esse relacionamento, não mostrando grandes sinais de sofrimento. Ao dizer ao OP que ele se sente identificado com o B., ele concorda e acrescenta que a M. trata o OP como trata seu B., e que dá vontade também de dizer-lhe isso.

Nas primeiras visitas, o OP descreve uma M. com ansiedade claustrofóbica (está presa em uma situação que ela não suporta e da qual não pode se livrar. "Se piorar a ansiedade com a observação, quer saber se pode interromper as visitas...”). Ela mostra também manter certa distância do contato físico e sensorial com o B. (não o ajudar a pegar o mamilo, não o aconchegar, não o segurar diretamente, mas com o travesseiro...) para defender-se de sentir-se invadida pelas fantasias mobilizadas pela relação com seu B. Apesar disso, sente a função materna invadindo a sua personalidade. A M. se mostra muito preocupada com a sobrevivência da criança, muito descrente em sua própria capacidade como mãe e muito desconfiada da capacidade dos outros de ajudá-la, chegando a ter, inicialmente, reações paranoides pela presença de outros que estragariam sua relação com o filho. Por outro lado, sente-se totalmente "esvaziada" pelo B. Nesse contexto, o OP foi tratado pela mãe como um depositório desse seu objeto interno que não pode ajudá-lo, que o abandona e que o esvazia. O OP sentia, no início de cada visita, um grande mal-estar, tendo chegado, em uma das vezes, a perguntar à M. se ela estava querendo parar a observação; a M. respondeu que não, que queria levar a experiência adiante. O OP percebeu que, à medida que ele se mantinha firme em sua atitude, a M. passava a usar a presença dele para falar de si e do B. ou do marido, que estava quase sempre ausente por causa das viagens; e o final da visita era para a M. motivo de desapontamento. O OP inicialmente sentia-se invadindo, incomodando (a M. relatava, por exemplo, que não tinha conseguido almoçar, ou que o toque da campainha dado pelo OP tinha assustado o B.) e teve de conviver com sua angústia e presenciar uma relação aflitiva. Essa angústia, o OP manifestava-a no seminário, por meio de seu relato, que mostrava uma M. extremamente frustradora e um B. risonho, apesar de tudo. O OP mostrava uma M. que interrompia a mamada do B. sem motivo aparente, ou por terem acabado os minutos aconselhados pelo pediatra; o B. procurava o seio ou se agitava, e ela interpretava tal conduta como dor de barriga. Com o tempo, o OP foi tendo uma visão um pouco diferente da M.: uma pessoa com ansiedades depressivas, persecutórias e paranoides e necessitada de ajuda. Após alguns meses, a M. conseguiu desenvolver uma relação prazerosa, de contato lúdico com o seu B.; o OP aprendeu que o impulso de interferir se dava muito mais em função de acreditar que o B. estava sendo "estragado" pela M., e que poderia "salvá-lo" com alguns conselhos. Aos poucos, o OP foi percebendo que a M. e o B. se adaptaram à convivência, e ela passou a desenvolver uma relação mais positiva com o B. ao entretê-lo e brincar com ele, mostrando-se muito afetuosa. O B. desenvolveu-se risonho e forte, solicitando constantemente a presença da M., e esta passou a se sentir mais importante junto ao B. As outras considerações referentes à relação objetal internalizada desde B. escapam do propósito deste relato, que pretendeu mostrar apenas a relação do OP com a observação.

Conclusões

Bick (1964) comenta, em seu trabalho "Notas sobrea a observação de lactantes no ensino da psicanálise", que um dos pontos que merecem atenção durante os seminários é a hostilidade do observador psicanalítico diante das tendências depressivas da M. após o parto, querendo com isso referir-se a um estado da mente da M. que a faz se sentir emocionalmente distante e incapaz de compreender e satisfazer as necessidades de seu B. e diante do qual tenta fazê-lo oferecendo partes dela, como os seios, as mãos, a voz. Eu gostaria de acrescentar a isso que frequentemente tenho encontrado no OP uma atitude de hostilidade à M., que parece ter como origem o uso de um modelo idealizado M.-B., ao se confrontar com a sua nova experiência, e isso leva o OP tanto a querer "*melhorar*" o desempenho materno como a *identificar-se* com os aspectos de descontentamentos do B., ambas situações que podem fazê-lo desempenhar papéis inadequados à função que se propôs ter, a de observar. Acredito que o aluno vive essas pressões também em sua prática analítica e a observação é *mais uma oportunidade* para exercitar-se em suas atitudes de desfazer-se de "crenças" que possam estar mantendo o uso do modelo ideal da relação M.-B. (assim como da relação analista-analisando), como:

1. ser possível haver desenvolvimento sem frustração;
2. julgar precocemente como danificadoras certas condutas maternas por não ter um senso de proporção e um conhecimento das forças patogênicas no desenvolvimento psíquico;
3. acreditar que se possa "tratar" atitudes da M. em um contexto de observação, em que o *setting* é diferente do *setting* analítico.

O papel do observador psicanalítico não inclui que este seja continente da M., e, sim, continente de si próprio diante das emoções despertadas pela M. Ele tem como tarefa ativa manter-se na função de observação.

O exercício é de conviver com a realidade presente sem se sentir impulsionado a modificá-la quando esta se torna insuportável, mas, sim, a pensar sobre ela. A experiência tem mostrado, por outro lado, que, na medida em que o OP é continente de si mesmo, pode ser de ajuda à M. com sua presença, por ser um exemplo para ela da importância de ser continente de si mesma.

O que pode dificultar a manutenção de um estado de mente favorável à observação (receptivo, continente das próprias emoções, sem presença de críticas, valorações morais ou expectativas) é, por exemplo, o uso de uma idealização da relação M.-B., e a comparação dela com a relação que está sendo observada.

É de se esperar, por outro lado, que ninguém vá "em branco" para as experiências, mas que carregue suas concepções, suas "crenças". A questão será como vão ser usadas essas concepções: poderão ser confrontadas com a experiência que está sendo vivida, e poderá haver aprendizado? Ou terão de ser negadas pelo OP para este manter as suas concepções?

Em resumo, as "peripécias" do observador são derivadas tanto: 1) da aquisição de seu papel e do *setting* para observar, tendo de ocupar um lugar na família, que lhe permita observação e participação emocional (a defesa contra esse papel é colocar-se em funções mais conhecidas como terapeuta, amigo orientador, etc.); quanto 2) de ter de trabalhar a sua contratransferência ou a sua tendência de identificar-se com um dos pares da dupla - por exemplo, sentir-se no lugar da M. "danificadora" para "salvar" o B. O papel do OP requer que este seja continente de si próprio.

Quanto ao treinamento na capacidade de observação, o seminário tende a desenvolver no aluno questionamentos no que diz respeito a como este está observando os fatos.

A observação M.-B. não é objetiva; o instrumento de percept ção dos comportamentos é a personalidade do OP (evidentemente instruído para manter um *setting* dentro da metodologia psicanalítica).

Os relatos escritos são uma seleção do observador psicanalítico, mas têm valor na medida em que são utilizados junto com o relato dos próprios sentimentos a cada visita.

É preciso tentar diferenciar com clareza o material observado e a interpretação do observador psicanalítico. A diferença entre fato, opinião e conjectura é um trabalho do seminário.

O OP é motivado a perceber como em cada situação observada entram muitos fatores (inclusive o contexto) e que a compreensão de que foi observado, às vezes, é fragmentada.

As hipóteses vão sendo levantadas e, com o seguir das observações, podemos ver gradualmente emergir em modelos de comportamento da relação M.-B., desde que se possa esperar pacientemente para se tirarem conclusões.

É despertando atenção aos mínimos detalhes que se pode ter a oportunidade de se observarem as mudanças, assim como a adaptação recíproca da dupla, a potencialidade de crescimento e o progresso da relação.

Nota: este trabalho foi apresentado em supervisão a Irma Pick, que o considerou muito bom, e vê essa experiência como muito importante para o estudante que está iniciando sua formação analítica. Na British Society, tal experiência integra o currículo obrigatório, e o professor faz uma avaliação do aluno seis meses após o início e ao final da observação, sendo usada junto com outras do programa inicial de formação para verificar se o aluno pode iniciar a análise de um paciente para supervisão. Nesse parecer, que visa a avaliar certas condições para trabalhar em análise, seriam assinaladas certas atitudes do aluno, como chegar meia hora atrasado à visita, ter certa tendência a querer "melhorar a mãe" em vez de ficar com a dor dela, ou ser levado a agir à projeção da mãe no observador etc. Ela diz que, graças a Bick, a observação de bebês serviu para evidenciar esses aspectos para o aluno, em vez de seu desempenho durante as sessões de análise. Suportar a dor de ser somente observador é algo muito importante para a formação do analista. Além de aprender a tolerar a projeção, o que pode ser importante para a formação do analista é começar a aprender a escutar a história da mãe como um quadro não somente do mundo exterior. No exemplo descrito, quando o observadordiz que talvez a mãe queira que ele vá embora, não é isso que a mãe quer; ela quer manter o *splitting* da mãe má internalizada no observador por projeção. O *splitting* da mãe má no observador e o poder aceitar essa projeção é importante para o futuro psicanalista. Irma Pick acha importante estimular mais o estudante a ver mais detalhes no bebê, pois é mais fácil ver a mãe. É mais difícil interpretar o que o bebê está fazendo, porque observar a boca, o sorriso e os movimentos é como um material que não entendem. Deve-se estimulá-los a observar e dar uma descrição em detalhes, muitos detalhes, pois, se tivermos muitas observações, podemos imaginar como o bebê está se sentindo e as maneiras que tem de expressar: ansiedade, raiva, prazer, contentamento; e o aprendizado da comunicação não verbal do paciente. Irma Pick salienta a seriedade dessas visitas, já que a mãe desenvolve uma transferência com o observador.

2. Construção de uma relação analítica[1]

Escrever em psicanálise

Ao ter-me incumbido da tarefa de escrever um relatório clínico (assim chamado pelo Instituto de Psicanálise) na tentativa de tornar público o meu desenvolvimento na função de analisar, esbarrei com algumas dificuldades. Uma que particularmente me deteve foi a de como conseguir transmitir ao leitor experiências emocionais acontecidas durante a sessão analítica.

Fiz uma primeira tentativa. Escrevi um material de uma sessão e comentei passagens que me chamaram a atenção. Era uma sessão daquele mesmo dia. Tudo parecia estar na cabeça. Terminei satisfeita e, dias depois, fui reler. Foi lastimável! Encontrei-me com uma descrição de uma conversa entre duas pessoas cujo significado e as emoções implicadas estavam apenas na "minha cabeça". Nada, praticamente, tinha eu conseguido "publicar". Diverti-me

---

1 Apresentado em 1978 no instituto da Sociedade Brasileira de Psicanálise de São Paulo (SBPSP). Não publicado.

pensando que praticar psicanálise era fácil... Difícil mesmo era contar aos colegas que estava praticando!

Passei a fazer anotações de algumas passagens de sessões que me estimulavam reflexão e teorização. Percebi que os materiais que se referiam a atuações e ações do paciente facilitavam a transmisse são do acontecimento psicanalítico e que o que tinha acabado de "descobrir" (perceber no meu trabalho) era por mim tão enfatizado que eu corria o risco de fazer uma descrição maçante sobre uma experiência corriqueira em psicanálise. Concluí que não tinha nada a comunicar que interessasse a outros que não a mim mesma. Talvez seja isso mesmo que eu esteja fazendo ao escrever este relatório.

Algumas considerações de Bion a respeito do que é escrever acerca da experiência psicanalítica foram as palavras que me faltavam para dizer o que estava experimentando: "... que o relato não vai descrever o que realmente aconteceu; que na prática psicanalítica não é tão difícil formular uma interpretação como o é escrevê-la para um leitor, porque o paciente sabe, pelo fato de estar presente, do que fala o psicanalista". Aprendi, então, que a primeira dificul dade é que a psicanálise se refere a estados mentais que são difíceis de descrever em termos sensoriais; e que o relato não vai descrever o que realmente aconteceu porque a comunicação em psicanálise é dessa espécie primitiva que requer a presença do objeto; e que o tema de que trata a psicanálise não permite o emprego de nenhuma forma de comunicação que pretenda satisfazer as exigências do problema na ausência dele.

Após ter tentado lidar um pouco com a dificuldade inerente de escrever "realizações psicanalíticas", que veio a se acrescentar aos meus poucos dotes como escritora, colocou-se outra questão: o que escolher escrever, entre inúmeras vivências da prática? Que aspectos? Que analisandos? Ao optar, passo a definir, escolho, realizo. E sinto ter de lidar com uma perda: do que não escolhi e não realizei. É frustrante, mas é uma limitação real. Se eu puder aceitá-la, talvez me traga conhecimento, pois, ao delimitar, eu me concentro em um objeto de estudo e tenho chances de aprofundar-me. Talvez a perda seja mais ampla, e inclua mesmo a escolha em ser psicanalista. Talvez esteja vendo as consequências dessa escolha nos seus aspectos limitadores. Se eu tenho como meta trabalhar psicanaliticamente, excluo, pelo menos conscientemente, do meu trabalho outros procedimentos. Provavelmente sim, ou não estaria aceitando tais limites. Mas, se eu aceitar, terei novas experiências emocionais, e a questão passa a ser se eu consigo ir progredindo nesse novo caminho, que certamente é o de liberdade com responsabilidade.

Algumas consequências do encontro analítico

Procurarei descrever um pouco do contato que tive com uma moça de cerca de 30 anos, que me procurou há cerca de três anos para uma análise. No primeiro encontro, mostrou-se muito desejosa em se analisar e constatou, ao final, que estava contente por ter conseguido combinar os horários e "não esperava que desse certo tão rápido". Supus, em função desse primeiro encontro, que contava com grande disposição e colaboração dela. Era o meu primeiro caso de análise de adulto. Decorridas as primeiras sessões, constatei que me enganara! Que ela sentia um enorme medo daquela situação que estávamos convencionando chamar de analítica, *a priori*; e que, até que eu pudesse verificar que relação resultava do encontro entre nós duas, era necessário assim denominá-la. Pelo menos contávamos com vários dados do senso comum que afirmavam que aquela relação seria analítica: a minha formação até aquela data, o reconhecimento do grupo científico ao qual pertencia, que eu poderia experimentar assumir a função de analisar, e a aceitação da analisanda de me ver como tal.

Percebi que o medo dela era consequente à minha presença, e, portanto, eu tinha tudo a ver com o medo que ela sentia, tanto quanto absolutamente nada a ver (transferência). Então, perguntei o que estaria realmente se passando que eu não podia observar. Hoje, parece-me que o que me faltava não era observar, mas compreender o que estava observando; que eu via alguém vindo de livre e espontânea vontade me procurar para uma análise por se achar necessitada e, então, de "posse da análise", experimenta "não querer a análise" (como defesa do medo de ter a análise e das consequências desta).

Penso que essa experiência de ter-me à disposição, segura de que eu continuaria ali, foi muito importante para ela. Suponho que ela me fazia "conhecida", ou fazia "conhecida", a minha tarefa e, portanto, tinha seus motivos para sentir medo. Foi prosseguindo que pude perceber que ela preferia "fazer de conta" que estava vivendo uma situação "conhecida amedrontadora" a ter de abandonar essa "ideia" e viver lá comigo o que quer que fosse resultar do encontro analítico.

Preferir implica uma escolha, um ato de vontade consciente. Até hoje eu duvido que ela pudesse, naquelas condições, escolher. Parecia ter compromissos em ser "daquele modo" e que, mesmo tendo alguma percepção de que o medo que sentia não vinha da relação atual comigo, isso não era o suficiente para abandonar o "conhecido amedrontador". Ela tinha "aquele medo de ser", e era com ele que nós contávamos para operarmos as "mudanças". A intenção era legítima, mas a questão é que não tínhamos "ferramentas" suficientes e necessárias para praticar mudanças. A primeira tarefa era "construir ferramentas", pôr de lado as que não serviam e aperfeiçoar para o uso as que estavam mal-acabadas. A aquisição de algumas ferramentas traria a possibilidade de trabalho, e deste poderiam surgir outras "ferramentas". Até quando? Não sei. Então, entro eu como analista, com as "ferramentas" de que a paciente necessita. Pelo menos era esperado que eu as tivesse, que eu estivesse equipada para pensar o suficiente a fim de ter também uma capacidade de desenvolver a equipagem para pensar o paciente dentro de um determinado contexto no qual se dá a experiência analítica. De acordo com essas questões e de posse das minhas "ferramentas" e das da analisanda, que as apresenta com a intenção de "mudar", e dentro de uma perspectiva de mudança, vamos trabalhar! Mas logo percebo que aquele acordo perde frequentemente a validade na sessão e passa a ter um "valor histórico"! Ou quem sabe seja uma meta a ser alcançada? E, no presente, dispomos da analisanda lutando para ser "daquele modo", com "aquelas ferramentas", acompanhada por uma gama de sentimentos que vão da irritação crescente até o ódio silencioso pelo "meu modo" de ser e minhas ferramentas (meus modos de pensar).

Eu vou recorrer agora à memória de experiências com essa analisanda, na tentativa de mostrar algumas das vicissitudes decorrentes do nosso relacionamento, que tinha como proposição a "análise" dela.

O encontro clínico: a versão do psicanalista

As passagens que vou destacar, entre outras tantas, a meu ver, são ilustrativas da experiência que tive (e ainda estou tendo) com essa paciente, aspectos da versão que ela tem delas e seu uso. Há a versão dela contada por ela e há ela "contando-se" no viver, lá, comigo. Eu tento apontar para ela o que está sendo lá comigo nem sempre corresponde ao que ela diz ser. Tento também transformar o que eu vivi para contar para o leitor. Não posso me esquecer de que sempre será a minha transformação do que captei daquele fato que vivi com ela e em duas dimensões: eu sendo e eu contando. O que vou relatar nas próximas páginas é a minha versão do que se passou durante as sessões, que escolhi para desenvolver esse tema.

Sessão 3

> *(Ela se deita tirando o sapato, com a chave do carro na mão. Tira os óculos. Permanece cerca de sete minutos em silêncio.)*
>
> *Eu – o que lhe ocorre?*
>
> *Ela – Estou vendo sua perna daqui... já vi outras vezes... e agora pensei que daqui dá para ver sua perna. [Pausa longa]*
>
> *Eu – O que está lhe ocorrendo?*
>
> *Ela – Não penso em nada... em banalidade... que vi a pia... e acho engraçada a cortina... [Pausa]*
>
> *(Eu comento que hoje ela está me observando mais e talvez isto levanta emoções que inibem e aí aparecem "banalidades". Quis dizer que está me comunicando o que observa da sala.*
>
> *Ela fica em silêncio um tempo e depois diz que está ficando ansiosa, que até o barulho da chuva parece apertar. Ela sabe que deveria falar o que lhe vai na cabeça, mas não é fácil.)*

Nota: nessa sessão, senti dificuldades em estar com ela; senti-me esquiva. Começo a perceber melhor o medo que ela deve ter de que eu note alguma coisadela e de que, como consequência, aconteça algo.

Da sessão 18

Deita-se. [silêncio longo]

Eu pergunto o que lhe ocorre.

Ela diz que molhou os pés, e está um pouco frio. [pausa]

Eu digo que a interrupção foi mais longa (entre uma sessão e outra) e talvez sente que "esfriou" o contato comigo. [pausa mais longa]

Eu pergunto o que lhe ocorre. [pausa]

Ela diz que o coração está batendo forte e que, agora, está melhor, mas na entrada estava mais forte.

Eu comento que o medo a paralisa. Como há pouco, que parecia que ela não podia fazer movimento algum, "senão eu atacava".

Ela dá risada. Lembra-se que, outro dia, sentiu que, se ela se mexesse, iria quebrar como vidro; que saiu da sessão e foi dormir por quase duas horas.

Nota: aqui, vejo que predomina o medo, o silêncio, talvez a impossibilidade de tomar contato com sua mente naquela situação de proximidade comigo, que é vivida persecutoriamente, até que, pelo prosseguimento da experiência, ela possa se dar conta de que é fantasia, e aliviar-se, e poder, então, comunicar seu estado de mente. Procurando a equipagem para transformar as experiências em significados?

Sessão 27

Ela se deita e permanece vinte minutos em silêncio. Estimulada, não me atende.

Eu penso que ela faz isso de um modo que me faz sentir incapaz de tirá-la daquele estado de imobilidade. Digo-lhe, então, que ela me comunica tanta incapacidade, tanta imobilidade, que penso que ela está com ódio intenso de nós duas.

Ela continua quieta e imóvel até o final da sessão.

Na sessão seguinte (28) ela fala da experiência de ontem: que era ódio, que estava tão confusa que, depois que saiu, deu-se conta e não imaginava que se sentia naquela intensidade; e só lhe parecia uma angina, vontade de chorar e impossibilidade de falar, porque não sabia o que escolher dizer, era uma "salada de coisas" que não faziam sentido. Passa a expressar reconhecimento por eu tê-la entendido quando não podia se comunicar. Diz que aqui se pode sentir ódio, raiva, inibição. Desenha no ar com o dedo o quadrado da sala e inclui nós duas, dizendo: "é apenas um pedacinho , como se fosse uma ilha onde eu trago e levo coisas...".

Nessas sessões (como em outras que não estão relatadas), ela como que tomava contato com sua própria mente e era tudo o que conseguia. E foi me parecendo ser uma experiência necessária para ela eu estar presente e receptiva para que, silenciosamente, ela tomasse contato, por meu intermédio, com seus estados de mente e pudesse comunicá-los, antes de tudo, a ela mesma.

Em outros momentos, não me foi possível ficar em expectativa, "ouvindo" o seu silêncio.[1]

E, então, sugerindo-lhe que me dissesse o que ocorria, ela me atendia dizendo qualquer coisa para satisfazer meu desejo de fazer "análise verbal das ocorrências mentais". O que chamei de qualquer coisa eram as associações que a "salvavam" da minha exigência.

No entanto, acrescentavam mais dificuldades e afastavam-nos da situação mais verdadeira dela, que se expressava pela imobilidade e pelo silêncio, em que me era difícil permanecer em contato e esperando. Em alguns momentos, perguntei-me se aquela minha exigência não era "benigna", pois estava carregada de um "real interesse" por ela, e, como parecia existir um certo "apego dela" a alguns "estados mentais", havia uma tendência de ela permanecer neles sem querer usar outros recursos. Parecia-me natural que eu redobrasse os esforços e que eu me encarregasse da participação dela naquela situação que ela impunha. Repito: comecei a compreender que ela tinha de viver comigo "aquela situação silenciosa" e que eu tinha que acolher, e mais nada. Isso devia ter para ela significados que eu não conhecia. Aos poucos, fui vendo que era isso sentido por ela como acolhida, aceitação, não exigência, e ela o manifestou muito bem em algumas sessões. Uma oportunidade, parece-me, de "poder ser" e, então, não ter de reagir (na relação comigo), e "ser em silêncio", "ser em imobilidade" ou "ser em pânico". Penso que ela não perdia de vista a tarefa; eu não podia "acusá-la" de boicote, controle, resistência, ataque... Não! Ela veio (para a análise), encontra-se comigo para estarmos, nós duas, atentas a ela, a como ela usa sua própria mente. Ela não abandonou a tarefa, mas, diante da situação que se coloca (contato livre entre duas pessoas), ela sente dificuldades em manter sua própria pessoa

1 Esta parece ser a comunicação sem palavras, por identificação projetiva, de seus estados de mente, transmitindo-me medo, paralisação.

funcionante e integrada, e emerge, atraída pelo "novo", a parte mais desorganizada, e acionam-se, pelo pânico do "não sei", modelos de funcionamento mental primitivos. Quando os limites do *holding* se alargam (pela relação analítica), a mente dela se "encolhe" ante a ameaça de se "espalhar", de se "desfazer". Talvez, em alguns momentos, ela tenha tido essa vivência de estar "desintegrada", "espalhada" e sem limites.

Construindo uma nova história de uma relação a dois

À medida que prosseguimos, surge e mantém-se por um tempo mais longo um movimento de idealização que ela manifesta e cultiva; e deixa sob controle e escondido o que é sentido como persecutório. Essa "acentuação do bom" me faz pensar na necessidade de, a qualquer custo, manter as experiências boas dentro dela, defendendo-as de seus próprios ataques, para poder se desenvolver. Enquanto vou descrevendo um desenvolvimento dos movimentos mentais, ela observa que se está construindo lentamente uma nova história de uma relação a dois (a que está acontecendo nas sessões), entremeada pela "presença" da história que já não existe mais, talvez a primeira história (a da primeira relação do objeto).

O início de uma Nova História é de pânico e confusão. A mente dela pouco se dispõe ao novo. O "novo" é sentido como algo muito velho para ela, é a primeira história. Ela vai para a experiência (muitas vezes) com o que já concebeu, sem ter tido contato com a nova experiência. É o que Bion descreve como *transformação em alucinose*. Se a analisada realiza o que concebeu (por alucinose), fica "tudo sob controle". Mas, se a transformação falha, ela não sabe, não conhece, e aí surge o pânico.

Esse é um aspecto de seu funcionamento de que talvez a analisada tenha alguma percepção: a de não estar aparelhada para enfrentar "o novo", de não estar aparelhada para conhecer e, nessas circunstâncias, de não poder pensar! Ela lembra em vez de pensar! Mas esse aspecto não representa a totalidade do funcionamento mental dela. Em função dessa insuficiência, ela restringe o contato. Os movimentos para alargar o contato esbarram mais facilmente com "o novo", e surge o pânico.

O "novo" irrompe da nossa nova história sempre com muita surpresa para ela, como um susto, mas, aos poucos a nova história passa a se fazer mais presente, a ponto de ser usada "contra" a primeira história. Lembro-me de uma sessão em que lhe apontava algo que a surpreenderá e ela disse nunca ter pensado daquele modo, com um tom de estar discordando. Após uma pausa, passou a considerar que, no fim, ela ia acabar concordando comigo, que o que lhe digo sempre lhe serve. O primeiro movimento é de inutilizar o conhecimento. No entanto, em seguida, isola de dentro daquele conhecimento, que foi sentido persecutório, a minha pessoa, com a quem reata, e deixa para viver mais tarde o que lhe dizia, como que "reassegurada" de que, se vem de mim, é bom.

Da sessão 42

> *(Constato que, quando é possível o contato com algo dela, ela se emociona e gosta, mas, em seguida, esconde-se. No início desta sessão, ela está contente e fala do fim de semana, que foi bom, e que ficou feliz de vir para cá, e até achou a porta [sala de espera] aberta... que fica mais claro.... Então, conta que fulano a convidou*

para um almoço que será amanhã, no hospital, mas que ela não vai [cruza os braços e faz uma pausa]. Eu observo e digo que esse gesto me parece ter algo muito relacionado a mim, mas... ela pensa uns instantes e diz: "É, pode ser, em um certo sentido, sim, pois eu não vou ao almoço porque tenho a sessão... e também não quero desmarcar a menina que atendo". Daí a pouco, ofereço-lhe a substituição de um horário que havia lhe pedido na semana anterior. Ela concorda que o horário lhe serve... [pausa].

Ela diz que pensava que estavam todos de bom humor lá no hospital, deve ser o seu estado!

Eu lhe digo que acha que eu estou de bom humor e daí lhe ofereço uma substituição de sessão; então, eu colaboro quando estou de bom humor.

[Assim como ela acha que está de bom humor quando gosta de todos.]

Ela diz: "engraçado que isso [o estado de bom humor, o estar contente por estar comigo e ser atendida] está relacionado a você. Quantas vezes saí daqui achando que não e, depois, vou percebendo no meio do caminho...".)

***Eu Ela Ela** – Engraçado! Tive impulso de dizer bem alto a você: "consegui vender meu carro!" E, daí, eu penso:" por que isto, assim? Que é que você tem com isto?".*

***Eu** – Parece que concorda com o que lhe disse agora, mas se assusta quando percebe que se emociona aqui e que eu tenho importância.*

Dos entremeios da nossa história (a nova história), surgem personagens de outra história, por exemplo, a "mãe" dela, que é descrita com muito cuidado, para que eu a observe como alguém muito exigente, que impede o crescimento ou até a vida, e que "tem", mas não "dá". Essa personagem ora é narrada e mantida a distância de nós duas, ora é superposta à minha pessoa e aproxima-se, portanto perigosamente, ameaçando-a de ruptura o nosso vínculo (a transferência). São momentos difíceis da nossa história, mas também são os mais "nobres", já que estamos a um passo, talvez, da retomada, da posse do que agora posso chamar de um aspecto dissociado de sua própria mente. A minha contribuição é "ensinar-lhe" que o que julga tão perigoso e inaceitável não é! E que eu posso "ficar sendo" essa personagem, essa mãe, essa sua fantasia, e não me confundindo com sua identificação projetiva; mas posso falar-lhe desse movimento e mostrar-lhe a realidade da situação.

Da sessão 50

Atendo-a dez minutos mais tarde.

Aviso-a dos horários que terei de modificar, e ela concorda.

Ela passa a falar que sentiu raiva, que, hoje de manhã, estava no hospital, e a irmã dela a chamou pelo telefone porque a filha (da irmã) estava doente. Não a deixam sossegada. E também ficou com raiva porque a irmã estava grávida e falou que, quando der à luz, vai mandar o mais velho para a casa da mãe. "Mas minha mãe não gosta dele. Ela reclama que minha irmã faz muita roupa para o nenê que vai nascer" Pra quê?", ela diz;

> *"E se acontecer algo?". É como se minha mãe esperasse que o filho que vai nascer fosse morrer.*
>
> *Eu lhe digo que está sentindo esta raiva, agora dirigida a mim, como se eu fosse a irmã dela, que não a deixa sossegada, e fosse a mãe, que a rejeita.*
>
> *Ela fica em silêncio prolongado. Então, diz que pensou no que eu lhe disse e que tem raiva das trocas de horário, que enche, que ela tem de lembrar que mudou.... e raiva da mãe dela, que fica criticando a irmã, que fez muita roupa para o nenê. Bolas! "Ela pensa que vai morrer, mas minha irmã se prepara para que viva".*
>
> *Sua raiva é que uma mudança de horário, um atraso, é sentido como desinteresse, rejeição.*

Nota: aqui, não tinha alcançado o nível de exigência que ela impunha, ela sendo a mãe exigente, que não admite falhas, e me sensibilizei mais pelo aspecto da fragilidade psíquica de alguém que se sente ameaçada, e vive com angústia a existência das mudanças de horário, atrasos que são significados por ela como mudanças na afeição, nos sentimentos, na qualidade do relacionamento.

Da sessão 56

> *(Após uma intervenção em que eu lhe apontava sua vontade de mostrar que era capaz de fazer "coisas boas", para compensar a percepção de uma "maldade" que ela tomou consciência de ter feito a uma colega, diz: "É. É que vejo você sempre descontente comigo. Tudo o que eu falo não cumpre suas exigência; eu estou sempre abaixo delas". [pausa]).*
>
> *Eu – "Bem! Parece que sua queixa comigo é de que, com nosso trabalho, você se dá conta de um descontentamento e de exigências que você tem para comigo?*

(Ela permanece em silêncio uns 5 minutos.

Eu indago o que ocorreu.

Ela diz que pensava nas férias.)

Ela *– "Esperei tanto por elas e a viagem gorou. Talvez possa ir com meu irmão para o Rio... Não sei. Vou para um lugar e, quando chego, fico algumas horas e já quero ir embora. Se fico, às vezes, é por inércia. Não sei se me explico, faço tudo para chegar e, quando estou lá, não aproveito; não me envolvo, já quero ir embora. Sempre fui assim. Se ficar em São Paulo, já sei que logo vou trabalhar, entrar na rotina e pronto! Às vezes, penso que sou uma idiota! Que vou fazendo, fazendo e não consigo sentir, me prender, me entusiasmar.*

Eu *– É. Acho que estou vendo você descontente aqui, com ódio por sentir-se abandonada e frustrada nos seus desejos. Pela aproximação das nossas férias?*

Ela *– Às vezes, queria sentir um ódio absoluto, queria mesmo, que nem minha avó, ela é assim, odeia com intensidade.*

<u>Nota</u>: vejo que, na sessão, o ódio foi afastado da nossa relação por ela e por mim, e foi-lhe dada uma justificativa: as férias. Penso que o ódio que ela sentiu de mim é por devolver-lhe a identificação projetiva do aspecto exigente, e que parece que ela teve de "engoli-la" com certa violência. Ela sentiu que eu a agredi, e ela se tornou vítima dessa exigência, crueldade, ódio.

Em determinados momentos, ela parece uma órfã na sua narrativa, pois está falando com frequência das amigas que "a adotaram como filha" ou da atendente "x" que ela considera como mãe (porque cuida dela e faz uma comidinha diferente para ela no hospital etc.).

Da sessão 115

> *Após meia hora de silêncio "tranquilo", eu indago o que há, e ela responde: "É. Às vezes, fico pensando que estou quieta e não preciso falar, me basta a sua presença física. Esse cantinho aqui (faz o desenho com o dedo no ar), só em saber que você está atrás de mim e eu posso falar-lhe quando quiser... não sei me explicar... acho tão grandioso que me basta".*
>
> *Eu comento que ela realmente parece necessitar "viver" a minha presença física, apesar de que não sei como faz. Talvez, nessa hora, a presença mental sinta-a "lastimável". Ela ri como que "descoberta" em seu jogo silencioso.*
>
> *Ela acentua que lhe basta a presença física (talvez uma dissociação do físico e do mental). Penso que ser recebida com meu "holding", com meu* setting *é aceito por ela, mas meu trabalho mental de busca de sentidos e de novos conhecimentos está vetado neste momento.*

Aos poucos, como dizia, foi se "construindo" a nova história, a história desta relação analítica; e foi se instalando "dentro dela", em muitos momentos, sem que ela tivesse consciência. Admitir a presença física foi mais fácil em nível manifesto, mas ir percebendo a importância, o significado que estava tendo para ela a nossa relação foi um trabalho mais árduo.

Quando percebe, quando se apossa desse aspecto de sua realidade interna, é tomada de emoção, às vezes intensa, que ela quer negar, abolir, e que a faz sentir-se contraditória, sem controle.

É o que penso, por exemplo, do fragmento seguinte, de uma primeira sessão após uma interrupção de férias (já decorrido um ano de análise).

Da sessão 129

> *(Chega, deita-se e permanece em silêncio por vinte minutos. Tira e põe os óculos várias vezes. Digo-lhe que talvez ela esteja com medo, agora que pode tomar contato com algo dela na minha presença.*
>
> ***Ela** – Medo! Não! Não é medo, fiquei com raiva de ter de vir, não que seja uma obrigação, mas me sinto contraditória, pois, ao mesmo tempo, tenho raiva e venho, e agora fico chorando que nem boba.*
>
> *(No decorrer da sessão, diz que, com a análise, sente-se muito melhor, sem angústia, que fica pensando: "Para que continuar, para que 'mexer mais'? Que está bem assim. Mas se veio é porque quer continuar, precisa".)*

Nota: nesta história de uma relação analítica, eu omiti que, meses após o início dessa análise, eu engravidei de meu terceiro filho e, em janeiro de 1977, estava no sétimo mês. Essa "presença" não foi mencionada no material aqui descrito.

Da sessão 130

> *(Deita-se e fica vinte minutos em silêncio.*
>
> *Pergunto o que está fazendo com sua mente.*

Não responde. Passam-se mais quinze minutos.

Está imóvel. [ocorre-me que está pa.]

Aponto para a imobilidade.

Ela continua imóvel.

Faltando oito minutos para terminar a sessão, ela diz: "Estava pensando em lhe presentear, mas não deu". [pausa.]

Ela – *Hoje eu me senti tão tranquila ao deitar aqui e poder ficar quieta, foi bom, não sei como você aguentou, mas eu queria lhe presentear por isso. Estavam batendo raios de sol, coloridos. Eu pensei que cor será de que você gosta mais. Como não sei, então pensei em dar os três, mas daí... sumiram.*

Hoje de manhã, estava escrevendo um bilhete para meus pais levarem para Campinas; mas minha mãe estava tão falante que eu não conseguia escrever e tive vontade de pedir que parasse, para eu conseguir. No hospital, se me sobram uns minutos entre um cliente e outro, fico quieta pensando. É engraçado que, aqui, eu fico assim, estando você junto, em silêncio e tranquila.

Pensei depois que ela me falou de uma tranquilidade à custa de fazer com que eu sinta apreensão pelo seu silêncio. Mas ela diz que precisa disso, de que eu zele por ela, para que ela possa ficar "sozinha com ela mesma".

Segue um intervalo para eu dar à luz (3 de março de 1977). Reinicio após quinze dias.

Da sessão 143

Fica em silêncio uns dez minutos. Depois se movimenta. Aponto-lhe para a mudança.

Ela diz que tem vontade de se virar de bruços para me olhar. Que está tão contente. [pausa]

Expressa grande satisfação por reconhecer que eu me interesso por ela, que quero que cresça, que isso é bom. Eu faço referência ao quarto horário (que novamente conseguira para ela), e ela acha extraordinário. Ela faz uma associação com atitudes opostas da mãe dela e diz que é difícil encontrar alguém que queira que a gente cresça. "O que eu achei mais que tudo é que, quando eu vim combinar, você me aceitou sem conhecer-me. Eu sei do trabalho analítico, não daria mesmo. Mas é como um renascer, como ser aceito a priori, como um filho, sem se conhecer. Senti-me nascendo de novo.".

Da sessão 147

Após dez minutos de silêncio, eu lhe pergunto o que lhe ocorre.

Ela diz que pensava nos patos e gansos de Lorenz! Que o experimentador quebrava a casca dos ovos, e os gansos o seguiam como se fosse a gansa. [pausa]

Que ela gosta de patinhos, apesar de saber que gansos são mais bonitos.

E, após uma pausa, diz que sente que engoliu a minha imagem e, como os patos, vai atrás de mim.

Nota: penso que este material fornece uma medida do grau de necessidade que essa analisanda aponta! De necessitar viver todo o desenvolvimento dela, desde que nasceu! Mas como é possível?!

V. A experiência emocional pode ser acolhida e percebida: mas há medo das consequências...

Sessão 161

(Entra, observando-me um pouco mais do que o habitual. Deita-se e fica uns minutos em silêncio. Então, começa a se movimentar.)

Ela *– Estou com vontade de chorar! Quando entrei, achei você simpática, sua pintura, sua roupa, e pensei em falar, e não disse. Às vezes, quando estou atendendo, me pego falando com um jeito seu e fazendo um gesto seu habitual. Eu tinha receio de falar isso; sinto-me sem reservas, assim, mostrar que gosto, e você pode fazer o que quiser comigo. Se eu mostro, você fica com a faca e o queijo na mão. E bom que eu tenha conseguido falar. Estou com menos medo; afinal, até agora, eu vejo que não aconteceu nada disso aqui!*

(Perceber que ela se emociona e que ela gosta é vivido como bom, mas ainda é temido. A fantasia é que, se ela reconhece que é bom sentir, emocionar-se, viver, eu posso destruí-la, atacá-la – o ataque, ela o vê em mim, se eu fico dona da situação. Nessa concepção, como em

> *outras que ela já usou, há uma conjunção constante de elementos que tiveram realizações para se aproximar, de uma preconcepção e transformá-la em concepção. Os elementos dela são, por exemplo, que viver uma relação real com o outro e gostar está associado a ficar à mercê, ser dominado, ser ameaçado na sua existência, ser explorado. Quem gosta está em desvantagem porque precisa do outro.*
>
> *Na sessão 161, ela dá um passo; experimenta e constata que a preconcepção não se realiza: "Estou com menos medo, afinal, eu vejo que, até agora, não aconteceu nada disso aqui".*

Na sessão 185, a concepção que tem, segundo ela, realizou-se, e acusa-me!

> *Aponto-lhe o movimento oposto, ou seja, enquanto ela me conta que se sente como um bebê, e eu, a mãe que o abandona confuso, está, na verdade, sendo a mãe, e eu, o bebê confuso e dependente. Nesta sessão, ela se expõe à experiência. Queixa-se, em suma, do preço que tem de pagar e reconhece que é "destacada" da minha pessoa. Quando admite que há vínculo (ela-eu), começam as vicissitudes decorrentes dessa percepção: reconhecer a dependência e a solidão, suportar a ausência da minha ajuda e postergar o atendimento de sua "necessidade", e ver-se mentalmente incapaz para pensar.*

Da sessão 185

Conta-me sobre algo que a deixou contente: um convite para trabalhar em um cargo (aponta o crescimento dela), mas que não vai aceitar porque cai o orçamento... (e fica implícito que não daria para pagar-me, ou pagar a análise).

Então, ela diz que, enquanto vinha para cá, pensava que estava sentida comigo: "Que você fica remexendo, me deixa confusa e depois me larga. E, agora: você é a única responsável pela confusão!"

Ela me falara de uma crise anteontem, no dia que não teve sessão, em que ela não sabia mais quem ela era e teve vontade de ter uma sessão extra; e que, no dia seguinte (na sessão anterior a esta), ela provocou a confusão e a ambiguidade, e saiu insatisfeita.

Parece-me estarmos diante de uma comparação estabelecida entre o desempenho dela e o meu. Aponto-lhe esse aspecto.

Ela se lembra de um grupo de crianças em que havia competição entre observadora e terapeuta de grupo. E, no momento em que ela ficou de observadora (no papel dela), o grupo melhorou muito. O grupo jogava rouba-monte e disputava a atenção da terapeuta, e uma menina disse que ela estava em vantagem porque o baralho era dela e, na hora que quisesse, pegava tudo.

***Ela** – Aqui, se eu falo, me abro, você trabalha, senão não dá. E eu sinto que, assim, o baralho é meu. É claro que, se eu não der as cartas, eu perco tempo, pior para mim.*

(Eu a faço notar que ela está expressando essa situação com muita satisfação.)

Ela – *Assim eu vejo que nem tudo é seu aqui!*

(Eu me surpreendo com o que ela diz. Nunca cogitei que tudo fosse meu e também me ocorre que, minutos atrás, ela me acusou de ser a responsável pela confusão!)

A conversa se torna totalmente absurda, e eu experimento irritação (sinal de angústia) por ela me atribuir tudo isso e, movida por esse estado, digo-lhe que se sente satisfeita de achar-se não só "dona das cartas", do que lhe cabe, mas, também, do que me diz respeito e que, porém, não sabemos quanto tempo ela pode "segurar o baralho para não haver jogo" (esse fenômeno corresponderia a uma contratransferência do analista, descrita por Paula Heimann (1950) como as emoções do analista vitalizando a relação analítica).

Faço uma pausa e dou-me conta do meu estado mental. Digo-lhe que de nada serve esse jogo de medir forças; que estamos ali para um trabalho que nós duas queremos e combinamos de livre e espontânea vontade; que de nossa conversa pode surgir algo útil, principalmente para ela; e que a existência dela não depende da minha, assim como a minha não está condicionada à dela.

Ela – *Me deu um... frio, enquanto você falava me veio à cabeça que a sua existência depende de mim.*

Eu – *Mas depende? Não! E nem a sua depende de mim. Você existe, e este é um fato.*

Ela – *Não, a sua não... não depende...*

(Ela fica pensativa, e acaba a sessão.)

Nessa sessã, o a fantasia de identificação projetiva de não separação pelo controle do objeto se abala; há confusão. O que é meu? O que é seu?

As sessões seguintes ilustram o medo dela de que, "eu estando com a faca e o queijo na mão, possa fazer o que quiser com ela". A "ilusão" de estar tão dependente como um bebê, sem defesas, tendo ela de ter fé na minha bondade, no meu *reverie*, assusta-a; mas o fato é que ela não é um bebê, tem recursos e um desenvolvimento muito maior, comparáveis ao de um bebê. Se ela prossegue nessa fantasia, eu posso ser muito ruim, posso não lhe devolver partes de sua mente, como se a espoliasse, como se eu ficasse com tudo, e ela, com nada. Eu, com toda a vida, o controle da vida; eu, com toda a mente; e ela, sem nada, sem vida, sem controle da vida, sem mente.

Da sessão 193

> ***Ela*** *– Pensei em ficar num canto da sala. Também em ficar bem à vontade, relaxada, sem pensar em nada." "Pensei que estou com sono e que vou ficar tão quieta e daí vou morrer"... E aí imagina quando você terminar a sessão e me falar para ir, vê que eu estou morta. Puxa! Como seria desagradável para você! Pausa.*
>
> ***Eu*** *– Você parece estar imaginando de tudo para fazer de conta que não está aqui. É como se preferisse morrer a fazer análise hoje.*
>
> *Ela cai no riso.*
>
> ***Eu*** *– E me parece pensar em me testar até a morte, para ver como faço, como reajo.*

Ela *- Puxa! Não gostei! Que maldade estaria fazendo. [pausa]*

Ela *- O morrer, em si, não é muito problema. É essa sensação ruim, esse mal-estar é que é o pior.*

<u>Nota</u>: ela tentou negar a experiência emocional. Está acostumada a não sentir. Para ela, a vida e a emoção são doenças e a morte é o tranquilo, o bom. Ela "não quer ver que está cheia de vida, e capta a vida como um mal-estar".

Da sessão 201

(Quando lhe aponto uma atitude de superioridade e certo desprezo velado dela para comigo, que me parece ter a função de dificultar a progressão do trabalho, por medo do que possa resultar, ela se emociona e chora.)

Ela: Sinto que eu estou ficando sem nada (deprimida).

Eu: O que você acha, de fato, que está perdendo aqui dentro? Porque você fala como se acreditasse que eu estou espoliando, tirando coisas. É assim que se sente?

(Agora, ela está mais animada)

Ela *- Não, não acho. Mas é que me sinto confusa, sinto que não sei nem... nem... o que sinto... nem o que se passa comigo.*

Eu *- É um bom começo! Aceitar que não sabe pode facilitar que você conheça.*

Ela *- Essa é boa! Eu achando que é o fim, e você me vem com essa!*

Da sessão 203

Quando vou chamá-la, ela está chegando à sala de espera. Entra alegre. Comento como ela está alegre.

> *Ela chora, enquanto se lembra, contente, que trouxe o lenço. Diz que está mesmo alegre; que na última sessão, saiu com raiva de mim; que ficou magoada porque eu estava "brincando" com o relógio, e achou que era pouco caso; e que pensou em fazer uma maldade, de chegar e dar-me seu relógio para eu ficar brincando. Então, ela percebeu o quanto eu não era indiferente a ela, e que isso a assustou. Depois, ela foi se acalmando, "afinal já está feito"! E pensou na análise para o próximo ano, que quer mais. Em seguida, ficou com medo que eu fosse dispensá-la. "E agora tudo isto passou!".*
>
> *Eu digo que está me contando a respeito das vicissitudes dela comigo na minha ausência.*

Nota: o contato real a ajuda a discriminar suas fantasias e a aceitar seus pensamentos como apenas pensamentos, e não fatos.

Reflexões

Vejo-me lutando, até este momento, para ela conseguir aproximação, contato, mas deixando de analisar o modo como ela se comunica. Esse modo esteve presente, "vivido", percebido e, muitas vezes, atuado por mim, em respostas ou ataques, mas não foi transformado em pensamento verbal, não ficou consciente para mim a ponto de eu poder falar sobre ele. Eu tentava "esmerar-me" na captação do que ela dizia, "ir direto ao inconsciente", analisar a qualquer custo o que ela tentava camuflar, mas, analisar a camuflagem (vamos chamar assim), não o fazia. Chama a atenção nas anotações das sessões a "redução" que faço do manifesto camuflado, como se fosse uma interpretação de símbolos. Então, vejo-me em uma atitude onipotente: em "analisar a qualquer custo" e mantendo e alimentando uma crença importante dessa paciente, qual seja, a de que se pode ter conhecimento sem ter contato com o que se tem a conhecer; que se pode substituir a experiência pelos pensamentos; que se pode, com um "pequeno contato", apreender um elemento de toda uma situação e deduzi-la. Mas esse é o modo em que ocorre a substituição da experiência pela transformação em alucinose. A alternativa nesses momentos, se a analisanda tolerasse o "novo", seria prosseguir investigando, permanecendo em contato. Para tal, ela teria de não se sentir tão atacada pelo "novo".

Um modo de ela vivenciar isso é ter contato restrito, não permanecendo presente na experiência o suficiente para perceber os fatos e para ter elementos que possam levá-la a conhecer. Ela interrompe a captação (a consciência) e, no lugar, põe o que ela "já sabe" que deduziu por meio de um "código pessoal de significados". Assim, por exemplo, se me atraso, é porque não estou disposta a estar com ela.

Ser frustrada é apavorante, uma ameaça à existência dela. Ela se comporta, então, fazendo sentir no outro a necessidade imperiosa de ter de atendê-la, de ser formidável, de fazer sobre-esforços no sentido de captar suas angústias e esclarecer seus conflitos, ficando eu com toda a responsabilidade do vínculo.

Ela pensa que eu posso atendê-la sem ter elementos para isso. Põe-me à prova e fica observando a minha mente para ver se eu ponho em prática essa teoria dela. Se, porém, eu a questiono, essa dizendo-lhe que não se pode conhecer sem ter elementos, ofereço-lhe a oportunidade de reintrojetar "discriminação" em vez de "exigência". Assim, ela projeta um aspecto mágico-infantil e reintrojeta-o mais "humanizado" (menos onipotente). Mantenho, entretanto, durante um bom tempo, um vínculo parasitário com algumas características de, por exemplo, estarmos juntas para um trabalho voltado para ela, e ela controlar os meus movimentos, fazendo com que eu tenha de realizar um esforço por mim e por ela, atendendo às suas necessidades, sem que ela me dê os elementos que poderia me dar. Mas, visto desse ângulo, ela está atendendo a uma necessidade de pôr-me à prova, de observar-me, para se assegurar de que estou "bem-intencionada", pois a desconfiança, a perseguição é muito grande. Estar em contato com o que surge nela ao estar comigo atualiza os primeiros modelos de relacionamento que ela projeta com toda a força, passando eu a ser aquela que quer que ela morra (pela projeção)! Eu quero aniquilá-la!

Essa é uma fantasia onipotente que ela coloca no lugar de verificar a qualidade do relacionamento. O medo e o pânico vêm do fato de que ela não está em contato com a "experiência", lá comigo, mas está em contato com uma fantasia que ela confunde com a experiência. É em função dessa observação que eu posso inferir que ela aciona os primeiros modelos da relação oral. É o presente que explica o passado. A reintrojeção desse aspecto é muito lenta. Necessita, de um lado, ser mitigada, "humanizada" pela convivência comigo; e, de outro lado, que ela vá construindo um continente mais adequado, para não explodir ao tentar contê-lo. Outro ponto que me fez pensar é que o uso do ataque à percepção traz consequências ao longo do tempo pois impede que o ego desenvolva aquisições, aprenda em função do seu contato com as experiências. Não há desenvolvimento da equipagem, e, mesmo quando pode registrar os dados, não pode dar prosseguimento, não pode dar sentido e integrar aquilo que observou.

O jogo das identificações projetivas na relação analítica

O que passo a relatar agora são as sessões mais recentes que evidenciam, a meu ver, o que chamei de "o jogo das identificações projetivas", e as dificuldades em "jogar esse jogo".

Sessão 234*

Ela vem afobada, uns minutos atrasada, entra sorridente.

(Eu fecho a porta da sala de análise infantil e, depois a nossa. Deita e, pouco depois, diz o que segue.)

Ela: Não sei por que, mas alguma coisa mexeu comigo. Tive a impressão de que você iria me dizer que não poderia me atender talvez nos próximos dias... amanhã ou depois... não que não fosse atender mais... [pausa]

(Ela observou o dado objetivo e usou-o para corrigir a impressão).

Eu digo que essa impressão, ela a tirou de dentro dela. Que função teria de me perceber assim?

Nota: a minha proposta ao lhe dizer isso, apesar de não estar explícita na minha formulação acima, era de que pudéssemos nos ater à experiência para verificarmos como ela pensa; apesar de que, para ela, foi uma impressão que a perturbou, mas que ela pôde estabelecer crítica, discriminando-a; portanto, podendo usar a realidade e ver que aquilo que a perturbou era uma "impressão" ou uma "fantasia", e que pode aceitar essa fantasia, e não precisa, transformá-la em uma certeza, em uma realidade (em uma alucinação ou em uma transformação em alucinose).

A partir do que lhe digo, ela passa a rever a experiência como que procurando justificar a impressão.

* Esta parece ser a comunicação sem palavras, por identificação projetiva, de seus estados de mente.

Então, ela diz que se lembrou agora de que, quando foi chegando, ouviu um choro de bebê e pensou que devia ser o meu bebê,[1] *pois é março, é por aí que é aniversário dela (1 ano). [pausa]*

(Eu capto, no tom de voz e em como ela vai fazendo essas associações, emoção e interesse em estar se investigando.)

Ela torna a dizer: "Gozado! E por um momento foi uma sensação de que você não poderia me atender".

A impressão ela formulou a partir do sensorial (a minha saída da sala, que foi interpretada por ela como impedimento em atendê-la).

"Eu lhe digo que não tenho nada em contrário em atender "essa criança" que você está me apresentando agora".

(Foi o modo que encontrei para expressar que ela estava podendo manifestar suas "impressões fantásticas", um pouco como uma criança que não se envergonha, nem tem tanto medo de se mostrar com suas fantasias que são vividas como realidades).

Ela escuta e diz que se lembrou agora também de que a porta da sala de crianças (o consultório de análise infantil) estava aberta e que ela pensou, quando chegou, que eu estava lá, terminando de arrumar essa sala para ir à sala onde atendo adultos, mas me viu sair da sala de adultos, e, então...

***Eu** – E, então, viu que estava pronta para atendê-la" (porque ela estava uns minutos atrasada).*

1 Outro elemento não considerado nos materiais que fazem parte deste relato é a mudança de casa e consultório, onde passo a ter duas salas: uma de adulto e outra de criança, em 1978.

***Ela** – É. Quanta coisa eu disse até agora e achei que hoje não tinha nada para dizer aqui. Pausa.*

***Ela se lembra agora** – Quando entrei (novamente se refere ao impacto da chegada), a luz do consultório, sei lá por quê, talvez pelo contraste com a luz de fora, parecia amarela, e me deu uma sensação assim... de calor, como se tivesse uma lareira, não sei... não sei expressar muito bem.*

(Eu comento que essa sensação tem sido algo frequente e noto que ela tem certa dificuldade em referir essas sensações com palavras. Trata-se da emoção presente nela por eu estar lá a acolhendo, e que ela captou nela mesma como luz, calor e lareira; e que a dificuldade não seria propriamente dizer em palavras, descrever a experiência, mas parece ser mais a capacidade de transformar os dados sensoriais da experiência em impressões sensoriais e, então, em pensamentos.

Mas a sessão prossegue, e ela faz duas associações: uma referindo-se a um menino autista, catatônico, que atendeu; e outra se lembrando de uma paciente crônica que, quando entrou, era quase catatônica, e ela acha que deve ser removida de uma unidade onde não tem mais o que aproveitar, para fazer terapia ocupacional e outras coisas.

E pergunto-lhe se ela tem a ideia de que aqui também ela esteja "ficando crônica" e de que necessita "ser removida" para poder aproveitar melhor.

Ela diz que o que lhe falei agora a surpreendeu.) [pausa]

***Eu** – Em que sentido ficou surpresa?*

Ela não responde.

Eu – *Por que podemos conversar sobre o medo que você tem em "descobrir" novos estados mentais?*

Ela – *Engraçado! Eu sinto que você é como se estivesse me puxando, me aproximando de você, e isso me dá um arrepio, como se pudesse ser, no coração. [pausa]*

Ela – *Como gostaria de não ter medo de chegar aqui e deixar acontecer... como algumas vezes... e aí, quando viu,... pronto... já acabou! Já superou aquele medo e vê que não é tanto como pensava.*

(Eu digo que, hoje, está emocionada e surpresa em ver que pode estar mais próxima de mim, e dela mesmo, e que talvez espere poder atender "àqueles estados mentais" se puder confiar em chegar, e pronto!)

Ela – *Ia chegando de plantão, entrei com o carro em casa, abro a porta e vejo em minha casa gente estranha. Era um casal, amigo dos meus pais. Simpáticos. Meus pais me apresentaram: "Esta é a nossa filha" e aí, enquanto eles continuaram falando, eu subi para deixar as coisas. Meu irmão me pediu coisas sobre pintura, e eu tinha lá uns livros e fiquei lá, demorando um pouco. E, quando eu desci, o casal tinha ido embora; fiquei chateada e ainda consegui dar um "tchau" lá fora, com a mão. Não sei por que fui lembrar-me disto agora.*

Eu – *Talvez você tenha se lembrado de uma emoção que teve lá, de se sentir filha de um novo casal, dos seus pais como estão agora dentro de si, assim como se sentiu aqui comigo (filha, acolhida).*

(Ela chora e diz que está até com medo de falar que aquela angústia parece que está passando... mas, de repente, volta.Eu lhe digo que não se sente segura em poder estar sem muita angústia, como "aquele casal"

que ela não sabe se pode segurá-lo dentro dela. Termina o tempo.)

Sessão 312

(Ela se deita e fica dez minutos em silêncio. Imóvel.)

Eu *– "Está me comunicando tanto com seu silêncio que necessita ver como eu fico "sem saber".*

Ela *– Que eu quero que você seja bidu? (Adivinhe o que eu estou pensando?).*

Eu – Não, não tenho o que adivinhar, se já me comunicou que quer que eu viva o "não saber" (não ter elementos para pensar) para ver como funciono, como minha mente funciona.

(A partir desse momento, há uma mudança de clima; ela se movimenta, parece estar tudo mais vivo.)

Ela *– "Pensei em um pacientezinho, de 13 anos, que fiquei surpresa quando estava olhando-o, por trás dele, ele arrumando uns cubos, e senti, não sei... como se fosse um 'carinho' por ele. E também pensei que andei lendo muito esse fim de semana, livros, jornais, e fiquei com vontade de ser mais ativa, participar dos movimentos naquilo que me cabe. Adquiri conhecimentos, e isso foi bom.*

Eu *– Está surpresa em ver que tem emoções e pode sentir?*

Ela *– É. [novo silêncio]*

Ela *– Estou com medo. Tenho a sensação de perder o referencial.*

> *Passamos a conversar sobre o sentido que ela dá a esse referencial, e o que surge é que, diante de situações, é tomada de emoções que "desconhecia", que não tinha experimentado, que (pelo menos) não deixava que tomasse consciência.)*
>
> ***Ela** – A sensação com aquele paciente... não sei explicar, é boa, a sensação aqui dentro é boa (acena para dentro dela), mas não sei... dar nome".*

Nota: ela parece apontar para o quanto é recente nela o restabelecimento de uma capacidade para introjeção e projeção de objetos antes da tomada de consciência dos mesmos.

Os pensamentos verbal e pré-verbal estão ligados a consciência da realidade psíquica. A substituição da introjeção e projeção pela identificação projetiva não permite tomar consciência das realidades externa e interna.

Cada vez mais, esse mecanismo é posto em uso e impede a introjeção adequada e a assimilação das impressões sensoriais, negando, então, à personalidade uma base firme para prosseguir. É algo assim que está acontecendo a ela? A impressão de ter consciência de si mesmo, com uma certa "integração mental" em seus acontecimentos ou em sua vida?

Quando ela fala em ser mais ativa, participar daquilo que lhe cabe é tomar conhecimentos de sua aquisição em sua própria vida. Mas o passo a dar, que é participar, dá-lhe medo, é algo bem pouco conhecido para ela, e assim o vive na sessão, como um prolongar o momento de entrar em contato real, com ela mesma e suas necessidades.

Indagações finais

O que teria se passado até agora nessa análise? Teria havido desenvolvimento da analisanda, da analista, do par analítico?

Vou tentar sintetizar o que acredito que tenham sido até agora (ela continua em análise) os movimentos principais.

1º Um estado de mente que aponta para a ameaça de ser aniquilada e que parece vir de um objeto interno "incompreensivo", que se opõe ao vínculo. Toda "aproximação" é sentida persecutoriamente.

2º A aproximação, o contato (que é conseguido com a análise) pode promover um aumento da consciência de sua realidade interna, nem sempre "bem recebida". A recuperação do objeto por identificação projetiva revertida é sentida como agressão. Daí uma das dificuldades de introjetar.

3º Quando eu transformei as identificações projetivas que acolhi (quando pude), toda vez que pude dar-lhe significado, ela provavelmente introjetou esses aspectos cindidos. E lentamente vai sendo internalizado um "novo objeto", que pode ir modificando a força desorganizadora da emoção.

4º Começa a ser "tolerado" por ela um vínculo entre as impressões sensoriais e a consciência. "Surge um primeiro pensamento rudimentar."

5º Paralelamente a esse movimento de "crescimento" mental, ela usa como modelo de pensar o das transformações em alucinose. Livra-se dos elementos primitivos, evacuando os "pensamentos" que são uma "coisa em si" (elementos beta). Esse sistema de alucinose, como diz Bion, baseia-se na intolerância à ausência de objeto (e intolerância à dor da frustração). Então, a evacuação dos elementos beta cria

> o "domínio não existente", um mundo mental onde o inexistente existe; portanto, o que não existe é o sofrimento doloroso da frustração. O acontecimento mental é transformado em uma impressão sensorial que não tem significado, mas proporciona prazer ou dor.

Na transformação em alucinose, os conteúdos emocionais, coisas em si, elementos beta, não têm nem tiveram continente que os contivesse e transformasse. O pânico psicótico é o modo de funcionamento mental em uma área com dimensões infinitas, que não pode atuar como continente. Essa experiência emocional (pânico) pode ser concebida como o fracasso da função alfa para transformar um continente em que caibam emoções violentas.

O modelo do vínculo C primitivo (mãe e bebê) é de uma atividade compartida, que traz crescimento mental a ambas, e que é introjetada pelo bebê (a relação Mãe-Bebê ou, em termos abstratos, continente-contido), como parte de aparato da função alfa. Desse modelo, Bion abstrai uma teoria para representar "a realização" do desenvolvimento de pensamentos, e mesmo do aparelho de pensar.

Esta analisanda parece estar se "debatendo" para adquirir "consciência" de suas emoções.

> *Parece estar se passando nela uma "mudança", no sentido de ela se sentir capaz de experimentar emoções. Talvez, nesse sentido, esteja usando menos frequentemente de splitting com dispersão das emoções, mas ela não está de "posse" desse processo ainda. A "mudança", ela vê projetada no outro. O outro mudou: à medida que vai se integrando, vai "juntando os pedaços" na presença do outro, e é primeiro o outro que ela vê.*

Assim, na última sessão, ela diz que se lembrou de que a mãe tem estado melhor com ela nesses quinze dias e passa a contar do fim de semana, e que a mãe é honesta quanto a dinheiro e agradecida pela ajuda que ela tem dado em casa.

Comento que a análise está "fazendo bem" à "mãe dela", e ela diz que sim, que mudou. Eu digo que "mudou" a mãe de dentro dela, ou seja, ela mesma. Ela diz que a mãe (se referindo à real, de fora) agora não a crítica quase...

Neste ponto, eu paro!

E, me pergunto se há algo mais fundamental para a função de analisar do que a "capacidade" (que está sempre em desenvolvimento) de "acolher" os acontecimentos psíquicos do analisando, um tipo de escuta que eu chamaria bioniana. Sem essa "capacidade", como dar os passos seguintes? Como dar uma dimensão analítica a um aspecto dissociado e projetado da mente do analisando se não o deixamos "entrar em nossa mente"? Se não aceitamos esse contato, não podemos tentar conhecê-lo, e muito menos pensar a respeito, transformá-lo para ser "devolvido" à mente de origem. Essa operação, toda vez que tem sucesso, vai promovendo no analisando a reintrojeição desses aspectos de sua própria mente, mas agora com capacidade de serem contidos por ele mesmo. Para finalizar, como se dizia no início da exposição, essas são as ferramentas psicanalíticas que consegui construir até agora; portanto, não vejo por que nem o que concluir.[1]

1 Esta análise foi acompanhada em supervisão pelo Dr. Laertes Ferrão, analista didata da SBPSP

3. A contribuição de Esther Bick à clínica psicanalítica[1]

São enfatizadas nesta parte algumas das contribuições de Esther Bick para a clínica psicanalítica, ao criar sua técnica de observação da relação Mãe-Bebê na família, a saber: 1) para a formação analítica; 2) para a transmissão da psicanálise.

A seguir, a autora discorre sobre as mudanças de atitudes de mente do analista para a prática analítica nos últimos cinquenta anos e propõe transformações desses conhecimentos para que possam ser aplicadas à prevenção e aos cuidados do desenvolvimento emocional infantil. Menciona, finalmente, uma técnica para a clínica psicanalítica da infância, que denominou *Intervenções Terapêuticas Conjuntas Pais-Filhos.*

Introdução

Sabemos que a grande contribuição de Esther Bick à psicanálise foi a de ter elaborado uma técnica para observar a relação Mãe-Bebê

1 Trabalho lido durante o Colóquio Internacional de Observação de Bebês – Esther Bick, Lisboa, 1998.

na família, técnica esta que decorreu da aplicação do método psicanalítico de observação.

O referido método, aplicado com a intenção principal de propiciar um contato com a intimidade da experiência infantil no grupo primordial, a família, revelou-se gradativamente como um facilitador durante o *training analítico* para a transmissão da psicanálise.

Até cinquenta anos atrás, o trabalho analítico, a relação analista-analisando, sofria as influências do contexto histórico-cultural e científico da época. A psicanálise, para ser considerada uma ciência, tinha de satisfazer os paradigmas positivistas de causa-efeito; o "cientista-analista" tinha de "ser neutro" para observar os fenômenos referentes à vida intrapsíquica, e explicá-los sob a forma de interpretações. Essa "postura oficial" entendia as emoções do analista como perturbações ou "acidentes de trabalho" que deviam ser resolvidos pela análise do analista.

O artigo de Paula Heimann "On countertransference" (1949) foi o início de um movimento que apontava a importância de se levarem em conta as emoções do analista para a compreensão dos fenômenos que ocorriam na sala de análise.

Nessa mesma época, Esther Bick criava uma técnica de observação, possibilitando ao analista em formação uma expansão da experiência transferência-contratransferência, agora em um contexto não clínico, mas, sim, natural, cotidiano, com a vantagem de estar livre da função terapêutica. Muitas das ulteriores contribuições dos pós-kleinianos orientaram-se para a descaracterização da relação analítica enquanto relação médico-paciente, no sentido de mostrar que a psicanálise não atua segundo o modelo das ciências médicas e necessita de um estatuto que dê conta do funcionamento da vida mental, muito diverso daquele do funcionamento do cérebro.

A observação da relação Mãe-Bebê, como foi levada adiante por Bick, contribuiu para a formação do analista, ao propiciar um exercício de posturas desejáveis para o trabalho analítico, a saber: estar com o outro, escutá-lo, conter suas próprias emoções sem atuá-las, observar e observar-se, procurar compreender as "razões" do outro, abstendo-se de críticas, julgamentos, conclusões apressadas.

Contribuiu também para se "ver" de perto a experiência infantil e a complexidade da construção de uma relação humana, em que os elementos que a promovem vão se interpenetrando, baseados em escolhas sucessivas.

À medida que vai se expandindo a visão da psicanálise como uma ciência descritiva – em que as capacidades de escuta, acolhimento e continência são propiciadoras da emergência dos elementos inconscientes e de sua expressão no interjogo transferência-contratransferência –, o método de observação Mãe-Bebê proposto por Esther Bick também passa a ser cada vez mais empregado na formação analítica. A experiência favorecida pelo método de Bick permite exercitar atitudes desejáveis para o trabalho analítico. Permite também aguçar a percepção de condutas em que a transferência infantil do paciente emerge.

Esther Bick e a transmissão da psicanálise

A técnica de Esther Bick para observar o início da história natural do indivíduo na família, com o tempo, revelou seu valor também para a formação do terapeuta, por proporcionar um exercício de observação de condutas indicativas da transferência e da contratransferência, que ocorrem nas interações humanas, incluindo as do próprio observador, num contexto natural e não clínico. É uma oportunidade, em suma, de se aproximar de nosso objeto de estudo – as relações emocionais – situando-as em um contexto novo, o familiar, e submetendo-as a uma nova função: a de observar sem intervir.

Sabemos que existem outros métodos de observar bebês, como o da psicologia do desenvolvimento, que estuda os comportamentos humanos, com atenção à aquisição de competências, aos aspectos maturacionais e outros. Para validar tais observações, são feitos estudos baseados em experimentações. Tomando como exemplo o estudo do *attachment* (de John Bowlby) – vínculo de apego – de crianças de 12 a 18 meses, que utiliza o Método da Situação Estranha (Mary Ainsworth), cria-se um *setting* de observação em que se vai levar em conta fundamentalmente o aspecto quantitativo das condutas da criança, que indicaria a qualidade do vínculo de *attachment*.

A observação psicanalítica, ao contrário, privilegia o aspecto qualitativo. Ela centra sua atenção no estudo do desenvolvimento da mente simbólica e do pensamento, estudo esse que pode ser realizado acompanhando-se as sequências de condutas interacionais observadas entre a mãe e a criança que são "lidas", levando em conta o princípio da continuidade genética dos processos mentais (Susan Isaacs).

Embora o método analítico tenha na observação um dos seus pilares, a observação durante o trabalho clínico, essencial para compreender e intervir, está "colada" à função terapêutica, frequentemente mesclada de tal forma que não nos possibilita ver claramente onde terminou a observação e onde se iniciou uma interpretação. Oferecer a oportunidade, supervisionada, de apenas observar e observar-se, sem ter qualquer responsabilidade em intervir, é propiciar um tempo de "estar com", "de escutar" e de "conter emoções", um tempo que pode favorecer o pensamento.

Mudanças de atitudes da mente para o trabalho analítico nos últimos cinquenta anos

Foram imprescindíveis, desde a descoberta de Freud, contribuições como as de James Strackey, Sándor Ferenczi e Melanie Klein para podermos ter as de Paula Heimann, Esther Bick, Wilfred Bion, Donald Meltzer, entre outros. Cada um, a seu modo, trouxe aportes que revolucionaram a clínica psicanalítica de hoje ao dar ênfase à observação e à descrição cuidadosa dos fenômenos relacionais, e, ao incluir o observador no campo emocional em estudo, ajudou enormemente a deslocar a psicanálise do lugar das ciências explicativas, de causa e efeito, e colocá-la no das ciências descritivas, de observação dos fenômenos que vão emergindo.

Wilfred Bion e Elliott Jaques propiciaram uma ampliação da visão de grupo e de instituição, abrindo caminho para a aplicação da psicanálise e mostraram, como de resto também havia feito Esther Bick, que a psicanálise trabalha com as interações, embora tenha criado uma teoria da personalidade e continue estudando a vida intrapsíquica e a estruturação da personalidade.

A convergência dessas várias contribuições tornou claro o quanto os analistas estavam concebendo a relação analítica por meio do modelo da relação médico-paciente.

Foi notável o esforço de Paula Heimann ao apontar em seu trabalho "On countertransference" (1949) – que foi muito polêmico na época – o quanto se esperava que o analista fosse neutro, distante, não sentisse nada, "a não ser uma suave e uniforme benevolência para com o paciente" (p. 40).

Heimann, entretanto, acreditou que o modelo de "bom analista" provinha de algumas compreensões equivocadas das leituras da obra de Freud.

Quem, como eu, enveredou pela observação Mãe-Bebê como um instrumento de transmissão da psicanálise acredita que o modelo do "analista neutro" é uma postura que se repete nos jovens em formação, como se assistíssemos à ontogênese do papel do analista, e penso que a origem de tal modelo é interna, é da situação mental de cada um; o abandono progressivo de tal modelo depende da capacidade para se "estar com outra pessoa", ocupando determinada função ou não, tendo trocas programadas ou não, e depende de se sentir capaz de viver e transformar as emoções em sentidos, possíveis de serem reconhecidos pelo sujeito.

A experiência de observação e as atitudes de mente do analista

Os estudantes que têm a experiência de observação da relação Mãe-Bebê na família frequentemente enfrentam situações de enrijecimento, de neutralidade, vindas de uma insegurança por estarem em um campo emocional com uma função nova, em que é necessário delimitar e discriminar as atribuições de cada um, conter as próprias emoções e não atuá-las em papéis ativos como aconselhar, ajudar, orientar etc.

Em minha experiência, o caminho percorrido pelo observador da relação Mãe-Bebê, Esther Bick se assemelha ao do candidato em *training analítico*, no que diz respeito a suas ansiedades, seus sentimentos e seus medos diante da função de analisar.

No artigo apresentado em 1985, "Observação da relação Mãe-Bebê – instrumento de ensino em psicanálise", descrevi o percurso do observador, seus questionamentos e emoções ao iniciar a experiência de observação, seus sentimentos predominantes, os estados de mente a serem alcançados para poder observar e as reflexões que a supervisão possibilita.

Desse artigo, gostaria de destacar o seguinte trecho:

> *Ao iniciarem as visitas, em geral o Observador Psicanalítico (OP) está muito mais ocupado em delimitar sua nova função e em observar seus sentimentos*

despertados pela dupla do que em registrar a interação M.-B., que de início é mais difícil de relatar.

Para alguns observadores o sentimento predominante foi de dificuldade em conseguir observar o par M.-B., tendo sido mais fácil observar a Mãe (M.) ou o Bebê (B.) isoladamente. Puderam perceber durante a supervisão que observar só a mãe ou o bebê é consequência de o OP ter formado dupla com um deles, deixando o outro excluído.

Este comportamento é comum. A maior dificuldade do OP é de estar no campo emocional onde se dá a relação M.-B., mas sozinho, tendo que contar consigo mesmo, com sua própria mente, capaz de ser continente das emoções despertadas pelo par.

Se este estado de mente não puder ser atingido, é possível que o OP atue com seus aspectos infantis e, sentindo-se excluído da relação, vá tentar fazer dupla com a M. ou o B., ou até vá se aliar a um irmãozinho de B., ficando sem condições de observar a relação M.-B..

Para outros OP, as dificuldades em se manter na função de apenas observar se originaram da impossibilidade de elaborar as identificações projetivas da M.. A M. é que solicita ao OP apreciar e aprovar sua conduta, enquanto a M. ocupa o campo de observação do OP, e este frequentemente sente que a M. "atrapalha" a observação do B. Em supervisão, tivemos de considerar que era aquela a relação M.-B. que o OP estava observando, e não uma outra, que ele estivesse desejando para preencher suas expectativas "científicas" de estudar o desenvolvimento do B.

Estar sozinho, tendo de contar com seus próprios recursos internos, é fundamental para o trabalho do analista!

É desejável que o analista seja continente das identificações projetivas do paciente, assim como a M. aprende a ser continente do seu B. O analista precisa aprender também a ser observador da relação do paciente com seu objeto interno – a relação M.-B. internalizada –, sem se confundir com um membro do par internalizado do paciente.

Percebi, durante os seminários, o quanto esta experiência de observação vai possibilitando ao aluno observar-se durante e após a visita. A supervisão promove uma confrontação entre o desejo do aluno de desenvolver certas atitudes de mente em seu treinamento analítico e sua realização visível durante sua performance de observar. Entre estas, certamente a mais desejada pelo analista é a capacidade de ser continente de seus próprios processos mentais e dos do paciente.

Ser continente, no meu entender, depende antes de tudo de ir conseguindo a cada configuração da relação em curso observar o momento presente, livre da utilização de ideias já formuladas para aquele par M.-B., com espaço interno para perceber os detalhes e o contexto da situação ("sem memória e sem desejo" – Bion); observar livre de expectativas quanto ao desempenho da dupla, sem a utilização de modelos ideais, sem desejos, é a proposta de Bion. Ao contrário, aparece inevitavelmente o "desejo de curar a M." ou sua variante: criticar a M. "que não se porta como deveria", o que na verdade significa não tolerar o diferente, outros estilos de ser etc. Também o desejo de modificar a relação Mãe-Bebê pode ser originado no OP pelo fato de o OP não suportar a própria impotência diante de certas realidades.

Durante e após a visita de observação, o aluno, por não ter a tarefa ativa de analisar, pode observar-se em suas atitudes de mente e refletir a respeito.

Ao concluir o artigo, eu dizia: "Esther Bick comenta em seu trabalho 'Notas sobre la observación de lactantes, en la enseñanza del psicoanalisis'" (I.J.P.A., 4, 1964) que um dos pontos que mereceu atenção durante os seminários foi a hostilidade do OP diante das tendências depressivas da M. após o parto, querendo com isso se referir a um estado de mente da M., em que ela se sente emocionalmente incapaz de compreender e satisfazer as necessidades de seu B; tenta fazê-lo oferecendo partes de si própria como os seios, as mãos, a voz. Eu gostaria de acrescentar a isso que frequentemente tenho encontrado no OP uma atitude de hostilidade à M., que parece ter como origem o uso de um modelo idealizado M.-B. por parte do OP, ao se confrontar com sua nova experiência. E isto leva o OP tanto a querer "melhorar" o desempenho materno como a identificar-se com os aspectos de descontentamento do B., ambas situações que podem levá-lo a desempenhar papéis inadequados à função que se propôs ter. Acredito que o aluno vive estas pressões também em sua prática analítica, e a observação é mais uma oportunidade para exercitar-se em suas atitudes de desfazer-se de "crenças" que possam estar mantendo um modelo ideal da relação M.-B. (assim como da relação analista-analisando). "crenças" como:

1 – ser possível haver desenvolvimento sem frustração.

2 – julgar a priori como danificadoras certas condutas maternas, por não ter um senso de proporção e um conhecimento das forças patogênicas no desenvolvimento psíquico;

3 – acreditar que possa "tratar" uma atitude da M. num contexto de observação, onde o setting *é diferente do* setting *analítico.*

O papel do OP não prevê que este seja continente da M., mas sim continente de si próprio, diante das emoções despertadas pelo par. O OP tem como tarefa ativa manter-se na função de observação.

O exercício é o de conviver com a realidade presente sem se sentir impulsionado a modificá-la quando esta se torna insuportável, mas sim refletir sobre ela. A experiência tem mostrado, por outro lado, que, na medida em que o OP é continente de si mesmo, pode ser de ajuda à M. com sua presença, por ser um exemplo das possibilidades de autocontenção, de estar a sós com sua mente.

O que pode dificultar a manutenção de um estado de mente favorável para a observação (receptivo, continente das próprias emoções, sem presença de críticas, valorações morais ou expectativas) é olhar a mãe e o bebê durante as visitas de observação por meio de um referencial idealizado da relação Mãe-Bebê.

É de se esperar, por outro lado, que ninguém vá em "branco" para novas experiências, e sim que carregue suas concepções, suas "crenças". A questão toda se resume no uso dessas concepções: poderão ser confrontadas com a experiência que está sendo vivida e haver aprendizado?

Ou esta experiência será negada pelo OP a fim de manter seu status quo*?*

> *Em resumo: a contribuição da experiência de observação M.-B. na família – método Esther Bick – propicia exercícios fundamentais:*
>
> *1 – Quanto a ter que desenvolver uma nova função, a de observar, que depende de que o OP vá construindo um* setting *específico para observar, função pela qual vai ocupar um lugar na família que lhe permita observação e participação emocional (a defesa contra este papel é colocar-se em funções mais conhecidas, como terapeuta, amigo orientador etc.).*
>
> *2 – Quanto a ter que "trabalhar" suas emoções e sua tendência a identificar-se com um dos pares da dupla (por exemplo, sentir-se no lugar de um B. que está sendo danificado pela M. e querer ocupar o lugar da M. "danificadora" para "salvar" o B.). Para observar é imprescindível ter continência emocional* (Mélega, 1985, pp. 309-314).

De fato, pode-se discriminar os sentimentos do OP contidos por ele mesmo e trazidos verbalmente à supervisão dos sentimentos inconscientes que não são trazidos verbalmente à supervisão, mas que transparecem em seu relato, pelo modo como o OP descreve a mãe, o bebê, a casa, a situação vivida etc. Nesse caso, pode ser de ajuda examinar durante a supervisão tais emoções contratransferenciais e, assim, continuar as visitas de observação (Mélega, 1987b).

É evidente que contamos com a tolerância e a continência do OP para "trabalharmos" com as identificações projetivas da família, a transferência idealizada e a persecutória, a fim de que o OP continue se mantendo na função de "apenas" observar.

Para finalizar meus comentários em torno desse primeiro e grande legado que Esther Bick nos deixou, cabe mencionar que tal instrumento tem sido pouco usado na formação analítica dos institutos de psicanálise, embora já tenhamos uma avalanche de relatos de observadores contando o quanto foi rica e consistente para a clínica tal experiência. De fato, observar a intimidade da experiência infantil enriquece a visão clínica do analista em formação. Com uma abordagem diversa da de Paula Heimann, Esther Bick tornou possível que nos defrontássemos, livres da função de analisar, com as nossas emoções, despertadas pelo contato com cenas da história natural do indivíduo, e que pudéssemos compreendê-las e elaborá-las.

A experiência de observação contribui para aprender a estar com o outro, em um mesmo campo emocional, contando com sua própria mente, elaborando "silenciosamente" as emoções despertadas pelas cenas Mãe-Bebê durante a visita de observação. Isso quer dizer aprender a abster-se de julgamentos e intervenções no campo de observação, e quer dizer também treinar-se a permanecer na difícil posição de "estar de fora" do par, sozinho, sem, porém, sentir-se excluído. É, então, um exercício de observação de uma relação e também de auto-observação dos estados de mente que, mais que nunca, precisam ser elaborados e pensados para que a função de observar possa continuar existindo.

Os últimos cinquenta anos da psicanálise foram marcados pelas contribuições de Melanie Klein, que continuaram a produzir vários e fecundos desdobramentos, como podemos constatar ao ler artigos como de Hanna Segal, ou a descoberta do método de observação de Esther Bick, ou as recentes contribuições de Meltzer, ou os consideráveis aportes de Wilfred Bion. Os aportes de Bion revolucionaram a "ciência psicanalítica", ao sugerirem que o analista se coloque na sala de análise com uma mente observadora, em um estado de consciência particular com a suspensão da memória, do desejo de entender – configurando, desse modo, o que passei a chamar para meu uso de "escuta bioniana". Para que a escuta bioniana possa se dar, é preciso tolerar o medo do desconhecido e prosseguir contando com a capacidade negativa (Keats) – a capacidade que um ser manifesta possuir se sabe manter-se nas incertezas e dúvidas, sem a ânsia de buscar explicações e razões dos fatos. Bion dedicou-se quase que inteiramente ao estudo do pensamento, das funções do pensamento, do aparato para pensar, e acabou chegando à relação Mãe-Bebê por essa via, iluminando essa relação com uma visão epistemológica.

A clínica psicanalítica infantil e de adulto hoje – considerações.

Até 1920, a criança psicanalítica era uma criança "abstrata", conceptual. Melanie Klein, principalmente, e Anna Freud adaptaram o método analítico para crianças pequenas, o que permitiu novas descobertas do desenvolvimento infantil. Passou a conhecer-se muito do mundo interno da criança, mas de uma criança na sala de análise, em interação com o analista.

Nesse período (1926-1932), as descobertas dos dinamismos da vida intrapsíquica e as construções teóricas a respeito de seu funcionamento ocupavam prioritariamente os pensamentos dos "descobridores". Além disso, a psicanálise nadava ainda nas águas do positivismo científico e não estava livre do binômio causa-efeito, nem da equivalência mente-cérebro. Foi com essa analogia entre o desenvolvimento físico e o mental que se chegou ao desenvolvimento emocional por fases evolutivas, conceito adequado no que se refere às "zonas de libido". Todavia, quando os estudos de Bion nos revelaram a diferenciação entre a protomente (o incrível trabalho de experiências em grupo – Bion, 1961) e a mente propriamente dita, a mente simbólica, a expectativa, anunciada por Klein, de que o desenvolvimento infantil obedecia a um programa segundo o qual o binômio cuidado-nutrição (*nurture*) e constituição (*nature*) pareceram não dar conta dos complexos fenômenos interacionais observados na construção da relação mãe-criança.

Bion, ao brindar-nos com o conceito de *reverie* e de identificação projetiva realista como modo de comunicação do bebê com a mãe, pôs-nos no centro da questão: para o crescimento de uma mente simbólica, é preciso uma complexa interação em que a mente da mãe é introjetada como um modelo de funcionamento.

Donald Meltzer (1986b), ao refletir a esse respeito, mostra que o conceito de desenvolvimento por fases é insuficiente para "teorizar" quanto à formação e ao crescimento da mente simbólica, e, usando as contribuições de Bion, propõe que se adote para o funcionamento da personalidade o modelo de campo (campo de experiências), que seria um contínuo devir, por oferecer à mente do sujeito uma gama infinita de escolhas de significado, que só é limitada pela capacidade do sujeito de imaginá-las. Desse modo, passa-se da causalidade para um campo de experiência infinito e para a criatividade, conceitos adequados para se teorizar acerca do crescimento da mente simbólica. D. Meltzer aponta as vantagens de se adotar essa linha de pensamento.

Em primeiro lugar, isso torna sempre possível construir um modelo de desenvolvimento mental da personalidade isento de determinismo. Também nos libera da linguagem que esses preconceitos limitantes nos impõem, e podemos, então, deixar separado o vocabulário da observação da interpretação. A aspiração à "objetividade" pode ser substituída pela nossa experiência em usar a contratransferência no trabalho analítico. A linguagem descritiva do funcionamento mental nos permite a comunicação com outras disciplinas: sociologia, antropologia, história, pedagogia, estética, linguística, direito, literatura etc.

Meltzer diz que, se é verdade que o indivíduo tem uma certa história biológica que limita o campo da experiência – concepção-desenvolvimento-morte –, sua vida mental tem um "programa" muito diverso que não faz parte de sua organicidade.

O aparato mental, em seu funcionamento simbólico, é voltado à criação de significado das nossas experiências e à construção de seu significado, e, como tal, está sempre acontecendo, não tendo outro passado além do que se tornou estrutura. Os objetos internos da mente têm uma tênue ligação formal com as figuras parentais da própria infância; as memórias de eventos passados são ficções que se referem a fatos altamente selecionados; mesmo a imagem de nosso corpo é um constante devir.

Esses referenciais representam, a meu ver, a nossa psicanálise atual, os nossos avanços, que liberam a psicanálise de "compartimentos" e a fazem transitar por entre as ciências do homem, sem buscar hegemonia nem explicar ou controlar o objeto do conhecimento.

A criança e o bebê psicanalítico também foram libertos. Podemos vê-los agora não apenas em seu mundo interno, mas, também, em suas relações externas, em seu desenvolvimento emocional e intelectual, na casa, na escola, participando ativamente de seu grupo familiar, provocando emoções e sofrendo-as. Sem dúvida, cinquenta anos de observações familiares em todo o mundo devolveram a criança ao seu meio natural: uma criança mais compreensível, menos trágica e engajada em sua "missão" de construir uma mente simbólica, em que uma das peças-chave é a função mental dos pais: um homem e uma mulher desenvolvendo suas funções de pai e de mãe, cuja origem penso estar no caráter de cada um, na esperada relação amorosa do casal, na identificação de cada um com seu *self* bebê, com seus objetos parentais e no desenvolvimento de uma mente simbólica capaz de "sonhar" a relação com "esse ser estranho e familiar que olha para nós e não diz o que quer e o que sente – o bebê".

Como transformar esses conhecimentos para aplicá-los em prevenção e higiene mental? Há vinte anos, no auge do meu entusiasmo, ao conhecer as descobertas da psicanálise, pensei que a comunidade brasileira poderia aplicá-las na educação de crianças e na orientação de pais, a fim de se otimizar o desenvolvimento emocional, cognitivo e intelectual, por meio de medidas a serem aplicadas na área de saúde mental e educação; uma "espécie de profilaxia", comum em saúde pública.

Embora, com o passar do tempo, tenha havido certa abertura e alguma penetração aos novos conhecimentos que a psicanálise de crianças tem proporcionado, não tem sido suficiente a ponto de ficar disponível para a população leiga. Penso que nós, como psicanalistas, pouco temos feito para divulgar conhecimentos de tanto valor, e continuamos a limitar nossa área de ação aos consultórios. Considerando o acervo de cinquenta anos de "histórias familiares" observadas pelo método Esther Bick, que propiciam uma visão íntima das interações pais-criança, eu me pergunto: por que tal conhecimento não ultrapassou nosso campo científico para ser adaptado ao campo social? Por que ainda não conseguimos um acesso à comunicação social que possa influenciar, ou mesmo combater a imensidão de vulgaridades e barbaridades que têm sido ditas, mostradas e praticadas ao se lidar com a infância? Por que não surgiram até hoje "oficinas de formação para pais ou oficinas para dar formação aos que trabalham em creches, escolas maternais e outras instituições infantis"?

Eu sei que existem aqui e acolá algumas "ilhas de psicoprofilaxia na infância" que mostram quantos benefícios se obtêm, mesmo que seja somente por meio de informação qualificada mas ainda é muito pouco, e cabe a nós, que sabemos o que se passa nas famílias, que convivemos com as ansiedades e desesperos de pais e de crianças, emoções essas que acabam sendo os norteadores do comportamento dos pais para lidar em com seus filhos – cabe a nós tomar uma posição mais enérgica, menos omissa, mais responsável.

Este é um apelo que faço, aproveitando a oportunidade de estarmos juntos neste II Colóquio Internacional de Observação de Bebês: façamos prevenção em saúde mental, mas não apenas nos consultórios!

O que podemos fazer por uma mulher como Olga, que não consegue estar com seu bebê? Aprender a ser mãe foi-lhe bastante difícil, pois ela não queria assumir a plena responsabilidade dessa função. A avó materna a substitui (observação realizada por aluna do Centro de Estudos Psicanalíticos Mãe-Bebê-Família, em São Paulo.)

No peito, a M. mantém o B. afastado de si, enquanto diz que vai precisar de mamadeira. Observa-se, no entanto, que o bebê mama tranquilamente. A certa altura a mãe retira-o do peito, pois "se não o tirar, ele fica uma hora sugando", ela afirma. Várias vezes interrompe a amamentação abruptamente. Durante um engasgo, ela chama-o de "guloso".

O seguimento das visitas de observação mostra que a função materna não evoluiu. Ela desmama o bebê aos 2 meses e vai entregando-o aos cuidados completos da avó.

Há cenas em que se observa uma conduta do bebê procurando discriminar "quem é quem", olhando para a avó e para a mãe, e terminando por fixar-se na mãe, e, quando esta se afasta, ele resmunga.

Com o passar do tempo, a chegada da mãe não é festejada pelo bebê. Ele não se entusiasma com as brincadeiras que ela faz (cócegas e apertos), mas, sim, olha-a com expressão séria.

Aos 6 meses e 8 dias, a mãe está alimentando o bebê com colheradas muito cheias, e ele mostra dificuldade para engolir, chegando a ficar com os olhos cheios de lágrimas, e finalmente engasga.

Aos 7 meses, observa-se o bebê ficando feliz ao receber a mãe, e sua fisionomia mostra tristeza e lágrimas quando ela chega à casa e passa por ele sem nem olhá-lo, enquanto ele chega a estender os braços para ser pego no colo.

A mãe passa a ter um comportamento agressivo em relação ao bebê a partir dos 8 meses: grita e ameaça bater nele, principalmente quando não se comporta como ela quer. Quando ela não entende o que o filho solicita, acaba entregando-o à avó para que ela resolva a questão.

Aos 9 meses, ocorre uma cena em que a mãe se recusa a pegar o filho, que choraminga ao vê-la. A avó insiste, e a mãe pega-o, mas o devolve em seguida à avó, manifestando rejeição.

Aos 10 meses, o bebê está queixoso, lamentoso, chamando pela mãe e olhando para a porta, confinado em seu andador. Quando a mãe chega, a lamentação persiste, e ele passa a chamar "papa". O lamento é intercalado com pequenos momentos de calmaria em que brinca com a mãe. A mãe faz várias tentativas de ajudá-lo, dando-lhe água, bolachas, mas nada o tranquiliza. Quando vê a avó passar pela sala, chora, parecendo querer ser pego, mas ela está ocupada, preparando o almoço. A mãe grita com o bebê quando este não anda e força-o a se locomover sozinho. O bebê fica cada vez mais inquieto.

Quando a sua refeição é trazida, outro momento difícil se inicia. O bebê, sério, tenta pegar a colher da mão da mãe, mas ela não permite, e por fim, dá vários tapas fortes na mão dele.

A sessão de tapas se interrompe quando a avó, bastante entristecida, oferece-se para alimentar o bebê, acrescentando que a mãe era culpada pelo que ocorria.

A avó passa a dar algumas colheradas ao bebê, enquanto explica, que dentro de pouco tempo, ele estará "comendo" sozinho, que ele já está aprendendo, por isso ele quer a colher. O bebê permanece sério, olhando fixamente para a mãe.

A OP conclui ser significativa essa fala, pois testemunha o que, desde o princípio, foi marcante nessa família: que o bebê precisa tornar-se independente não só no aspecto físico, mas, principalmente no aspecto emocional. A mãe ausente, tanto no sentido concreto quanto no afetivo, é o traço evidente nesta observação, e ela não pôde compreender, na grande maioria das visitas, que tudo o que o bebê desejava era estar com ela.

Há vinte anos que estou buscando uma maneira de transformar o que aprendi em psicanálise e o que aprendi em observação de bebês, para fazer aplicações da psicanálise, a fim de atender à demanda de ambulatórios, universidades, hospitais-escola e óre gãos representativos da saúde mental.

Penso ter encontrado uma abordagem técnica, que estou pondo em prática na clínica e passei a chamar "Intervenções Terapêuticas Conjuntas Pais-Filhos" (Mélega, 1998).

Casos como o de Olga e seu filho acabam chegando ao consultório de pediatria por algum distúrbio da conduta alimentar, do sono, ou algum quadro somático; ou, mais tarde, ao consultório de psicologia, devido à sintomatologia que a criança foi desenvolvendo.

Sabemos, no entanto, o quanto pode ser eficiente e menos doloroso um atendimento psicológico quando os desencontros entre e pais e filhos estão em seu início. Trabalhar de forma a envolver os pais para que possam compreender melhor as características da criança, sua comunicação lúdica, e para que se cientifiquem da importância de sua presença e da especificidade das funções parentais, é fazer prevenção de patologias mais graves tanto na criança quanto nos adultos; é tentar evitar a desestruturação da família, que tem sido cada vez mais frequente nos dias de hoje. O trabalho clínico "Intervenções Terapêuticas Conjuntas Pais-Filhos" pode ter um de alcance preventivo. Resta divulgá-lo para torná-lo aplicável em maior escala.

Parte II

Aplicações do modelo de observação Esther Bick

1. Intervenções terapêuticas conjuntas pais-filhos: fundamentos e metodologia[1]

Este trabalho foi inspirado no modelo de observação da relação Mãe-Bebê, criado por Esther Bick em 1948, que tem sua origem na observação psicanalítica como é conceituada no método psicanalítico. Propomos aqui uma aplicação desse modelo.

Ao falarmos em "aplicação do modelo de observação E. Bick", estamos nos referindo ao trabalho clínico que privilegia um conjunto de atitudes de mente necessárias para a observação: ser receptivo, "estar" no clima emocional do objeto da observação, lidar com as próprias emoções despertadas pela função de observar e não intervir ativamente no objeto de observação.

Evidentemente, ao aplicar o modelo de observação E. Bick ao contexto clínico, estou introduzindo uma variável que possa me transportar da função de apenas observar para a de "promover ativamente comunicação e pensamento" entre os membros da família. E foi essa aplicação que denominei "Intervenções Terapêuticas

---

1 Publicado em *Alter – Jornal de Estudos Psicodinâmico*, Brasília, 1998.

Conjuntas Pais-Filhos". É evidente ao leitor que considero terapêutico promover comunicação e pensamento entre os membros do grupo familiar.

Sigo agora mencionando alguns fundamentos teóricos e técnicos que penso terem sido a base para o trabalho de Intervenções Terapêuticas Conjuntas de Pais e Filhos. O primeiro deles vem das contribuições de Bion ao trabalho com grupos. Bion (1961), solicitado a ajudar grupos de tarefa que apresentavam tensões internas, observou o comportamento de seus participantes e, usando a perspectiva analítica de observação que leva em consideração a intuição e as reações emocionais do observador, compreendeu fenômenos que aconteciam nos grupos. Ele viu que a conduta dos integrantes, suas atitudes e a escolha de métodos para conseguir o objetivo proposto eram pobres, sem racionalidade e não correspondiam à inteligência e à habilidade dos participantes fora da situação grupal. A solução dos problemas não era posta em prática com métodos adequados à realidade. As emoções que emergiam eram poderosas, influenciavam e orientavam a atividade do grupo.

*

Usando a técnica que consistia em observar e descrever para os participantes as situações criadas pelo próprio grupo que se opunham à realização da tarefa, Bion pôde ajudar o grupo a superar seus impedimentos.

Esse é um dos fundamentos teóricos usados nas intervenções que estamos propondo: observar e descrever para o grupo as situações criadas pelo próprio grupo que esteja se opondo à realização da tarefa, ou ao encaminhamento e solução da situação-problema.

No caso do grupo familiar, as tarefas são consequência do exercício das funções parentais.

Outro fundamento teórico surgiu da compreensão da relação Mãe-Bebê trazida por Bion. Segundo essa concepção, a mãe tem de realizar certas funções para o bebê, a fim de que ele consiga aprender a realizá-las. A identificação projetiva ganha com Bion a dimensão de identificação projetiva realista. Esse fenômeno diz respeito à comunicação do bebê, que projeta partes angustiadas dele na mãe e esta, ao acolhê-las e pensá-las valendo-se de sua mente simbólica, devolve-as em condições de serem sonhadas e pensadas pelo bebê, desde que este possa internalizá-las. Essa concepção ganha nova dimensão ao ser aplicada às relações pais-crianças.

Em "Natureza e função da fantasia", brilhante contribuição à psicanálise, S. Isaacs descreve de que modo podemos ter acesso aos processos mentais:

1. pela observação do contexto em que ocorrem;
2. pela observação da sequência de condutas; e
3. pela observação dos detalhes da conduta.

Passados mais de cinquenta anos desse artigo e tendo em vista os avanços técnicos e teóricos da psicanálise – e, dentre eles, destaco os de Esther Bick –, eu enfatizaria um quarto modo como o principal para ter acesso aos processos mentais: a observação dos "derivados" transferenciais e contratransferenciais.

A escuta, a observação, a continência emocional do profissional diante da transferência e contratransferência são privilegiadas, considerando-se esses instrumentos os que favorecem a aproximação à realidade psíquica e que promovem o clima para que o pensar aconteça.

Esse conjunto de atitudes de mente do terapeuta perante o grupo familiar, acrescido de suas intervenções em momentos oportunos, serve de exemplo vivo de um funcionamento mental para os membros do grupo. No contexto natural, algo semelhante se passa na relação Mãe-Bebê quando a mãe intervém, dando sentido à confusão e à angústia do bebê. No início do trabalho, o terapeuta procurará se manter tanto quanto possível em atitude de observação, escutando e observando as interações dos participantes, seguindo os movimentos transferenciais e contratransferenciais, e procurando manter um clima suficientemente tolerável para que a comunicação aconteça. Intervirá quando, no decorrer do encontro, for necessário modular ansiedades que possam ser disruptivas e impedir a continuidade da sessão.

Tal postura terapêutica é fruto da visão da psicanálise como ciência descritiva que depende da observação dos fenômenos interacionais, que entende que a linguagem para expressar estados de mente não é apenas a verbal, mas a pré-verbal, a lúdica, a das manifestações psicossomáticas, e que a comunicação entre as pessoas por identificação projetiva é a matéria-prima do trabalho do analista.

As intervenções do analista servem para esclarecer, para motivar a pensar e para dar continência a alguns elementos que vão adquirindo significado no grupo. Espera-se, deste modo, seguir buscando novas compreensões que serão oferecidas ao grupo como hipóteses, como "modos de ver", e os participantes manifestarão sua utilidade, sua validade, sua aceitação ou rejeição.

Esse modelo está totalmente distante dos ideais do referencial de trabalho presentes na "relação médico-paciente", relação autoritária e paternalista, segundo a qual o terapeuta interpreta quando e por que desvendou o "oculto", e o paciente escuta e "toma o remédio", aceitando a interpretação para "curar-se".

Promove-se, com essa visão, uma redistribuição de autorias e responsabilidades entre os membros e uma conscientização de que a "situação-problema" ou o "suposto paciente" é frequentemente o emergente de um conflito ou de um desencontro interno no grupo familiar.

Dessa maneira de trabalhar, que privilegia a observação e a criação de um clima de comunicação favorável para o pensamento-sonho durante as sessões, decorre a necessidade de um exame constante dos derivados contratransferenciais do terapeuta.

A natureza das Intervenções Terapêuticas Conjuntas Pais-Filhos

Em uma breve comunicação, em 1990, editada nas *publicações científicas* do Centro de Estudos Psicanalíticos Mãe-Bebê-Família (Cepsi–MBF), em São Paulo, intitulada "Aplicações dos conceitos psicanalíticos ao Trabalho em contextos não-clínicos", ao mencionar o trabalho possível a ser realizado com a dupla mãe-bebê e denominando esse trabalho "Nova Entidade Profissional", nome provisório mais tarde abandonado, escrevi:

> *A Nova Entidade Profissional usa a técnica inspirada na observação da relação mãe-bebê acrescida da possibilidade de fazer um "determinado tipo de intervenção" em que certas atitudes de mente estariam presentes para abordar o objeto a ser conhecido (escuta, observação e continência emocional)*[1].

Um certo modo em que as intervenções da nova Entidade profissional seriam dirigidas ao vínculo mãe-bebê e focalizariam os impedimentos visíveis na conduta da mãe que estariam dificultando a compreensão das necessidades do bebê. As intervenções aconteceriam no vínculo mãe-bebê quando a mãe explicitamente

1 Trecho extraído de publicação interna realizada pelo centro de Estudos Psicanalíticos Mãe-Bebê-Família em 1991.

desejasse ajuda para uma situação que não estivesse conseguindo compreender. Escrevi também que tais intervenções não poderiam ser chamadas de interpretações como entendemos em psicanálise pelo fato de não estarem buscando o "latente" das comunicações e, mais que isso, por não serem intervenções transferenciais, mas, sim, dirigidas às interações entre os participantes do grupo familiar. Mantenho o que disse em 1990 e acrescento o seguinte: é essencial que a transferência e a contratransferência possam ser seguidas, mesmo que não utilizadas para intervir, a não ser em momentos em que seu esclarecimento permita avançar na compreensão de um conflito. Fica claro que as intervenções verbais do terapeuta se fazem necessárias quando:

1. a comunicação entre os membros sofre mal-entendidos visíveis ao terapeuta que estejam dificultando a continuidade do diálogo;

2. a comunicação entre os membros expressa um trabalho mental de antipensamento e mentira, e nenhum dos participantes intervém para denunciar tal fato;

3. a comunicação lúdica da(s) criança(s) do grupo familiar não é acessível aos pais;

4. a situação transferencial com o terapeuta está sendo atuada dentro ou fora da sala de consulta.

Nessa abordagem, o terapeuta tende a fazer intervenções que podem partir da observação das condutas dos participantes durante a sessão, quando estes, ao interagirem, tentam e não conseguem esclarecer sentimentos e compreender condutas.

Voltarei às questões técnicas após expor um encontro familiar realizado por psicoterapeuta do Cepsi–MBF, que tive a oportunidade de acompanhar em supervisões regulares na clínica do

Cepsi–MBF. Procurei enfatizar nos materiais iniciais o exame das atitudes e sentimentos do terapeuta durante as sessões familiares; quando, como e por que interveio.

Entrevista familiar

M.G.[1] – *Digo ao pai que vejo que ele está aflito para saber o que se passa com Roberto e que esses encontros seriam para entendermos o que está se passando.*

M.P.M.[2] – Essa foi a primeira intervenção que a terapeuta fez, e parece ter sido para modular a ansiedade do pai e dela mesma.

M.G. – *O pai passa a dizer que não sabe o que se passa na creche, que também pode ter algum menino mais arteiro que esteja influenciando o comportamento de Roberto. (Penso comigo: "o mal está fora"), que Roberto fica bravo e explode.*

O pai vai falando que Tânia também é nervosa, mas é mais do jeito dele (pai).

M.G. – *Eu pergunto se ele (pai) é nervoso. A mãe dá um meio sorriso.*

M.P.M. – Nesta segunda intervenção, a terapeuta usou sua percepção de um pai angustiado para fazer uma indagação que o convida a refletir sobre si mesmo.

O pai passa a falar que ele é nervoso e que na família dele há bastante gente nervosa. Diz que, quando era pequeno, os pais eram chamados na escola, mas quem ia era o irmão mais velho, pois a mãe não entendia o português e acabava por castigá-lo. O irmão

---

1 Marcia Gimenez, terapeuta.

2 Marisa Pelella Mélega, supervisora.

já sabia disso, e ia para a escola falar; diz que tem um irmão que também é nervoso.

M.G. – *(Como o pai se sente identificado com Roberto nessa dificuldade, verbalizo essa impressão de que tal dificuldade de Roberto está fazendo com que ele se lembre dele próprio quando criança).*

M.P.M. – Na terceira intervenção, a terapeuta está aproximando elementos informados pelo pai e atribuindo um significado.

M.G. – *Mostro que as crianças estão tranquilas brincando ali com a gente.*

M.P.M. – Na quarta intervenção, a terapeuta reassegura-lhes que há saúde para ser resgatada.

M.G. – *O pai diz que não é sempre assim! A mãe também confirma o que o pai disse: eu digo que eles têm o potencial de estarem assim, mais tranquilos. A mãe diz que, às vezes, eles ficam bem.*

M.P.M. – Na quinta intervenção, a terapeuta reafirma que há potencial para saúde.

M.G. – *O pai volta a falar do nervoso e que, quem sabe se ele fizer tudo o que o Roberto quiser, ele acaba não ficando nervoso. Porque isso deve ser mal de família. Ele mesmo, no trabalho: se alguém vem com uma brincadeira mais abusada, ele não gosta, pois as pessoas gostam de brincadeira de mau gosto e "ele só não bate", mas fica nervoso.*

Eu digo para o pai que o fato de o Roberto se parecer com ele não quer dizer que será igual, que cada pessoa é diferente da outra.

M.P.M. – Na sexta intervenção, a terapeuta esclarece a confusão de identidades.

M.G. – *O pai lembra que a filha do irmão dele, embora este seja nervoso, é tranquila. E que tem outros sobrinhos que, quando estão com ele (pai), ficam bem, e os pais dizem que são levados.*

A mãe diz que, quando os filhos estão longe dos pais, é diferente mesmo.

O pai volta ao assunto e diz que eu disse uma coisa certa, que ninguém é igual a ninguém.

Ele acrescenta que tem pouco tempo para brincar com os filhos quando eles o chamam.

M.P.M. – Movimento introjetivo do pai, reconhecendo agora alguma responsabilidade pelo estado psíquico dos filhos, "um pouco do mal pode estar com ele".

M.G. – *A mãe conta que faz pouco tempo que Roberto está assim, que foi depois de uns pesadelos que o filho teve.*

M.P.M. – A mãe entende ser algo incompreensível o causador de agressividade.

M.G. – *Aviso que o tempo acabou e que marcaremos outro dia.*

O pai diz que não pode naquele horário. Ficamos um tempo tentando achar um horário, e acabo marcando para sábado.

O pai me pergunta se eu costumo atender naquele horário de sábado. Digo que é possível. Falo sobre o pagamento.

A mãe combina comigo como ela vai pagar.

Antes disso, o pai fala novamente sobre a creche. Eu digo que ele não concorda com a creche. O pai diz que não, porque nunca pensou em criar os filhos em creche.

Eu digo que parece que tem coisas que eles (pais) não concordam entre si.

A mãe confirma.

Tânia (a irmã) diz que queria ficar morando ali. Eu pergunto o porquê. Ela diz que é legal.

As duas crianças guardam as coisas na caixa.

Roberto, quando perguntado pelo pai se quer ficar, diz que não, que quer ir embora.

Ficam em outra sala, respondendo ao questionário da clínica, e a mãe acaba por fechar a porta para eles não saírem. Ouço o pai perguntar e escrever, a mãe responder, e as crianças, às gargalhadas, respondendo juntas.

Saí dessa sessão atordoada com a atuação do pai e com a sensação de que eles não voltariam.

M.P.M. – Uma das dificuldades ao se iniciar essa abordagem clínica é situar-se a uma distância tal que permita viver o clima emocional do grupo sem, porém, "formar dupla", ativamente, com nenhum dos participantes. Dessa maneira, o T. (terapeuta) tem uma condição favorável para observar e a cada instante intervir nas interações que emergem no grupo.

A T. procurou ouvir e atender ao "emergente", que foi o pai. Este tomou a voz pelo grupo, e o grupo permitiu. A T., porém, sentiu-se "presa" pelo pai, ocupando toda a sua atenção e impedindo-a de estar com os membros da família.

Essa é uma situação frequente enfrentada também no início de uma observação da relação Mãe-Bebê. O OP quer ver a mãe interagindo com seu bebê, mas a mãe monopoliza a atenção, pela necessidade de ser escutada.

Nesse primeiro encontro, o pai foi protagonista, expondo seus modos de pensar acerca das dificuldades do filho e da origem de tais dificuldades, tentando se excluir totalmente de responsabilidades.

Na evolução da sessão, buscou incluir-se, ainda que por um "entendimento hereditário" ("eu era nervoso em criança como Roberto").

A T. pôde perceber um desacordo entre os pais - mais ainda: uma exclusão da mãe na conversa com o pai, o que a levou a prometer uma entrevista só com os dois. Notamos que as crianças brincaram e não se introduziram na conversa dos adultos.

Nessa primeira experiência, é comum o terapeuta sentir mais facilidade em intervir, como se estivesse no contexto clínico a dois, trabalho mais conhecido do que o de atendimento familiar.

No 2º encontro familiar (5 de outubro de 1996)

M.G. relata: *as crianças se tornam mais presentes, fazendo com que os pais voltem a atenção para elas, muitas vezes pelo que estão fazendo de desordem. Roberto havia levado uma chave lá da clínica para casa, e os pais começam a conversa daquele dia questionando se essa chave era ou não da clínica, pois Roberto não dizia, e não conseguiram chegar a nenhuma conclusão. O menino traz para o espaço do nosso encontro um problema a ser entendido. Os pais mostram dificuldade em desvendar a situação-problema; não conseguem chegar a alguma conclusão do que se passa com o filho, se ele está ou não falando a verdade. Ficam um bom tempo discutindo isso. Roberto está quieto, desenhando. Quem vai esclarecer essa situação é Tânia dizendo que a chave era dali, e leva-nos ao lugar de onde ele a tirou.*

Essa situação de Tânia ser a pessoa da família que observa, entende e comunica o que está acontecendo na família pode ser acompanhada durante todo o atendimento.

Existe, outra vez, uma tentativa do pai de se afastar do que está acontecendo ali com todos, pedindo minha atenção só para ele.

Na medida em que eu mostro o que está se passando ali com Roberto, o quanto parece estar mais calmo, o pai dirige sua atenção para o grupo todo.

A mãe atribui o comportamento mais calmo das crianças ao fato de estarem entre estranhos, mas, ao mesmo tempo, diz que, desde que iniciaram os encontros, ela não tem tido reclamação da escola. Falo da situação de Roberto estar reunido com os pais ali a fim de ser entendido, escutado, e que isso traz uma possibilidade de ele estar mais tranquilo. O pai concorda e diz que, "... quando Roberto está mais com a gente, dá menos trabalho". Esse comentário do pai é um começo de percepção de que eles podem estar fazendo algo para seus filhos se sentirem melhor. Tanto o pai quanto a mãe não se dão conta da função que eles têm com as crianças.

M.P.M. – A essência deste trabalho é criar condições para que os pais percebam que eles próprios têm recursos para lidar com seus filhos.

Durante a sessão, em um certo momento, a T. passou a se dirigir diretamente a Roberto, a fim de entender seu comportamento. Isso gerou nele um mal-estar a ponto de ele querer sair da sala. A intervenção que foca um indivíduo, e não sua relação no grupo, pode ser sentida como invasiva.

M.G. – *Ainda nessa sessão, o pai diz que Roberto parece que não gosta de ser criança. Eu digo que talvez ele quisesse ser grande como o papai.*

Tânia está com os bonecos na mão e passa a fazer com que eles se beijem e fiquem um em cima do outro, como se estivessem transando. Roberto também pega dois bonecos e imita o que Tânia está fazendo. Isso gera um incômodo para os pais (mais para a mãe).

Eles passam a fazer com que os bonecos beijem seus próprios pais.

Tânia diz que os bonecos são o pai e a mãe, e eles todos dão muita risada.

A mãe manda parar, e eles continuam.

Eu pergunto aos pais o que acham disso.

A mãe diz que é a TV, que eles assistem às novelas. As crianças insistem na cena dos bonecos. Tânia diz que as bonecas vão tirar a roupa. O pai reforça que assistem a muitas novelas.

A mãe dá um basta nisso, bem brava, incomodada. As crianças encerram a brincadeira.

Tânia começa a mostrar um tema que vai percorrer todo o atendimento, que é sua necessidade de entender o que se passa no relacionamento dos pais e da família. No momento de ir embora, não quer ir e prolonga o nosso tempo, dizendo que vai deixar um desenho para mim. O tempo ainda não foi suficiente para ela, pois ainda não está tendo espaço para dizer o que pensa.

Digo que gostaria de marcar uma entrevista com os pais. O pai não aceita marcar; diz que não gosta de compromisso, que não queria nem ter vindo, que não tem ânimo para nada, que trabalha porque precisa e que, depois que seus pais morreram, não tem sentido a vida, que não acha que exista algo importante; que gosta dos filhos, mas que seu amor nunca é tão grande quanto o amor pelos pais; que já pensou em se matar, mas tem medo de não dar certo e ficar aleijado; que não gosta de compromisso, e nem quando namorava.

Tento mostrar que ele é importante e que está vindo e que esse assunto era importante para conversarmos sem as crianças.

Nesse momento, a mãe vai para junto dos filhos, como que protegendo-os da fala do pai.

Digo que marcarei mesmo assim e que, se ele puder vir...

Saímos, e a mãe acerta o pagamento de uma sessão comigo.

M.G. durante o 4º encontro familiar

A um certo momento, as crianças veem um bicho na janela, do outro lado do vidro. Vou olhar também. A mãe diz que criança vê qualquer coisa. Eu digo que criança vê coisas que, às vezes, os adultos não veem. Roberto quer matar o bicho. A mãe diz que está do outro lado do vidro. Eu digo que precisa da ajuda dos pais para compreender. O pai diz que as coisas estavam melhores.

Dirijo-me aos pais, dizendo que, conforme havíamos combinado, aquela seria a última sessão de avaliação e que eu gostaria de contar um pouco o que eu havia observado durante os nossos encontros.

As crianças estão mexendo na janela, e a mãe se incomoda. Elas querem abrir. Eu digo que não pode por causa da janela em frente. Voltam para os brinquedos.

Retomo um pouco a queixa dos pais, mais precisamente da escola, e digo que eu via que o Roberto, às vezes, ficava confuso, sem saber "qual era o seu tamanho" (uso esse termo, pois foi essa a expressão que vimos na sessão familiar anterior a esta) e que ora ele se achava muito grande e queria tudo do jeito dele, ora mostrava comportamentos de uma criança menor (mamadeira e chupeta).

Nesse momento, Roberto balança a cabeça negativamente e diz que não chupava nem mamadeira nem chupeta.

[A mãe ri]. Eu digo que isso era um segredo que eu fiquei sabendo.

Roberto reafirma que não.

Eu digo que, às vezes, isso o deixava atrapalhado, pois, como um menino de 4 anos, ele talvez não precisasse mais de mamadeira e se envergonhasse disso.

Intervenho formulando a ideia de que os pais poderiam ajudar Roberto, pois constatamos que conversarmos todos juntos estava favorecendo o relacionamento.

O pai começa a dizer que a influência das más companhias perturba. Retoma a história do menino do quintal, referida na primeira sessão, de que o mal está fora. Digo que há as influências dos outros e há também a agressividade da própria pessoa.

As crianças ajeitam uma mesinha para desenhar e pedem-me os lápis de cor. Entrego-lhes os lápis, dizendo que eles estão querendo minha atenção.

O pai fala o quanto é errado o jeito nordestino de pedir ajuda. Eu pergunto se ele está falando da mãe. Ele diz que dela também, mas é um jeito do pessoal do "Norte".

(O pai está atacando tanto a mãe quanto a mim nesse momento.)

O pai fala que a culpa também é da TV e que, no tempo dele, era diferente; que não é só novela, tem desenho violento. Pergunto para a mãe o que ela acha, e ela diz para eu perguntar para as crianças. O pai dá bronca e diz que é ela que tem que achar.

Eu pergunto para o pai o que ele achava de bom na TV hoje. Ele menciona o Castelo Rá-Tim-bum *e outros desenhos.*

Eu pergunto o que ele costumava assistir. Ele responde Nacional Kid.

No final, o pai diz que não virá porque não quer compromissos com horário. Eu digo que o compromisso não era comigo, mas, sim, com a família.

A mãe se compromete a vir com as crianças. Encerro a sessão.

M.P.M. – A terapeuta sentiu raiva pela conduta do pai, que desmontava o trabalho que estava sendo feito. E essa é uma questão: lidar com as resistências à mudança e com as transferências negativas, buscando compreender as impossibilidades do membro da família, e abster-se, de "desejar construir a cura" à revelia de algum participante. É trabalhar com o que emerge!

Compreende-se a dificuldade de a T. ter de se defrontar com adultos tão despreparados para as funções parentais.

5º encontro familiar, M.G. destaca:

Chegam todos, e eu exclamo: "O Sr. resolveu vir?", e ele responde que Tânia ameaçou não vir caso ele não fosse. O pai decidiu vir porque acha que está sendo bom para eles.

Reafirmo que as crianças estão mostrando o quanto o pai é importante.

O clima da sessão é de festa. Percebo que até eu estou contente, como se comemorássemos o compromisso estabelecido.

O pai brinca, interage com as crianças como um moleque.

Do 6o encontro familiar, M.G. destaca:

M.G. – *O pai está abatido, com expressão de cansaço. Pergunto se está tudo bem. O pai me diz que está cansado, que nem queria vir hoje, mas as crianças insistiram.*

Eu digo que as crianças estão contando que a presença dele, pai, é importante para elas. O pai se cala.

As crianças mexem na caixa. Roberto procura a cola e papéis com os quais estavam mexendo na semana anterior e pergunta-me pela tesoura, e eu digo que esqueci de trazê-la.

Roberto pega a cola e o envelope que o pai havia feito na semana anterior e quer fechá-lo. A mãe diz a ele para não fazer isso.

Tânia pega o brinquedo com o qual o pai brincou na outra semana e dá para ele, que recusa. Eu digo que Tânia queria que o pai brincasse como na sessão anterior.

O pai está muito fechado. A mãe o olha de "rabo de olho", como se quisesse ver sua reação, mas não pudesse deixar clara sua apreensão.

Continuo observando. A mãe se junta a Roberto e passa a fiscalizar suas ações, para que ele não sujasse o tapete de cola.

Tânia diz que o pai chora, e fala para o ele me contar o sonho. O pai diz que não quer falar, que esta semana sonhou com sua mãe e que ficou muito triste, e não quer falar sobre isso.

Eu digo que Tânia achava que eu pudesse ajudar o pai da mesma forma que ela está aproveitando esses momentos em que estamos juntos.

O pai se cala, cruza os braços. Na sequência, a mãe passa a falar sobre o comportamento de Roberto na escola. Roberto e Tânia ficam sentados desenhando.

Tânia mostra-se muito ansiosa com o silêncio do pai e passa a ficar inquieta. Levanta, tenta mexer com o pai pedindo que ele pinte. O pai se recusa.

Digo que Tânia está se mostrando preocupada com o pai por não saber o que está acontecendo.

Vai até a minha mesa e mexe nos meus papéis.

Vários movimentos mostram essa vontade de Tânia de mexer, de investigar, de apossar-se.

Na hora da sessão, eu entendo isso como um desejo de Tânia de saber o que está se passando com o pai e com o relacionamento do casal.

Tânia tenta pôr o pai em contato comigo. Digo a Tânia que, em outras sessões, o pai falou bastante comigo, e por isso ela estava preocupada com seu silêncio.

Tanto Roberto quanto Tânia passam a fazer bagunça, e eu digo a eles que estão querendo ver se o pai reage.

A mãe apazigua a situação.

Tânia passa a cantar enquanto desenha: "É o amor que mexe comigo e me deixa com a cabeça assim...". Roberto e Tânia ficam cantando, e digo que me parece que querem alegrar o ambiente.

O pai e a mãe acabam sorrindo. A mãe, quando vê que o pai riu, passa a achar muito engraçado o coral dos dois. Digo que eles conseguiram o que queriam, ver o pai um pouco mais alegre.

Só que eles não param de cantar, e vira um ruído que incomoda a todos, e a mãe pede que parem.

M.P.M. – Aqui, vemos as crianças "fazendo de tudo" para que o pai retome a função dele e que deixe de se apresentar triste, calado. Os filhos assumem a função de modificar o estado de mente do pai.

M.G. – *Após esse encontro, tivemos mais doze sessões. O pai compareceu a seis sessões e passou a ter uma atuação mais próxima às crianças, o que proporcionou uma melhora no relacionamento dos pais com os filhos.*

Roberto parou de ter as dificuldades na escola. Tânia passou a expressar muito suas preocupações. A mãe, no final do atendimento, pareceu ter mais clara a ideia de subjetividade, de que o que se passava no relacionamento entre eles, pais, e deles com as crianças é o pilar do desenvolvimento da família; são os parâmetros que levam para suas vidas com outras pessoas. O pai pode perceber que existe um lugar para ele na família que é muito valorizado pelos filhos; o compromisso não era mais de falar sobre ele, mas de estar com seus filhos.

Durante esses atendimentos, as crianças passaram a ter força de participação, reforçando a função parental por meio da minha participação. Essas crianças, principalmente Tânia, que, por muitas vezes durante o atendimento, era quem tinha a função de conter as angústias e de falar sobre o que estava encoberto, mobilizaram os pais a desenvolverem mais suas *funções materna e paterna, e nelas entrarem. A presença das crianças foi sempre marcada pelo desejo de terem contato, de relacionarem-se, de expressarem-se e de serem ouvidas e entendidas. Mostravam a necessidade que tinham de terem uma conversa mais franca a respeito do que se passava em casa, o que foi possível durante as sessões.*

M.P.M. – Quando terminou esse atendimento da clínica do Centro de Estudos, procurei fazer em nosso grupo de supervisão uma releitura e uma reflexão em torno do material resultante do trabalho da terapeuta.

Constatamos algumas dificuldades técnicas nos primeiros atendimentos, pela exigência do trabalho de deslocar o foco da atenção de terapeuta-paciente para o de terapeuta, observando e comentando o que se passa entre os participantes da família.

Essa abordagem não requer interpretações. A compreensão da transferência e da contratransferência é necessária para acompanhar os movimentos dos participantes, mas não é motivo de interpretação.

Compreendemos os sentimentos da terapeuta ao conviver com pais despreparados para exercerem suas funções parentais, como as descritas por Meltzer e Harris (1988) no início de seu artigo. Os pais não haviam alcançado um funcionamento de casal devido à imaturidade das personalidades envolvidas, e observava-se o quanto as crianças buscavam adultos estáveis que compreendessem suas condutas para ajudarem a conter suas ansiedades e facilitarem o desenvolvimento de sua vida simbólica.

Na verdade, a situação conflitiva do casal acrescentava ansiedade e confusão quanto ao lugar e às atribuições de cada um na família. É visível, por exemplo, o esforço da menina (Tânia) para compreender o lugar de cada um, o que é um casamento, e de arcar com a tarefa de trazer o pai para fazê-lo participar. Durante os encontros descritos, pode-se ver também como a terapeuta foi sendo um modelo de funcionamento que "autorizava" as crianças a expressarem-se, o que "ensinou" a mãe a compreender um pouco mais seus filhos e permitiu maior liberdade e menos "repressão educativa". A mãe aprendeu também o valor da presença e atenção dela e do pai com os filhos, que era erroneamente substituída pela TV ou pela variedade de brinquedos.

É fantástico poder acompanhar nessas sessões, passo a passo, o desenrolar da atividade lúdica das crianças complementando ou trazendo novos dados às conversas dos adultose também observar como os adultos reagem à linguagem expressiva infantil, que significados dão a ela e como a terapeuta pode ajudar a conter algumas ansiedades dos pais ao esclarecer os significados das comunicações infantis.

2. Gerando significados no trabalho com pais e crianças[1]

"Intervenções Terapêuticas Conjuntas Pais-Filhos" é a denominação que criei para uma abordagem que tenho usado frequentemente para avaliar situações-problema entre pais e filhos. Minha experiência clínica de mais de trinta anos analisando crianças e adolescentes foi progressivamente me mostrando como é cindida a abordagem que coloca pais de um lado e crianças, de outro, pais em orientação e/ou crianças em análise.

Entrevistas com os pais e avaliação da criança, feitas separadamente, deixam de fora o estudo de um importante fator no desenvolvimento e crescimento da criança – seu primeiro ambiente, o grupo primordial, a família, funcionando com suas várias configurações (Meltzer & Harris, 1988).

A oportunidade de observarmos no consultório o grupo familiar interagindo nos revela o quanto existe de dificuldade para pensar, que não é igual a atacar o pensar, mas, sim, dificuldade para compreender, imaginar, aprender. Estamos frequentemente diante de problemas de "crescimento da mente", mais do que suas patologias.

1 Publicado em 2002 na *Revista Brasileira de Psicanálise*, São Paulo, *37*(3).

A observação Mãe-Bebê proposta por Esther Bick nos mostra que o significado da conduta dos bebês e crianças não é óbvia, mas precisa ser interpretada, e a interpretação é algo que surge da observação. Sabemos que a observação dos fatos é frequentemente alterada pelo estado emocional do observador, o que, em outras palavras, refere-se à transferência-contratransferência, moeda corrente das relações humanas.

Observar e descrever são o passo inicial para significar-apreender as evidências essenciais. Interpretar a partir de observações quer dizer transcender o sensorial dos fatos e ir para uma construção imaginativa, um significado.

Nos encontros familiares que coordenei no enquadre de Intervenções Terapêuticas Conjuntas Pais-Filhos, encontrei pais que não podiam pensar sobre as situações conflitivas por sua incapacidade de unir suas observações às suas emoções presentes e que acabam expulsando o que tinham observado.

Estive com pais que não tinham contato com suas emoções. Observavam os fatos externos, mas não os "internos". Também não conseguiam pensar sobre o comportamento dos filhos e a linguagem da criança, que é fundamentalmente pré-verbal.

Para dar significado aos estados emocionais que percebemos, fazemos construções imaginativas a partir das condutas dos participantes do grupo. São construções subjetivas, pois sabemos que ninguém pode conhecer o estado mental do outro.

Na experiência analítica, podemos ter um conhecimento mais profundo do estado emocional do paciente por meio da vida onírica presente durante a relação analítica.

A vida onírica da criança, porém, expressa-se por meio da conduta e do brincar, e a observação desses dados durante o encontro familiar nos leva a fazermos as construções imaginativas que contribuem para que o grupo familiar possa pensar.

O enquadre técnico e teórico das Intervenções Terapêuticas Conjuntas Pais-Filhos

Sigo agora mencionando alguns fundamentos teóricos e técnicos que penso terem sido a base para o trabalho de Intervenções Terapeutas Conjuntas Pais-Filhos.

O primeiro deles vem das contribuições de Bion ao trabalho com grupos. Bion, solicitado a ajudar grupos de tarefa que apresentavam tensões internas, primeiramente observou o comportamento de seus participantes e, usando a perspectiva analítica de observação, que leva em conta a intuição e as reações emocionais do observador, compreendeu fenômenos que aconteciam nos grupos. Ele viu que a conduta dos integrantes, suas atitudes e a escolha de métodos para conseguir o objetivo proposto eram pobres, sem racionalidade e não correspondiam à inteligência e à habilidade dos participantes quando estavam fora da situação grupal.

A solução dos problemas não era levada para a prática com métodos adequados à realidade. As emoções que emergiam eram poderosas, influenciavam e orientavam a atividade do grupo.

Usando a técnica que consistia em observar e descrever para o grupo as situações criadas por ele próprio que se opunham à realização da tarefa, Bion pôde ajudar o grupo a superar seus impedimentos.

Esse é um dos fundamentos usados nas intervenções: observar e descrever para o grupo as situações criadas por ele próprio que estejam se opondo à realização da tarefa ou ao encaminhamento e à solução da situação-problema.

No caso do grupo familiar, as tarefas são as do exercício das funções parentais.

Outro fundamento teórico surgiu da compreensão da relação Mãe-Bebê, trazida por Bion. Segundo essa concepção, a mãe tem de realizar certas funções para o bebê, a fim de que este consiga aprender a realizá-las. A identificação projetiva ganha com Bion a dimensão de identificação projetiva realista. Esse fenômeno diz respeito à comunicação do bebê que projeta partes angustiadas dele na mãe, e esta, ao acolhê-las (*reverie*) e pensá-las, valendo-se de sua função alfa, mente simbólica, devolve-as em condições de serem sonhadas e pensadas pelo bebê, desde que este possa internalizá-las. Essa concepção ganha nova dimensão ao ser aplicada às relações pais-crianças.

A técnica de Intervenções Terapêuticas Conjuntas Pais-Filhos está inspirada no modelo de observação Mãe-Bebê de Esther Bick. Esse modelo, por sua vez, baseia-se no método psicanalítico, que privilegia a escuta, a observação e a continência emocional do profissional diante da transferência e da contratransferência. São esses os instrumentos que favorecem a aproximação à realidade psíquica e que promovem um clima em que o pensar possa acontecer.

Esse conjunto de atitudes de mente do terapeuta perante o grupo familiar, acrescido de suas intervenções, quando for oportuno, serve de exemplo vivo de um funcionamento mental para os membros do grupo. Algo semelhante, no contexto natural, ocorre na relação Mãe-Bebê quando a mãe intervém dando sentido à confusão e à angústia do bebê. No início do trabalho, o terapeuta procurará se manter o quanto possível em atitude de observação, escutando e observando as interações dos participantes, seguindo os movimentos transferenciais e contratransferenciais, procurando manter um clima suficientemente tolerável, para que a comunicação aconteça. Intervirá quando for necessário modular ansiedades que possam ser disruptivas e que possam impedir a continuidade da sessão no decorrer do encontro.

Tal postura terapêutica é fruto de uma visão segundo a qual a psicanálise é vista como uma ciência que, antes de tudo, descreve fenômenos interacionais observados para, então, dar significados; que entende que a linguagem para expressar estados de mente não é apenas a verbal, mas a pré-verbal, a lúdica, a das manifestações psicossomáticas; e que a comunicação entre as pessoas por identificação projetiva (I.P.) é a matéria-prima do trabalho do analista.

As intervenções do analista servem para esclarecer, para motivar a pensar e dar continência a alguns elementos que vão adquirindo significado durante a sessão familiar. Desse modo, espera-se buscar novas compreensões que serão oferecidas ao grupo como "modos de ver". Os participantes vão, então, manifestar sua utilidade, sua validade, sua aceitação ou rejeição. Com essa visão, promove-se uma redistribuição de autorias e responsabilidades entre os membros do grupo e uma conscientização de que a "situação-problema" ou o "suposto paciente" é frequentemente o emergente de um conflito ou de um desencontro interno no grupo familiar.

Essa maneira de trabalhar, que privilegia a observação e a criação de um clima de comunicação favorável para o pensamento-sonho durante as sessões, torna necessário, por parte do terapeuta um exame constante de suas reações emocionais (seus derivados contratransferenciais).

Cenas extraídas dos encontros de Intervenções Terapêuticas Conjuntas Pais-Filhos, realizadas por Maria da Graça Palmigiani e por mim supervisionadas

Cena I (do 1º encontro): Pai, Mãe, Pedro (2 anos 10 meses) e Bebê (1 ano). Terapeuta fornece o enquadre (duração de 1 hora, brinquedos para as crianças, livres para conversar).

G. – M. com B. no colo informa à T. sobre Pedro: chorão, alimenta-se mal, sono agitado e acorda muito à noite.

Enquanto isso o pai é procurado por Pedro para consertar maçanetas, folhas de plantas etc., com ferramentas inventadas, no "como se".

M.P.M. – Vê-se que, enquanto a mãe fala de um menino "erraado", "quebrado", Pedro se esforça para mostrar que não é ele aquele menino de que a M. fala, e, sim, que ele é capaz de consertar e preservar a vida.

G. – A mãe comenta que Pedro imita o pai, que "conserta tudo em casa".

T. diz que ele pode estar mostrando uma necessidade de consertar o que não está funcionando bem entre eles.

A mãe se espanta com essa formulação.

Cena II (do 2o encontro): presentes pai, mãe, bebê e Pedro

É retomada a situação de Pedro "consertar tudo", e, em certo momento M., B. e Pedro se aproximam da T., sentando-se no divã.

M. conta que teve seis abortos, e um bebê nasceu e morreu em seguida.

Enquanto isso, Pedro vai tirando a roupa, até ficar só de cueca.

Pai comenta que a gravidez de Pedro chegou a termo porque M. estava ocupada com a doença da avó materna.

Cena III, (do 3o encontro): presentes P., M. e Pedro (B. ficou em casa)

Nessa Cena III há uma sucessão de imagens oníricas, um verdadeiro sonho.

Pedro entra perguntando à T.: "onde está o amarelo?". Ato contínuo, procura-o afoitamente na caixa de brinquedo, jogando longe cada coisa que está no caminho, demonstrando urgência em encontrar a peça amarela do ligue-ligue que, na sessão anterior, havia deixado fora da caixa.

Os pais insistem com ele para cumprimentar a T., e, finalmente, ele pergunta “como vai?”. T. responde e devolve a pergunta a Pedro, que responde: “Estou bem, bati no B., fiz carinho no B. e ... chegando bem perto da T., pergunta: “Por que o bebê não veio?”.

T. esclarece que precisava ficar com eles três.

P. se aproxima de Pedro e oferece ajuda na busca do amarelo.

Pedro e P. encontram a peça e entretêm-se na montagem até terminarem.

T. e M. estão sentadas olhando.

Pedro vai à T. perguntar para que serve “aquela cama”.

T. explica, como o fizera na sessão anterior. Pedro vai ao divã e tira toda a roupa.

A mãe comenta que ele vai repetir tudo como na sessão passada.

T. lembra-se de que que isso aconteceu quando M. falava dos abortos e morte do B. Pedro pede à T. para guardar a plantinha que na 1ª sessão ele derrubara e ficara preocupado se a havia matado.

T. acede ao pedido.

Pedro propõe à mãe que brinquem de esconde-esconde e esconde-se embaixo da colcha que recobre o divã.

M. explica-lhe que não pode (e há um furo no tecido do divã). Pedro insiste em remover a colcha, mas acaba desistindo e pergunta à T. onde pode se esconder.

Os pais tentam demovê-lo da ideia. Pedro insiste.

T. indica um lugar atrás do divã e do lado de sua poltrona. Pedro pede à mãe para fechar os olhos e esconde-se.

M. encontra-o.

Pedro faz barulhos, "dando pistas" se a M. demora.

Quando a mãe demora para encontrá-lo, Pedro sai do esconderijo antes de ser descoberto. Vai para o divã, deita-se e começa a falar algo que T. não entende.

A M. traduz: ele está falando de mortes e conta que, dias atrás perguntou ao P. por que tinha matado a mãe dele (avó paterna).

P. esclarece que as pessoas morrem por doenças, acidentes...

T. pergunta aos pais se a brincadeira de Pedro lhes faz pensar em algo. Respondem que não. T. sugere que Pedro talvez quisesse saber da morte dos bebês, quem os matou. Os pais retrucam que nunca conversaram com ele a respeito disso e mostram certo espanto com a formulação da T.

Pedro, do lado do pai, avisa que vai fazer um revólver (ligue-ligue). Atira então na T. e diz para ela "morrer".

T. diz que se morrer deixa de conversar com eles sobre "essas coisas".

Pedro responde: "É". Ele não quer ir embora ao terminar a sessão e pergunta à T. se o bebê pode vir da próxima vez.

Comentários

No 1º encontro, foi possível estabelecer um campo de trabalho por uma intervenção da T. que mostrou uma compreensão da conduta de jogo da criança diversa do comum, dando um significado emocional à conduta de Pedro.

No 2º encontro, a mãe pode retomar um núcleo importante da problemática: Pedro ter de consertar tudo. Consertar o quê? Os estragos acontecidos na mente da mãe pelas falhas de sua maternidade? Pedro teria de se encarregar das identificações projetivas da mãe, do medo da perda do bebê? De sua possível morte? Pedro compreende que ali é o lugar onde pode desvestir-se, desfazer-se da carga das identificações projetivas da mãe e ser ele mesmo.

O 3º encontro é inaugurado pela expressão de uma ansiedade de Pedro em ter dúvidas se a T. vai se manter no lugar prometido, "se vai continuar sendo continente" e compreender suas fantasias, ou se vai "expulsar a criança", interromper as experiências (como a mãe fez com os bebês?) e por quê? E isso se depreende da fantástica imagem lúdica que Pedro é capaz de transmitir por meio da busca do amarelo, que tinha sido excluído da caixa por ele na sessão anterior (poderíamos conjeturar que seria o representante do bebê em suas fantasias lúdicas). Assim, ele indaga testando sua fantasia e esperando significado.

É interessante seguir o processo de elaboração da ausência do irmão ao encontro: Pedro vive-o primeiramente como uma urgência em encontrar uma peça amarela de um jogo, assim que entra na sala, prevendo "estar sumida", mas perguntando por ela à terapeuta e, depois, ao pai – que o ajuda, por fim, a encontrá-la após a resposta da terapeuta de por que B. não veio. Pedro, ajudado pelo pai, faz construções com essas peças. Ao finalizá-las, aproxima-se do divã e pergunta à terapeuta: "Para que serve essa cama?", e esta lhe explica, enquanto Pedro vai subindo nela e começa a tirar a roupa. A mãe comenta que ele está repetindo o que fez na sessão anterior e a terapeuta corrige-a, dizendo ser uma continuação, e que Pedro quer saber mais a respeito dos bebês.

A imagem, nesse momento, assume a configuração, a meu ver, não de um passado a ser desvendado, mas de uma tentativa desse menino de pensar acerca de suas experiências emocionais na relação com sua mãe. Uma mãe que ele não consegue incorporar pela quantidade de terror não transformado (morte) que vem junto com o alimento (vida). Agora, usando o continente da terapeuta que o vê, compreende-o e dá-lhe significados, ele passa a ser o menino que não aparecia aos olhos da mãe.

Assegurando-se da existência de um continente que preserva a vida (Pedro pede à terapeuta para "guardar a plantinha", representação de um bebê que está crescendo sessão após sessão) e de uma relação mais criativa, menos invadida de ansiedade e morte, ele se dirige à mãe.

Pela primeira vez durante as sessões, ele propõe à mãe que brinquem de esconde-esconde. Ele se esconde, e a mãe tem de encontrá-lo. A imagem que Pedro quer realizar parece ser uma boa representação de nascimento: esconder-se embaixo da colcha do divã para ser descoberto. Por motivos formais, isso não era permitido, e ele encontra outra solução.

É de admirar a capacidade de essa criança lidar com frustrações e o seu impulso ao conhecimento de que não encontrava maneira de revelar-se, pela falta de um olhar que o reconhecesse e compreendesse-o. E é essa a brincadeira que Pedro propõe à mãe: que o encontre, reconheça-o, veja-o, mas ainda temeroso de não ser encontrado, não confiando totalmente que a mãe possa fazer sua parte. Colabora, então, com ela, dando-lhe pistas, emitindo sons. Se não for achado, se não nascer para o olhar da mãe, ele morre em sua condição de desenvolver uma mente pensante.

Os sintomas de Pedro – chorar muito, não aceitar alimentação, não dormir – parecem-nos equivaler a um estado de mente indigesto, como se ele estivesse vivendo um pesadelo constante. Pensamos na falta de barreira entre consciente e inconsciente pela dificuldade em transformar as experiências emocionais em elementos alfa, em formas simbólicas visuais disponíveis para o pensamento-sonho.

Pedro, em contato com um continente, começa a sonhar na sessão, o que promove aos poucos sua melhora.

Após o jogo de esconde-esconde com a mãe, Pedro se deita no divã e fala algo que a terapeuta não entende. Aqui, podemos acompanhar uma evolução de seu percurso simbólico. A mãe traduz ao terapeuta que Pedro está falando de mortes. Pedro agora fala de mortes, quer saber, perguntar, mas já não vive a ameaça de morte. A terapeuta provoca forte impacto nos pais ao dizer-lhes que Pedro gostaria de saber quem matou os bebês.

O movimento de Pedro agora é de construir uma arma e "brincar de matar a terapeuta". Ele, fortalecido, assume sua vontade de matar e seu desejo de se livrar da morte, deixando-os com a terapeuta; ao sair, assume sua vontade de vida, que pode dividir com o irmão: "O bebê pode vir na próxima vez?" é sua pergunta final.

Em conclusão

Acreditamos que a abordagem das consultas terapêuticas conjuntas e das intervenções terapêuticas conjuntas agiliza a avaliação de situações-problema surgidas no grupo primordial. Além disso, elas podem promover comunicação e possibilitam que cada membro do grupo possa compreender a posição do outro. O exemplo trazido e o sucesso de outros atendimentos com tal abordagem (mudanças de comportamento e remissão de sintomas) pode surpreender o leitor. É que o analista, ao oferecer um campo de atenção e contenção para o grupo, torna possível que elementos esparsos de pensamentos possam se encontrar, unir-se e configurar-se em uma realização efetiva! Trabalhamos durante as sessões fundamentalmente com os aspectos sadios da personalidade dos participantes.

É possível, neste trabalho, expandir a compreensão dos pais quanto à linguagem pré-verbal e lúdica infantil, o que leva a uma melhora, em poucas sessões, dos desencontros pais-crianças, com remissão dos distúrbios de conduta. É frequente a resolução de problemas emergentes, evitando-se, desse modo, encaminhamentos da criança para terapias individuais. O vértice desse trabalho é totalmente psicanalítico: vejam, por exemplo, a conexão que estabelecemos entre a observação das condutas e a significação destas como expressões de fantasias inconscientes.

Para finalizar, chamo tais "intervenções" de "aplicações da psicanálise" por não se interpretar a transferência, o que é específico da prática analítica, embora tais questões possam também ser compreendidas dentro desse contexto.

Parte III

O processo simbólico: contribuições atuais

1. Formação simbólica e criatividade[1]

Freud demonstrou a existência do inconsciente por meio de seus derivados no comportamento: atos falhos, sintomas, sonhos... Para examiná-los, precisou lançar mão de noções já existentes e, sobretudo, da noção de símbolos.

Em sentido amplo, o simbolismo é o modo de representação indireta e figurada de uma ideia, de um conflito, de um desejo inconsciente. Sendo assim, em psicanálise, podemos considerar simbólica qualquer formação substitutiva.

Em sentido restrito, o símbolo é um modo de representação que se distingue principalmente pela constância da relação entre o símbolo e o simbolizado. Tal constância encontra-se não apenas em um só indivíduo, mas nos domínios mais diversos (mito, religião, folclore, linguagem etc.) e em áreas culturais as mais distantes entre si.

---

1 Versão modificada do texto apresentado em 30 de outubro de 2006, no GT "Literaturas Estrangeiras, da Associação Nacional de Pós-Graduação e Pesquisa em Letras e Linguística (Anpoll), na Faculdade de Filosofia, Letras e Ciências Humanas da Universidade de São Paulo (FFLCH-USP), sob o título "Psicanálise e criação".

A noção de simbolismo está hoje estreitamente ligada à psicanálise. Entretanto, as palavras "simbólico", "simbolizar" e "simbolização" são muitas vezes utilizadas em sentidos diversos. Os problemas que dizem respeito ao pensamento simbólico, à criação e ao manejo dos símbolos dependem de tantas disciplinas (psicologia, linguística, epistemologia, literatura, história das religiões, etnologia etc.) que existe especial dificuldade em delimitar um uso propriamente psicanalítico do termo "simbolismo" e em distinguir suas diferentes acepções. De modo geral, o termo simbólico é empregado para designar a relação que une o conteúdo manifesto de um comportamento, de um pensamento, de uma palavra, ao seu sentido latente.

Freud (1900, p. 510) havia reconhecido desde o início a existência dos símbolos:

> "Os sonhos utilizam todos os símbolos já presentes no pensamento inconsciente porque estes se harmonizam melhor com as exigências da construção do sonho, dada a sua aptidão para serem figurados e também porque, via de regra, escapam à censura".

Freud atribuiu importância cada vez maior aos símbolos, sendo levado a isso particularmente pela elucidação de inúmeros sonhos típicos e pelos trabalhos antropológicos que mostraram a presença do simbolismo em outros domínios.

*

A teoria freudiana, colocando-se contra as concepções "científicas", aproximou-se dos pontos de vista "populares", que atribuem um sentido ao sonho. Diferenciou-se, assim, nitidamente das chaves dos sonhos, que podem levar a uma interpretação quase automática destes, pois supõem a existência de uma simbólica universal. Os símbolos, no sentido restrito, que caracterizam aquilo que Freud chama de "a simbólica" (*die symbolik*), podem ser definidos pelas seguintes características:

1. Eles aparecem na interpretação do sonho como "elementos mudos"; o sujeito é incapaz de fornecer associações de ideias a seu respeito. Trata-se, para Freud, de uma característica que não se explica pela resistência ao tratamento, mas é específica do modo simbólico de expressão. Assim, o rei e a rainha representam os pais do sonhador, todos os objetos alongados, como varas, guarda-chuva, facas etc., podem representar o órgão masculino; caixas, estojos, armários representam o ventre e mesmo os objetos ocos e recipientes (Freud, 1900-1901/1996, p. 183).

2. A essência do simbolismo consiste em uma "relação constante" entre um elemento manifesto e suas traduções. Tal constância encontra-se não apenas nos sonhos, mas em domínios de expressão muito diversos (sintomas e outras produções do inconsciente: mitos, folclore, religião etc.) e em áreas culturais distantes. Escapa, como um vocabulário estabelecido, às influências da iniciativa individual: a escolha pode se dar entre os vários sentidos de um símbolo, mas não é possível criar novos sentidos para um determinado símbolo, pois são símbolos aprendidos com a cultura. Para Freud, o sentido dos símbolos escapa à consciência, o que não é explicável pelos mecanismos do trabalho do sonho. Freud indica que as comparações inconscientes subjacentes ao simbolismo são feitas de uma vez para sempre, o que faz pensar em uma "língua fundamental" (o inconsciente) que não depende de culturas e idiomas. Daí resultam duas espécies de interpretação de sonhos: uma que se apoia nas associações daquele que sonha, e a outra, na interpretação dos símbolos, que prescinde das associações do sonhador e só interpreta os símbolos presentes no sonho.

Sublimação, para Freud, passou a ser um processo que explicaria aquelas atividades humanas sem qualquer relação aparente com a sexualidade, mas que encontra seu elemento propulsor na força da pulsão sexual (atividades artísticas, investigação científica e outras), processo em que mudaria a meta e o objeto da pulsão (Laplanche, 1997, p. 484). O conceito de sublimação, no entanto, ficou incompleto em sua teorização.

Na literatura, temos o exemplo de Coleridge (1772-1834), que se ocupou da formação de símbolos e contribuiu, com seus princípios, para iluminar o funcionamento da vida mental. Ele diz: "Quando a imaginação, em seu laboratório, dá ao etéreo nada uma morada e um nome e elabora a essência, introduzindo-a na existência, assistimos à produção de símbolos". E ainda enfatiza que "uma ideia, no sentido mais elevado da palavra, só pode ser expressa mediante um símbolo". Para ele, os símbolos representam a evidência concreta da comunicação existente entre o "si mesmo" (*self*) e suas próprias divindades internas que moram no reino das ideias, um reino diferente que só pode operar por meio da imaginação.

Os símbolos representam a linguagem da imaginação e o alimento da mente, porque têm em seu interior as ideias que constituem os pré-requisitos da própria mente, consentindo uma condição de crescimento contínuo.

O Manual do estadista, escrito por Coleridge (1817, citado por Williams & Waddell, 1991), contém descrições claras do modo como operam os símbolos. A mente, diz Coleridge, não faz nada mais do que produzir sistemas de signos e, em sua "cegueira de autocomplacência", é incapaz de perceber que não são símbolos, mas "um produto falsificado da compreensão mecânica", que é condenada à desidratação espiritual, como ocorre com o marinheiro da balada do velho marinheiro, quando sua garganta "seca como poeira" era incapaz de beber a água da fé, que "se torna uma fonte em seu interior, que, jorrando, toca a vida eterna".

Para Coleridge, a característica essencial de um símbolo não pode ser separada de sua visão de crescimento mental. O símbolo contém aquela parcela do conhecimento que é incorporada organicamente como uma nova parte da estrutura mental, conservando as ligações com a própria fonte e, consequentemente, o potencial para um futuro desenvolvimento. Coleridge estava fascinado em saber quais condições deveriam prevalecer para permitir à mente explorar seu mistério e despojar-se das estruturas internas tirânicas, como as ideias fixas e a consciência dedicada às recordações.

Ele pôs o acento na simbolização mais do que na simples verbalização; dizia que esta última consiste em uma manipulação de fichas fixas, enquanto a simbolização, mesmo verbal, representa o conteúdo imaginativo de uma ideia viva.

O poder se torna ativo quando é constituída uma relação entre forças dialéticas, emoções contrárias (como no matrimônio dos opostos de Blake) ou por meio da relação projetiva introjetiva entre o *self* e seus objetos, como Coleridge deixa entrever.

Postulando a poesia como um princípio de ação mental, e não simplesmente como uma disciplina verbal, Coleridge coloca-a como a chave para entender a realidade. Se uma experiência ou uma modalidade de percepção é poética, modelada pela imaginação, promove o "crescimento irradiado pela razão" (uma das expressões preferidas de Coleridge), que conduz o "homem como ser progressivo"; do contrário, pertence à esfera da fantasia mecânica ou àquela compreensão não irradiada que depende de entidades fixas e definidas, uma reordenação, e não crescimento, e transformação, que em si não é inútil, mas está sujeita a ser mal-usada e a se tornar uma progressão morta. A poesia desperta a mente do torpor de seus supostos básicos e a faz abrir os olhos e avançar.

Uma das tendências da psicanálise contemporânea, que deu importância considerável à questão dos símbolos, foi desenvolvida por Bion (1896-1979) e Meltzer (1922-2004), ambos psicanalistas da escola inglesa.

Bion foi produzindo, ao longo dos anos, um corpo teórico que revelou um modelo de mente essencialmente epistemológico, diverso do modelo de mente freudiano (econômico) e do kleiniano (teológico). Foi ele quem descreveu dois funcionamentos da mente: a mente automática, ou protomente, e a mente simbólica; e que afirmou que o pensar é resultante de um processo que se inicia com a elaboração das experiências sensoriais e emocionais, colocando, dessa forma, a emoção no centro do significado da vida psíquica e contrariando tudo o que até então se afirmara sobre o pensar como um processo intelectual. E ainda, para espanto provável dos filósofos, afirmou que os pensamentos precedem o pensar, e que existem independentemente do pensador.

Neste ponto, achamos interessante relembrar o conceito de *phantasia* inconsciente (Susan Isaacs, 1952), como "a representante mental do instinto", a passagem do biológico para o psíquico, passagem esta que nós, ousadamente, poderíamos considerar como a primeira atividade simbólica. Essa passagem do biológico (sensorial) para o mental se daria, segundo Bion, pela "função alfa", denominação que representaria o processo onírico que, a partir de dados sensoriais e emocionais, gera conteúdos mentais – "elementos alfa" – armazenáveis na mente e utilizáveis para pensar, e que seriam os sentidos (*meanings*) da experiência, os símbolos autônomos.

Para pensar, é indispensável que se construa um aparelho que Bion descreveu como resultante de uma relação continente--conteúdo, que se origina na relação Mãe-Bebê. A mãe, operando com a *reverie* – capacidade de receber as identificações projetivas realistas do bebê – e elaborando-as em significados por meio de sua função alfa, poderá devolvê-las ao bebê por meio de suas respostas (pré-verbais e verbais). Se essas respostas forem uma compreensão à demanda do bebê, este poderá introjetá-las, ou seja, introjetar o significado que a mãe dá e identificar-se com o funcionamento mental da mãe. Pensar, para Bion, não tem apenas o sentido de examinar e resolver conflitos, mas o de criar significados e de viver em um mundo de significados, e não simplesmente adaptar-se ao mundo externo como este é encontrado.

Meltzer amplia a visão acerca da formação dos símbolos autônomos, que seriam os significados das experiências emocionais do indivíduo. Segundo ele, em seu artigo "Além da consciência" (Meltzer, 1992a), toda a função criadora tem suas raízes na criatividade dos objetos internos do indivíduo, os pais combinados, e depende da permissão do *self* para que estes se retirem e renovem sua combinação um com o outro. Desse modo, ele diferencia os símbolos recebidos pela cultura e pelos pais, dos símbolos autônomos, fonte de todo trabalho criativo.

Na psicanálise contemporânea, atualmente, os símbolos vindos da cultura são considerados *signos*, e servem para nomear coisas e funções.

"Dizer o que se sente" por meio da língua convencional é difícil. Precisamos criar *símbolos*, "recipientes" que contêm significado emocional. Além das palavras para "dizermos o que sentimos", podemos lançar mão de música, cantos, ritmos e todas as manifestações artísticas.

Para o bebê, a comunicação consigo mesmo se inicia muito antes do aprender ou desejar comunicar-se com o mundo externo. Parece que essa condição se mantém por meio do tempo; as emoções são vividas em primeiro lugar como estados corporais (aperto no coração e frio na barriga), e só gradualmente tais estados encontram um modo de apresentar-se em forma de símbolos autônomos para fazerem parte de nosso processo onírico, que funciona dia e noite.

O poeta encontra seus símbolos autônomos em sua vida onírica, assim como o indivíduo comum pode produzir símbolos autônomos nos sonhos; mas a dificuldade é compreender tais símbolos, pois aparecem representados em conteúdos manifestos.

Uma visão atual da criatividade

O conceito de reparação introduzido por Klein (1880-1960) em 1929 foi aplicado à compreensão do impulso criador, entendido como concomitante à posição depressiva.[1] Este nasce da necessidade de reparar o objeto perdido no momento em que ele é vivido em sua totalidade, quando os aspectos bons e maus do objeto são reconhecidos como um todo. Esse reconhecimento põe o sujeito diante de sua ambivalência e leva-o a constatar a coexistência do "bem" e do "mal" dentro de si, dando origem ao sentimento de culpa. As ideias persecutórias não desaparecem, e o indivíduo teme a retaliação (o revide) do objeto (o outro) e seus ataques. O medo e a culpa conduzem o sujeito a uma tentativa de restauração do objeto. O ato criativo, segundo Klein, constitui uma das modalidades privilegiadas da atividade reparativa.

Para Hanna Segal (1918-2011), o impulso criador artístico está na necessidade do artista de recriar o que sente nas profundezas

---

1 Posição depressiva (Klein, 1946) é um funcionamento da mente em que há percepção do objeto como um todo (objeto total), separado do *self* e ao qual estão dirigidos impulsos de amor e ódio. Surgem, consequentemente, sentimentos de culpa e medo de perda. É neste funcionamento que surge o impulso à reparação do objeto atacado (em fantasia) e põe-se em marcha a formação de símbolos propriamente dita.

do seu mundo interno. A percepção do sentimento mais profundo de que seu mundo interno está estilhaçado leva o artista a recriar algo que possa ser sentido como um mundo completamente novo (Segal, 1993, p. 96).

Picasso (1881-1973), aos 19 anos, foi a Madrid, viu a arte clássica e a obra de Velásquez e entrou em depressão por um ano, por sentir que não podia igualá-lo. Na velhice, pintou o magnífico *Las meninas*, em que ele fragmentou, desmantelou e reconstruiu a pintura a seu modo: há crianças brincando em sua pintura, ela é alegre, e a resolução da destruição e restauração está expressa na forma.

Para Ella Sharpe (1875-1947), "feio" significa destruído, arrítmico, dor; "belo" significa ritmo, experiência de boa qualidade; sugar rítmico, defecação satisfatória, Para Rickman, "belo" significa objeto completo; "feio" significa fragmentado, destruído.

Guernica, de Picasso, é um retrato de absoluta destruição e desolação. Mas o que o torna diferente de um registro fotográfico de horrores (Rickman, 1940, p. 101?). Há um trabalho constante de integração que estabelece relações entre as representações das partes e encontra um ritmo. A reparação verdadeira deve incluir um reconhecimento da agressividade e de seus efeitos.

Segal (1993) vê que há uma ligação entre o impulso criador e os meios de evocação da emoção estética. O ato criador tem a ver com uma memória inconsciente de um mundo interno harmonioso e com a experiência de sua destruição (na posição depressiva). O impulso é de recuperar e recriar esse mundo perdido.

Argumenta-se que o artista não recria, mas cria. Sim! Nós estamos de acordo com essa visão! Cria novas formas, novas unidades simbólicas, mas, no inconsciente, o artista pode sentir haver uma recriação de seu objeto interno atacado/destruído.

A psicanálise contribuiu com a crítica literária, propiciando novos meios e técnicas de investigação para a compreensão do fato artístico e da relação entre autor e obra. No campo da criação, possibilitou o conhecimento dos fatos psíquicos. Em *Ulisses* (James Joyce), o fluir das lembranças, as associações mentais que ocorrem em um dia qualquer de um homem qualquer são reconstruídas e significadas pelo autor. O surrealismo na obra de Dalí, ao valorizar o inconsciente, abriu espaço aos componentes oníricos que têm em Freud sua referência. A psicanálise, como toda ciência, está em contínua evolução e tem avançado na compreensão dos fenômenos ligados à simbolização, aos processos oníricos e ao pensar. Esse avanço deve-se à mudança da concepção de modelo de mente, que passou de hidrostático (Freud) e teológico (Klein) para epistemológico (Bion). O distanciamento dos modelos de mente da ciência tradicional (positivista) possibilitou o estudo da "passagem misteriosa" da experiência emocional à sua representação, que a ciência psicanalítica tem dividido com a arte, a filosofia e a literatura.

Bion estudou essa "passagem misteriosa" que vai da experiência emocional à sua representação em imagens oníricas e formulou a teoria da função alfa ("Uma teoria do pensar" - Bion, 1962), segundo a qual a passagem ocorre desta forma: o sujeito, ao ter uma experiência sensorial e emocional, precisa dar-lhe significado e representação para que sua mente se torne capaz de ter pensamentos e de crescer na capacidade de pensar. Para que esse processo aconteça, o sujeito depende de objetos internos que o ajudem nessa função de significar e representar. No início da vida, é a mãe que exerce essa função (a mãe como um objeto não apenas de cuidados e nutrição, mas como objeto pensante). A criatura vai internalizando esse "objeto" como um modelo de pensar e a ele recorre, sempre que necessário, a cada nova experiência emocional. Assim, são gerados novos pensamentos e novas "unidades simbólicas".

A vida onírica é uma atividade pensante que busca dar sentido ao que vivemos, desde que sejam oferecidas algumas condições. É o lugar onde nos recolhemos para dar toda atenção ao mundo interno, às nossas relações íntimas, e é onde as experiências emocionais são compreendidas e os significados alcançados são representados nos sonhos noturnos, nas verbalizações, na música, na pintura e na poesia.

Para Meltzer, toda função criadora considerada artística ou científica depende da criatividade dos objetos do mundo interno do indivíduo e das relações entre o *self* e seus objetos internos (divindades). A mente é entendida como espaços nos quais as experiências emocionais ocorrem continuamente e necessitam do reconhecimento em nível simbólico para que possam ser pensadas. Nessa perspectiva, a poesia, por exemplo, surge de uma simbolização nesses espaços, e o poeta pode estar avançando na descoberta da própria mente a cada criação poética.

Os elementos precursores simbólicos originados das transformações nesses espaços do mundo interno do indivíduo são imagens principalmente visuais e auditivas. Para serem comunicadas, precisam ser representadas, e é desse processo que surgem os signos e símbolos. Há um processo de produção contínuo inconsciente, que não é interrompido pelas experiências diárias conscientes, chamado de processo onírico. De dia, manifestam-se por meio de *flashes*, imagens visuais inexplicáveis, repentinas, não relacionadas aparentemente com a conversação ou a situação do momento. São "pensamentos incipientes" que denotam uma atividade de pensar, com a finalidade de alcançar um significado da experiência emocional em curso. Em geral, somos incapazes de compreender o significado dessa linguagem. Além disso, a transformação do pensamento nascente em qualquer linguagem sofre várias distorções. Temos de levar em conta também a eterna limitação da linguagem verbal pela representação nela implicada, que Ludwig Wittgenstein

(1958) denomina "o que não se pode falar, deve-se calar", possível alusão à necessidade da imagem, da cena, da vivência, da linguagem pré-verbal para comunicar o todo da experiência.

Ella Sharpe (1971) sustenta que as leis da dicção poética, desenvolvidas pelos críticos a partir das grandes obras poéticas, e as leis da formação onírica, descobertas por Freud, originam-se das mesmas fontes inconscientes e possuem muitos mecanismos em comum. O seu veículo de comunicação básico é o som e, unido a este, o poder de evocar a imagística.

Para esse fim, a elocução poética prefere a imagem à sequência de fatos, evita a expressão genérica e escolhe a expressão específica. É contrária ao "alongamento" e pode dispensar conjunções e pronomes relativos onde seja possível. Substitui frases por epítetos. Um poema apela para o ouvido e para a vista, tornando-se uma "tela com animação".

Para Ella Sharpe, os princípios e os artifícios empregados na dicção poética (metáfora, metonímia, sinédoque, símile, onomatopeia etc.) têm a mesma marca dos mecanismos oníricos: condensação, deslocamento, simbolização. Os mecanismos oníricos, ao mesmo tempo que escondem o desejo inconsciente, manifestam-no.

Voltamos à questão de qual relação haveria entre sonho e processo criador, ou melhor, considerando o processo onírico descrito, quais relações haveria entre o processo onírico e a produção artística.

No caso da produção poética, conjecturamos que o poeta, ao viver certas experiências sensoriais e emocionais, elabora-as em formas simbólicas poéticas.

Assim, a necessidade do ser humano de manejar e elaborar angústias ligadas à individualização, à constituição de uma identidade, a presenças-ausências, à passagem do tempo, a perdas etc. propõe à psique um trabalho mental que se inicia no inconsciente e acontece no indivíduo acordado ou dormindo, e é o processo onírico.

Partindo desse estado de mente onírico que produz significados, o poeta, diferentemente do homem comum, é capaz de dar-lhes formas que resultam em linguagem reconhecida como poética.

Entendemos, por isso, que o poema não é mera representação de configurações emocionais, e, sim, fonte de conhecimento da realidade psíquica. Vamos ilustrar tal hipótese com poemas de Eugenio Montale (1896-1981).

Non recidere, forbice, quel volto (1937)

Non recidere, forbice, quel volto,	Não corte, tesoura, aquele vulto,[1]
solo nella memoria che si sfolla,	sozinho na memória desbastada,
non far del grande suo viso in ascolto	não faça de seu grande rosto atento
la mia nebbia di sempre.	minha neblina de sempre.
Un freddo cala ... Duro il colpo svetta.	Um frio invade... Duro o golpe poda.
E l'acacia ferita da se scrolla	E a acácia ferida de si arranca
il guscio di cicala	a casca da cigarra
nella prima belletta di Novembre.	no primeiro lodo de novembro.

No poema "Non recidere, forbice, quel volto" (da obra *Le Occasioni*), na primeira estrofe, ao olhar para um jardim que estaria sendo podado, o poeta ali projeta a memória presente da imagem de um

1 Tradução nossa.

rosto ausente. A princípio, nega a possibilidade de que esteja ausente: "*Non Recidere, Forbice, quel volto*" (Não corte, tesoura, aquele vulto).

Se for cortado, se perder aquele rosto, o poeta perderá a lucidez: "Não faça de seu grande rosto atento/ minha neblina (escuridão) de sempre".

Vemos aqui o movimento de deslocamento do objeto, o vulto que aparece em sua memória, justaposto metaforicamente ao jardim. Da mesma forma, a tesoura, metaforicamente, não corta apenas o jardim, mas a imagem onírica que está presentificando o rosto. A tesoura, provavelmente, representa o acordar para a realidade externa. Na segunda estrofe, "um frio invade... Duro o golpe poda", o poeta identifica o golpe com o estar diante da realidade que o deprime – um frio que invade e que, inexoravelmente, mostra, por meio da acácia ferida que não segura mais a "casca da cigarra", a ação do tempo que avança até cair a casca no "primeiro lodo de novembro", o fim.

Cigola la carrucola del pozzo	Rilha a roldana do poço[1]
Cigola la carrucola del pozzo,	Rilha a roldana do poço,
l'acqua sale alla luce e vi si fonde.	a água sobe à luz e aí se funde.
Trema un ricordo nel ricolmo secchio,	Treme um recordo no transbordante balde,
nel puro cerchio un'immagine ride.	no puro círculo uma imagem ri.
Accosto il volto a evanescenti labbri:	[2]Encosto o rosto a evanescentes lábios:

1 Tradução nossa.

2 Tradução nossa.

si deforma il passato, si fa vecchio,	deforma-se o passado, faz-se velho,
appartiene ad un altro....	pertence a outrem...
Ah che giá stride	Ah; O chiado da roda
la ruota, ti ridona all'atro fondo,	te devolve ao negro fundo,
visione, una distanza ci divide.	visão, uma distância nos separa.

Nesse poema, há o movimento de separação e reencontro por meio de uma imagem projetada: "*trema un ricordo nel ricolmo secchio*" (treme um recordo no transbordante balde), uma imagem que ri e que por um momento é realidade, a ponto de o poeta encostar "o rosto a evanescentes lábios". A partir daí, a alucinação, o louco sonho de trazer à presença o que está ausente por uma projeção de sua memória "no puro círculo uma imagem ri" desfaz-se. O movimento da roldana que vai ao fundo e retorna, levando o balde vazio e trazendo-o à luz cheio é, sem dúvida, uma configuração que o poeta usa como semelhança de um ir e vir, de presença e ausência. Sobre esse movimento, ele projeta a imagem de um objeto ausente que, "por um momento", está na realidade externa. Em *Além do princípio do prazer* (1920), Freud observa um menino de 18 meses que brinca de jogar um carretel de linha para baixo de um móvel, exclamando "*Fort!*" (Fora!) e, puxando-o de volta exclama, "*Da*" (Aqui). Freud conclui que o menino estava lidando com a ausência da mãe e, ao afastar e reaver o carretel, ele dominava a ação de separação e reencontro. Brincando desse modo, podia aguardar o retorno da mãe, evitando uma insuportável ansiedade de separação.

Não há nessa poesia de Montale o nível lúdico mencionado, mas uma momentânea alucinação ou imagem onírica – fruto do imenso desejo do reencontro do objeto, o "tu". A alucinação se desfaz com o gesto de aproximação, com novo movimento da roldana (Ah; O chiado da roda) que devolve o balde ao negro fundo, metáfora da volta ao inconsciente da imagem onírica, fruto do desejo; a consciência do poeta adverte-o de que ocorreu uma visão, pois há uma distância entre "eu" e "tu". O lúdico e o criativo se revelam na realização desse poema, que nos parece uma criação diante da angústia de separação e da passagem do tempo.

O poema "Due nel Crepuscolo" (de *La Bufera e altro*), de Eugenio Montale, é a descrição de um encontro que leva o poeta a confrontar sua imagem onírica com o objeto, "Tu", presente e muito esperado.

Due nel Crepuscolo

Fluisce tra me e te sul belvedere	Flui entre mim e ti no belvedere
un chiarore subacqueo che deforma	um resplendor=subaquático que deforma
col profilo dei colli anche il tuo viso.	no perfil das colinas o teu rosto.
Sta in un fondo sfuggevole, reciso	Está num fundo fugaz, cindido
da te ogni gesto tuo; entra senz'orma,	de ti cada gesto teu; entra sem rastro,
e sparisce, nel mezzo che ricolma	desaparece, no espaço que preenche
ogni solco e si chiude sul tuo passo:	cada sulco e se fecha ao teu passo;
con me tu qui, dentro quest'aria scesa a sigillare	comigo, tu aqui, neste ar que desce a selar
il torpore dei massi.	o torpor dos rochedos.
Ed io riverso	E eu tombado

nel potere che grava attorno, cedo	no poder que grava em volta, cedo
al sortilegio di non riconoscere	ao sortilégio de não reconhecer
di me più nulla fuor di me: s'io levo	de mim nada fora de mim: mal
appena il braccio, mi si fa diverso	ergo o braço, muda-se o ato
l'atto, si spezza su un cristallo, ig-nota	rompe-se sobre um cristal, ignota
e impallidita sua memoria, e il gesto	e pálida sua memória, e o gesto
già pìu non m'appartiene;	já não mais me pertence;
se parlo, ascolto quella voce attonito,	se falo, escuto aquela voz atônito,
scendere alla sua gamma più remota	descer até a sua gama mais remota
o spenta all'aria che non la sostiene.	ou extinta pelo ar que não a retém.
Tale nel punto che resiste all'ultima	Assim, no ponto que resiste à última
consunzione del giorno	consunção do dia
dura lo smarrimento; poi un soffio	dura o esvaecimento; e um sopro
risolleva le valli in un frenetico	torna a animar os vales num frenético
moto e deriva dalle fronde un tinnulo	moto e retira das frondes um som,

suono che si disperde	que teme e se dispersa
tra rapide fumate e i primi lumi	por rápidos fumos e os novos lumes
disegnano gli scali.	desenham os cais.
.... le parole	.... as palavras
tra noi leggere cadono. Ti guardo	entre nós caem leves. Olho-te
in un molle riverbero. Non so	num suave revérbero. Não sei
se ti conosco; so che mai diviso	se te conheço; sei que nunca separado
fui da te come accade in questo tardo	estive de ti como neste tardio
ritorno. Pochi istanti hanno bruciato	retorno. Poucos instantes queimaram
tutto di noi: fuorchè due volti, due	tudo de nós: menos dois rostos, duas
maschere che s'incidono, sforzate,	máscaras que se entalham, forçadas,
di un sorriso.	de um sorriso.

Ele descreve uma ruptura do estado de mente que estava carregando a memória de um "Tu", que não se superpõe ao "Tu" do encontro real. A ruptura abre uma distância deformante, acompanhada de reações de despersonalização e de vazio:

> *(...) / sei que nunca separado/ estive de ti como neste tardio/ retorno. Poucos instantes queimaram/ tudo de nós: (...)*

Tais versos parecem conter duas experiências: o reencontro que põe fim a um estado de fusão, e a desorientação (*smarrimento*) diante dessa nova percepção, dessa nova imagem. "Não sei/ se te conheço", ao olhar para o "Tu", "Olho-te num suave revérbero". Constata uma mudança tão profunda que o objeto, transformado, provoca estranhamento e sugere um estado de momentânea despersonalização do poeta:

(...) cedo	(...) cedo
al sortilegio di non riconoscere	ao sortilégio de não reconhecer
di me più nulla fuor di me; s'io levo	de mim nada fora de mim: mal ergo
appena il braccio, mi si fa diverso	o braço, muda-se o ato,
l'atto si spezza su un cristallo, ignota	rompe-se sobre um cristal ignot
e impallidita sua memoria e il gesto	e pálida sua memória, e o gesto
giá più non m'appartiene;	já não mais me pertence;
se parlo, ascolto questa voce attonito,	se falo, escuto aquela voz atônito,
scendere alla sua gamma più remota	descer até a sua gama mais remot
o spenta all'aria che non la sostiene. . .	ou extinta pelo ar que não a retém"].

Há "dois no crepúsculo", duas pessoas. Mais do que isso, duas imagens: uma fugaz, do objeto guardado na memória à espera do reencontro que não se dá no nível imagético, e outra do sujeito que não se encontra com o objeto real, embora este esteja lá. Desaparece, então, a imagem onírica desejada e aparece outra, a de um rosto deformado no clarão "subáqueo", até que se torne, como o rosto do poeta, uma máscara que força um sorriso.

Esses versos testemunham a angústia que acompanha a individuação, por se confrontar com uma realidade que destrói o estado de fusão com o "Tu", desejado pelo poeta: Eu sou um Eu, diferente de ti, eu me estranho **e** te estranho, e não sei se te conheço!

Concluindo nossa conjectura, a inspiração poética corresponderia a um processo complexo que se inicia com uma experiência sensorial e emocional que, ao sofrer transformação simbólica por meio do processo onírico, surge sob forma de um estado de mente poético. Em um segundo tempo, acontece a elaboração do produto derivado de tal estado de mente em objeto artístico, em poema. No homem comum, o processo se inicia com uma experiência sensorial e emocional que precisa ser elaborada em símbolos pelo mundo onírico, fazendo surgir estados de mente criativos no sentido lato da criatividade primária, que são os pensamentos capazes de dar significado à experiência vivida e alimentam a capacidade de pensar. Diferentemente das do homem comum, as criações do poeta implicam um componente estético e uma universalidade que as tornam objetos artísticos.

Do ponto de vista psicanalítico a criação poética ou qualquer expressão artística não é considerada invenção, não é um produto apenas da imaginação, mas é fruto do interjogo do evento externo com a realidade psíquica, fenômeno este em parte inconsciente, e que o talento pode trazer à consciência em forma de objeto artístico.

A seguir, a análise de enfoque psicanalítico do poema "La speranza di pure rivederti" da coletânea *Le Occasioni*, de Eugenio Montale (1984, p. 144), especificamente fazendo parte da subdivisão dos *Mottetti* (denominação de uma forma musical que apareceu na França no século XIII) e que reúne treze poemas do poeta.

La speranza di pure rivederti	A esperança de ainda assim rever-te
1 La speranza di pure rivederti	A esperança de ainda assim rever-te
2 m'abbandonava	me abandonava
3 e mi chiesi se questo che mi chiude	Perguntei-me se essa que me veda
4 ogni senso di te, schermo d'immagini,	todo senso de ti, tela de imagens,
5 ha i segni della morte o dal passato	tem os signos da morte ou do passado
6 e in esso, ma distorto e fatto labile,	está nela, mas distorcido e lábil,
7 un tuo barbaglio:	um teu lampejo:
8 (a Modena, tra i portici,	(Em Modena, nos pórticos,
9 um servo gallonato trascinava	um servo engalanado arrastava
10 due sciacalli al guinzaglio).	dois chacais na corrente).

A coletânea *Le Occasioni* foi escrita no período em que Montale viveu em Florença e ali ocupou o cargo de diretor da Biblioteca do Gabinetto Viesseux (1929-1939). O período florentino foi extremamente produtivo para o poeta, que até então vivera em Genova, sua terra natal, um tanto à margem dos principais movimentos culturais. Teve contato com vários poetas e escritores, como T. S. Eliot,

P. Valéry, Mario Praz, Ítalo Svevo, Aldo Palazzeschi, Carlo Emilio Gadda, Umberto Saba e Salvatore Quasimodo; encontravam-se no café *Giubbe Rosse*. Esses encontros redundaram na revista literária "Solaria". Na primavera de 1933, Irma Brandais, jovem italianista americana que havia lido *Ossi di Seppia*, a primeira coletânea do poeta, cumprimenta Montale no Gabinetto Vieusseux, dando início a uma relação que, entre idas e vindas, duraria até 1939. Montale dedicou a ela Brandais *Le Occasioni*, por ter sido sua protagonista e inspiradora, e, especialmente nos *Mottetti*, fala dessa relação.

É possível o impulso criador desse poema ter sido gerado pela espera de um "Tu" que não vem, sendo que quase não há mais esperança, pois aconteceu, formou-se um bloqueio, uma barreira (*schermo d'Immagini*) que não deixa passar nenhuma imagem e que fecha o acesso ao "Tu" (*se questo che mi chiude ogni senso di te*) e que não é senão um lampejo disforme e fugaz que o poeta não sabe se é o sinal da morte do "Tu", do objeto, um lampejo de agonia ou uma memória que se mantém a custo, mas disforme e fugaz. E por quê? O que sente o poeta com a espera de rever o objeto amado? Ele não diz! Ele descreve registros do objeto que estão se desfazendo e que possivelmente vão desaparecer. A frustração da ausência do objeto concreto externo (Ela) está ameaçando o registro do objeto interno (a memória de "Ela").

Em resposta às indagações de Silvio Guarnieri em *Montale comenta Montale* (Greco, 1980, p. 80), o poeta fala das mulheres inspiradoras de seus versos e especifica que os *Mottetti*, excluindo-se os primeiros três, dizem respeito à mesma mulher, que será chamada Clizia.

No *Mottetto* "La speranza di pure rivederti", temos, antes de tudo, os esclarecimentos de Montale, enviados ao amigo Guarnieri, em carta de 29 de abril de 1964: "*Gli sciacalli furono visti da me a Modena e furono interpretati com um senhal*[1] *di lei, perchè quando li*

1 Senhal: em árabe, quer dizer "presságio de coisas ruins".

vidi pensavo a lei. Poesia molto realistica" (Os chacais foram vistos por mim em Modena e foram interpretados como um *senhal*, um presságio acerca dela, porque quando os vi pensava nela. Poema muito realístico).

Nos versos seguintes, o poeta choca pela crueza da cena que parece quebrar o clima dos versos anteriores: "*8 (a Modena, tra i portici 9 un servo gallonato trascinava; 10 due sciacalli al guinzaglio)*".

O poeta coloca os versos entre parênteses, como se não pertencessem ao texto principal, como se fossem um comentário de alguém que se distraiu com algo *en passant*. Na verdade, os sete primeiros versos descrevem um estado interno (estado de mente), emocional do poeta, e os três últimos descrevem o que o poeta viu na realidade externa e que, de algum modo, estava articulado com seu ponto de partida (o *spunto* de Luigi Pareyson), com o que estaria se passando com ele, internamente.

Seriam os versos 8/9/10 um exemplo de correlativo objetivo,[2] um conjunto de objetos, uma situação, uma cadeia de eventos que formularão uma particular emoção?

Qual emoção Montale estaria expressando ao falar de um "*servo gallonato che trascinava due sciacalli al guinzaglio*?"

Examinaremos primeiro a palavra *gallonato*: ornamentado com *galloni*, sendo os *galloni* um distintivo de grau aplicado em uniformes militares. Também se refere a galo, um motivo presente em Montale (o *gallo cedrone*).

Em seguida, a palavra trascinava dá ideia da contravontade dos animais, que estavam na coleira. O comando é dado pelo

2 Teoria formulada por T. S. Eliot (1919): "O único modo de expressar uma emoção em forma de arte consiste em encontrar um correlativo objetivo, uma série de objetos, uma situação, uma cadeia de eventos que irão constituir a fórmula daquela emoção particular: assim, quando forem fornecidos os fatos externos, que devem concluir-se em uma experiência sensorial, a emoção poderá ser imediatamente evocada".

patrão; o servo só obedece, embora com os galões que lhe conferem autoridade.

Por fim, os *sciacalli*, animais crepusculares, noturnos, nutrem-se de carniça, comem cadáveres. Surgem, então, as questões: se há morte nos primeiros versos, a presença do chacal nos últimos versos serve para fazer desaparecer o cadáver? Por que *guinzaglio*? Por que o chacal está na coleira? A ideia de coleira, de estar preso e ser conduzido se opõe à ideia de liberdade, de separação, e de estar submetido à espera de uma volta.

Voltando ao sentimento, à emoção de Montale pela espera e à esperança ou não de rever o objeto que o abandonava, pensamos que estes últimos três versos contêm a hostilidade e o ataque ao objeto que não vem que frustra, e que o poeta acaba matando em pensamento.

A análise literária (que não foi incluída neste texto), evidenciando o correlativo objetivo, aproxima-se de nossa análise de enfoque psicanalítico, por mostrar o que não é dito. O sentimento que move o poeta nesse poema poderia ser de hostilidade, de frustração e de ataque ao objeto interno[1] (desfigurado, fugaz) até sua morte. Os chacais, comedores de cadáveres, farão desaparecer a cena naquele estado de mente do poeta.

E ainda: se afunilarmos a análise de enfoque psicanalítico, esta terá de compreender que os dois chacais, representantes da morte, corresponderiam ao "Tu"– objeto e ao "Eu" – poeta, pois este,

1 Objeto interno: conceito de Melanie Klein que se diferencia do de representação, descrita pelos freudianos. O objeto interno refere-se a uma experiência de um objeto real fisicamente presente dentro do *self*, sentido como fisicamente situado dentro do corpo e usualmente identificado com uma parte deste. Por exemplo: um nó na garganta, uma experiência na qual um pensamento concreto desse tipo se insinua à percepção consciente. As representações e imagens são conteúdos mentais a que falta esse senso de concretude, exatamente como um símbolo é reconhecido como um objeto que representa algo e não é confundido com a coisa que representa.

ao investir contra o objeto ("Tu") e ao atacá-lo, ataca também seu "Eu", que está em relação com aquele objeto: morre o "Tu" e morre o "Eu", partes daquela relação; morre aquela relação "Eu-Tu".

No momento em que a interpretação psicanalítica se converte em explicação, ela se afasta da interpretação literária. "Esta deve trazer o sentido vivo, não explicá-lo" (p. 14). Uma teoria da interpretação é uma teoria das relações entre a imagem e o sentido. É uma teoria do símbolo, do duplo sentido. A Literatura cria um mundo "como se fosse"; cuida do que pode ser (p. 15). Poder ser é o lugar da imaginação. A poesia é uma síntese da totalidade. O poema se cumpre em poucas palavras.

Finalizando, concluímos que a psicanálise atual vem trabalhando com a experiência emocional, as imagens oníricas, o processo onírico, o que, a nosso ver, permite, além da análise explicativa e contextual, compreender o poema, como tentamos expor durante este texto. Penso que a interface literatura-psicanálise precisa ser ainda muito explorada.

2. Constituição *versus* ambiente: diálogo decisivo na formação e transformação psíquica[1]

A vontade de escrever a respeito desse tema originou-se, creio eu, da necessidade de elaborar experiências que tive na prática clínica e na observação da relação Mãe-Bebê e a tentativa de integrá-las aos meus conhecimentos em psicanálise. Dessas experiências, uma que me impressionou fortemente foi – ao viver mais de perto a evolução de várias relações iniciais Mãe-Bebê – deparar-me com o interjogo da oferta ambiental e a capacidade de usar a oferta por parte da criança, a criança capaz de enfrentar e transformar "ofertas adversas" ou incapaz de usar "ofertas favoráveis".

Considero a oferta adversa ou favorável, a partir da visão de Bion, como a que promove ou não promove crescimento de uma personalidade, e necessito para tal apreciação da perspectiva longitudinal.

Com essa visão, o adverso e o favorável não se movimentam necessariamente no eixo bom-ruim e prazer-desprazer, conceito que surge da frustração, da angústia e da capacidade de tolerá-la, enfrentá-la e transformá-la ou não.

---

1 Publicado em *Revista Brasileira de Psicanálise*, *27*(4), 1993.

Não sei há quanto tempo deixei de pensar no desenvolvimento emocional e na estruturação psíquica em termos de fases sucessivas que acontecem por deslocamento da energia libidinal pelas zonas erógenas (Freud) ou como uma programação na qual, sendo fornecido o ambiente essencial vai desabrochando, o desenvolvimento (M. Klein).

As concepções de desenvolvimento e estruturação psíquica foram se expandindo para abarcar o que foi sendo observado das relações iniciais e das influências que uma personalidade tem sobre a outra, no sentido de alargar ou estreitar as possibilidades de terem experiências. O crescimento mental é um processo muito complexo que vai se estruturando passo a passo, mediante a digestão das vivências, diz Bion. O que deveria interessar ao psicanalista no que diz respeito à estruturação psíquica é muito mais o crescimento da capacidade de aprender da experiência emocional (dependendo, para tanto, do crescimento da função simbólica, função alfa), da capacidade de pensar as próprias experiências emocionais. E esta parece ser a maneira adequada e criativa de caminhar de uma "desordem" para uma certa "ordem", ou, como é mais comum dizer, de estruturar ego.

No entanto, os modelos biológicos do desenvolvimento emocional têm utilidade quando pensamos na área não simbólica da personalidade, que nós todos temos e que funciona por preconcepções, por uni e bidimensionalidade, por tropismo e *imprinting*. Essa área pode ser reconhecida facilmente, diz Meltzer, em sua dotação genética, força de impulso, predisposições. Ela é chamada protomente, a qual, com seu desenvolvimento fundamentado no filogenético, realmente é pouco influenciada por situações ambientais.

É absolutamente observável que a programação biológica do desenvolvimento humano (como nos animais) vai se realizando desde que seja fornecido um ambiente favorável para tal, ou melhor, desde que se respeitem certas necessidades primárias.

Por exemplo, é absolutamente necessário que seja respeitada a necessidade de apego do bebê (teoria do *attachment* de Bowlby) para que o desenvolvimento progrida. Bowlby afirma que a natureza garantiu a sobrevivência do ser humano ao dotá-lo de instinto de sucção e capacidade de estabelecer fortes vínculos afetivos que se expressam na formação das relações de objeto. Na evolução do homem, o fiel da balança inclinou-se a favor da flexibilidade do comportamento e da aprendizagem.

Penso que a área da mente que interessa à psicanálise é a mente simbólica, a mente que pensa as experiências emocionais. O crescimento dessa mente depende (segundo Bion) de uma aprendizagem que vem pela aquisição dos significados fornecidos no início por outra mente e pela introjeção do modelo do funcionamento desta. Isso usualmente acontece na relação Mãe-Bebê. Depende também da introjeção de um continente adequado para o crescimento mental.

A história da controvérsia

A controvérsia entre o que é constitucional o que é ambiental na formação de uma personalidade é bem antiga. A psicanálise veio problematizar o constitucional e alertar para a existência de um diálogo entre o constitucional e o ambiental. A descoberta do inconsciente fez, porém, com que o interesse e as investigações se voltassem, não sem razão, para o intrapsíquico, objeto de estudo novo e fascinante. Freud (1992),, ao se referir à experiência de amamentação, afirmava:

> *O fundamento filogenético tem tanta importância nesta experiência pessoal que não importa se a criança sugou realmente o seio ou se foi criada com mamadeira e nunca desfrutou o terno cuidado da mãe. O seu*

> *desenvolvimento tomará em ambos os casos o mesmo caminho e pode ser que no segundo caso o desejo de objetos ideais inalcançáveis seja ainda maior.*

Freud queria demonstrar o fundamento filogenético do desenvolvimento emocional e instintivo (instinto de sucção e expectativa de um seio). Entendia o desenvolvimento emocional como um conjunto de etapas que vão se sucedendo com o desenrolar da libido nas diversas zonas erógenas; e a força do inato sendo determinante e absoluta para que esse desenvolvimento seja levado adiante. Klein deu ênfase à herança filogenética ao afirmar que o recém-nascido sente inconscientemente que existe um objeto de bondade sem par, o seio, pelo qual pode obter máxima gratificação, e esse conhecimento inconsciente se desenvolve inclusive em bebês que não foram alimentados ao seio. Ao considerar a afirmativa de Freud, ela comenta que, para ele, a experiência real de amamentação se torna relativamente insignificante, mas acrescenta que, se Freud acreditava que na criança criada com mamadeira o desejo de objetos inalcançáveis é ainda maior, supõe que houve uma privação ao não ser dado o seio.

As descobertas de Klein vindas do trabalho de análise de crianças a fizeram acreditar na importância da presença da mãe real para ajudar o bebê a superar as ansiedades pelo processo de nascimento e perda da situação intrauterina, particularmente a gratificação ao sugar o peito e receber alimento, calor e ajuda.

Na mesma época, Winnicott documentou que há provas convincentes de que um padrão básico infantil de saúde pode ser distorcido pelas falhas ou reforçado pelos acertos familiares. Eu penso que Winnicott percebia a tendência da psicanálise em valorizar a constituição da gênese dos distúrbios mentais e na estruturação da personalidade, muito embora se levassem em conta as influências do ambiente.

Foi com Bion que tal controvérsia se encaminhou para uma solução.

Bion desenvolveu o conceito de identificação projetiva na relação Mãe-Bebê como mecanismo essencial para o bebê poder obter crescimento mental. Para Bion, não há maneira de a criança crescer mentalmente transformando suas experiências primitivas, que são experiências vividas de forma concreta, sensorial, em experiências emocionais se não puder se identificar com um objeto capaz de exercer essa função. Tal identificação é conseguida (no desenvolvimento saudável) pelo uso de identificação projetiva como um mecanismo normal. O bebê projeta elementos de experiências boas e ruins no seio (a parte-objeto) que o cuida. Esse seio oferece uma realização que torna manejáveis e pensáveis esses elementos e devolve-os (dá um significado), o que possibilita ao bebê introjetá-los e identificar-se com o seio em sua função (função alfa). Bion deu o nome de *reverie* à capacidade do objeto de receber (experimentando caos e confusão) e responder criativamente à projeção do bebê. A capacidade de o bebê tolerar a frustração é muito pequena e, nessas ocasiões, ele sente um terrível estado de agonia e de estar no fim, que a mãe teria que resolver. A mãe pode reagir com ou sem *reverie.* As experiências repetidas, e por ser longo o período de acolhimento e transformação dos estados de agonia e morte, possibilitam a introjeção dessa função com estabilidade.

O que dificulta o início da vida de um bebê é ter uma mãe que não desenvolveu uma identificação com um seio que pode tolerar e transformar o intolerável; desse modo, ela não pode responder criativamente com *reverie* às projeções de angústia do bebê; em vez disso, devolve-as acrescidas da própria angústia, resultando o que Bion denominou de terror sem nome. Na comunicação da mãe com seu bebê, são veiculados os aspectos conscientes e inconscientes.

O seio, para Bion, é o protótipo de um continente. A relação do seio (e da mãe) com o bebê é tão fundamental para a sua formação psíquica quanto as respostas do bebê ao continente oferecido. O uso do continente oferecido para crescer, desenvolver-se, vai depender da qualidade desse continente e da capacidade do bebê para o crescimento.

A introjeção de um continente adequado para o crescimento mental vai depender tanto de a mãe ser capaz de oferecer tal continente como de certas características inatas do bebê (de tolerância à frustração, inveja, crença na própria onipotência, capacidade de tolerar a ansiedade depressiva) que vão possibilitar ou impedir o uso de um continente adequado.

O constitucional

Sabemos das ciências biológicas que a constituição é um conjunto de disposições universais do ser humano que incluem seu potencial genético mais as experiências intrauterinas, mais as experiências de parto, sendo o nascimento o marco final, que é considerado a constituição. A partir do nascimento, o constitucional apenas vai revelando seu patrimônio pela interação com o ambiente.

Tratando-se de aparelho psíquico, o constitucional é o id. O ambiente é T, antes de tudo, a personalidade dos pais em seus aspectos conscientes e inconscientes e sua dotação para estabelecerem uma relação com o novo ser.

Constituição em psicanálise é o inconsciente filogenético formado pelas preconcepções mais o inconsciente dinâmico formado a partir do recalcamento primário das primeiras relações objetais.

Investigações com diferentes abordagens, inclusive se beneficiando da compreensão que a psicanálise tem fornecido a respeito do funcionamento mental e das relações humanas, têm mostrado que é necessário e natural ocorrer na sanidade que a mulher que engravida vá desenvolvendo dentro de sua mente uma ligação com o futuro bebê, sendo capaz de ter uma representação dele como um ser todo. Esse fato pode ser observado, por exemplo, por meio da escolha antecipada de um nome, ou de apostar que seja um menino ou menina, ou de que vai ser parecido com o pai, ou que será uma grande personalidade etc. Embora essas manifestações atestem expectativas e fantasias sobre o ser desconhecido que, se mantidas rigidamente após o nascimento, interferirão na relação com o bebê, sem dúvida elas atestam também a capacidade de tentar tornar familiar por meio de significados o novo estranho ser que está crescendo dentro de si.

Trabalhos já demonstram que várias mães de crianças psicóticas nunca tinham podido configurar um bebê completo durante a gestação, mas apenas algumas partes dele. Trabalhos também descreveram fenomenologias interessantes, como a crescente ligação das mães grávidas com seus fetos, mães que cantavam e conversavam com eles construindo assim, espontaneamente, uma nova ligação que será posta em prática assim que a criança nascer, para ir substituindo a ligação intrauterina. Parece-nos muito importante que a mãe tenha "um projeto" em sua mente, um conjunto de significados do que virá a ser o bebê – "o bebê de sua fantasia". Diz respeito à capacidade de sonhar e vincular-se ao bebê antes do nascimento.

Com o nascimento, a mãe entrará em contato com o bebê real – que vai manifestar suas características, potencialidades, sua constituição. No começo, o "diálogo" que ela é capaz de reger entre o bebê de sua fantasia e o bebê que ela tem realmente nos braços vai depender a todo o momento de suas condições de *reverie* (Bion) e do contato com a realidade.

Tais "acontecimentos emocionais", presentes em um tempo que vai da concepção de um novo ser até o seu nascimento e logo após, denominei de Lugar Psicológico Destinado, é fruto das expectativas e dos significados que o bebê terá para os pais. É fruto das identificações projetivas deles, e toma expressão em prática, cuidados e disposições para com o bebê. É sabido que a personalidade da mãe tem influência nas experiências intrauterinas, nas condições de parto e perinatais.

Esse conjunto de experiências mais o Lugar Psicológico Destinado ao bebê configurariam, no meu entender, parte das influências ambientais que provocariam defesas que dificilmente poderão ser discriminadas do todo da constituição da criança.

O ambiental

No início da estruturação psíquica, o ambiente é fundamentalmente a personalidade dos pais, com sua capacidade de eles desenvolverem funções parentais, os cuidados físicos, o *holding* e se oferecerem como modelo de funcionamento mental que possa ser introjetado.

Vários psicanalistas, entre eles P. Greenacre, S. I. Elmirst, D. Winnicott e D. Meltzer, têm levantado questões quanto ao que é constitucional e o que não é. Penso que tais autores – que de diferentes modos estão em contato com a infância, o ambiente e o desenvolvimento – acreditam que há mais influências ambientais no que se denomina constitucional do que se supõe.

Greenacre discutiu, por exemplo, a organização do narcisismo pré-natal e imediatamente pós-natal, a influência do nascimento e a predisposição para a ansiedade, sugerindo que experiências dos primeiros dias de vida deixam traços de memória somáticos.

Os achados de observação e clínicos sugerem-me que o conceito de constitucional, para a psicanálise, poderia incluir certas influências ambientais que já existem desde antes da concepção de um novo ser e que dizem respeito ao meio social, familiar e principalmente à personalidade dos pais. Chamei tais influências ambientais inevitáveis para a criança que vai nascer, e o interjogo com sua constituição de Lugar Psicológico Destinado àquele Ser, que corresponde aos papéis que terá de desempenhar, usando o que está destinado pelo ambiente, e suas respostas vão depender de suas constituições biológicas. É de se pensar que tais influências, por agirem primitivamente, determinarão a escolha de certos padrões possíveis àquela personalidade, deixando outros padrões potenciais de fora, talvez para sempre.

O Lugar Psicológico Destinado a um bebê na mente da mãe e do pai influirá em sua vida fetal, seu nascimento (a escolha da maneira pela qual vai nascer), na capacidade de formar vínculo após o nascimento, vínculo dentro do qual se põe em movimento a estruturação da sua vida mental.

Observações de crianças têm sido feitas em psicanálise com diversas abordagens, desde a observação de Freud do menino do carretel. Klein, Middlemare, Balint, Greenacre e Winnicott estudaram o comportamento de bebês em uma situação estabelecida para avaliar a resposta ao sentimento de perda e ansiedade depressiva.

Margareth Mahler tem feito observações de crianças estudando o processo de separação-individuação.

Esther Bick introduziu em 1949 a observação da relação Mãe-Bebê na família. Segundo esse método, o observador, permanecendo no campo emocional em que ocorre a relação Mãe-Bebê, além de observar condutas, poderá perceber identificações projetivas acontecendo. Esse método permite fazer observações em uma dimensão transversal (entrar na intimidade da relação Mãe-Bebê e acompanhar seus passos); e em uma dimensão longitudinal (acompanhamento de uma hora, semanal por um ano).

Os dados que surgem dessa dupla visão têm trazido aspectos interessantes e até surpreendentes da história natural de uma relação objetal.

A experiência de proximidade da história natural da relação objetal vai fazendo emergir no observador pensamentos significativos que apontam para a necessidade de redimensionar o que poderia estar sendo considerado – por exemplo, a intolerância de um bebê à frustração como uma condição inata – e tratar de verificar se aquela frustração não estaria sendo impossível de tolerar, dadas as condições reais possíveis de desenvolvimento daquela criança, ou se tal frustração teria sido possível de tolerar caso a idade da criança correspondesse ao desenvolvimento da equipagem para lidar com a frustração. Frequentemente, o acompanhamento longitudinal mostra que a relação que se estabeleceu entre a mãe e o bebê pouco contribuíram para tal desenvolvimento. Isso decorreria de uma insuficiência de oferta continente ou por inabilidade da criança de usar o continente disponível. O caso Gianni, que vai ser relatado a seguir, seria um exemplo de insuficiência do continente.

Reflexões e constatações como estas parecem-me ser de valor para a clínica e instigam novas investigações. Observar o que se passa nas relações de objeto (iniciais) e, quando possível, dimensionar responsabilidades tem valor tanto no prognóstico quanto na utilização psicoprofilática.

Um caso clínico

O caso que descrevo no trabalho a seguir é de uma criança lutando contra o lugar psicológico a ele destinado na família, que não lhe permitia "ser".

A parada de desenvolvimento que ele teve foi por mim entendida como uma recusa a aceitar as condições "impostas". "Impossível se desenvolver com tanta angústia!". Desenvolveu, então, uma recusa alimentar, a ponto de ter sido internado para receber alimentação parenteral.

Atendi Gianni há cinco anos, durante seis meses. Vivências como essa é que me levaram a pensar no diálogo entre constituição e ambiente.

A notável resposta que Gianni teve quando lhe foi permitido "ser" foi entendida como vinda de uma constituição favorável para o desenvolvimento. Considerei também como foi oportuno o trabalho de análise naquele momento e o que teria sido se a análise tivesse chegado mais tarde.

A narrativa clínica visa a descrever fenômenos que foram ocorrendo na sala de análise. Para tal, exporemos as sessões iniciais de Gianni (um menino de 22 meses) junto com a mãe. Gianni foi trazido ao meu consultório com uma parada de desenvolvimento: não andava, não falava, recusava quase toda alimentação, aceitando só a mamadeira.

Vamos apresentar também, na continuidade, as sessões somente com Gianni, mostrando a ação progressiva de sua vida de fantasia e da formação de símbolos, com a retomada de seu desenvolvimento em um espaço de seis meses, e constatar a interação do inato e do ambiental influindo na formação e transformação psíquica.

Veremos que Ada, a mãe de Gianni, mantém com ele uma relação em que predomina a angústia de separação e o medo da morte, que acreditamos ter sido o fator ambiental que influiu na parada do desenvolvimento do menino. Ada manifesta sua incapacidade de *reverie* (Bion), agarrando-se a Gianni como maneira de atendê-lo em suas angústias, perpetuando, assim, um vínculo adesivo, próprio de uma indiferenciação mental. Veremos como essa carência de continente transformador, de função alfa da mãe, manteve níveis altos de angústia na relação entre os dois, impedindo a separação e a individuação de Gianni pela impossibilidade da formação de uma mente simbólica.

O pai de Gianni – que havia idealizado (narcisisticamente) o nascimento do filho –, com as vicissitudes de sua criação, passou a hostilizar sua presença, sentindo-se prejudicado pelo espaço que Gianni passou a ocupar na vida do casal. Esse foi um fator de agravamento na perturbação do vínculo Ada-Gianni.

Sem dúvida, os fatores ambientais foram marcantes, no sentido de obstruir-lhe o desenvolvimento, as primárias mudanças psíquicas. Gianni, limitado em suas oportunidades de experiências de crescimento, utiliza-se do vínculo adesivo para se valorizar, narcisisticamente, propiciando atitudes de controle para com a mãe.

Com a oferta de um continente (analítico), Gianni retoma imediatamente seu desenvolvimento interrompido, mostrando total capacidade de usar o que necessita para seu crescimento, deixando de lado o vínculo adesivo que a mãe insistentemente lhe propõe.

Gianni-Ada – sessões e comentários

Primeira sessão

Gianni, 22 meses, chega no colo da mãe chorando, debatendo-se, parecendo querer se soltar, escapar dela, e estar enfrentando a ameaça de entrar em um lugar estranho e lá ser deixado, revelando, possivelmente, a memória de separações anteriores malsucedidas. Aos poucos, acalma-se, à medida que a mãe vai tentando adivinhar o que ele quer. Acaba aceitando a chupeta, que ele mesmo põe na boca. Conforme a ameaça decresce, ele se aninha no ombro da mãe, segurando uma fralda e sugando a chupeta – aquieta-se. A mãe começa a falar comigo. Em dado momento, Gianni vira o rosto e olha para mim e para a mãe, mostrando-se interessado. A mãe explica-me que ele entende estarmos falando dele e gosta disso. O menino afasta-se um pouco da mãe (os dois estão sentados no divã) e deita-se no sofá ao lado dela, bem mais tranquilo. A mãe continua falando e, a seguir, ele a empurra. Ela senta-se em um banco ao lado do divã. Gianni examina atrás do encosto do sofá e faz um vão, dentro do qual ele se aninha, mas se expressa e participa da conversa, ainda que não consiga articular nenhuma palavra. A mãe conta, então, que ele sabe pôr e tirar a tampa da mamadeira. Ele imediatamente estica o braço, como que pedindo a tampa da mamadeira, e a mãe entende que ele quer tomar água ou mamar leite. Mas parece que ele quer mesmo é mostrar que sabe fazer aquilo que a mãe acaba de dizer sobre ele.

Comentário

Vemos uma criança muito determinada, usando controles, interessada em ser, em ter seu lugar; e que a mãe consegue acalmá-lo da angústia persecutória de estar entrando em um lugar perigoso, e isso poderia ser prenúncio de separação.

Ultrapassada essa ansiedade, vemos Gianni dispensar o vínculo adesivo com a mãe, mostrando-se capaz de se interessar por significados. Quem é a analista? Como está associada à mãe? Qual é o lugar dele na conversa da mãe com a analista?

Segunda sessão

> *"O controle pelo vínculo adesivo evolui para o controle por identificação projetiva."*

Ada e Gianni chegam cinco minutos atrasados. Gianni está alegre no colo da mãe, que se senta com ele no divã. Ele logo faz um gesto e resmunga, indicando a sacola da mãe. Ela informa que acabou de oferecer o almoço, mas que ele não aceitou, e dá-lhe a mamadeira, que ele segura e suga avidamente, esvaziando-a em pouco tempo. Aninha-se um pouco no sofá, depois pede, com um sinal de mão e vários sons, uma agenda da mãe. A mãe diz que Gianni adora manusear livros. Comento que Gianni está feliz que mamãe fala dele, e faz "que sim" com a cabeça. Quando pega a agenda, olha para mim e faz "tchau" com a mão. A mãe explica que, quando ele gosta de alguma coisa, fica fazendo "tchau". Esse gesto, ele repete várias vezes e, mais adiante, repete-o ao me encarar e sorrir.

Ele desce do sofá e aproxima-se da mesa onde estou. Entra embaixo dela rindo às gargalhadas enquanto desaparece e aparece para a mãe e para mim e, por fim, passa por baixo da mesa até meus pés, detém-se um instante e segue até os pés da mãe.

A mãe vai me contando de sua gravidez, sua vida como artista plástica e suas angústias como mãe, com a mudança de identidade e receio de ter perdido a capacidade de viver. Conta que a briga de domingo com o marido influenciou muito Gianni, que não aceitou a mamadeira. O pai do menino diz para ela "largar deste bebê que quer tanta atenção e não deixa nada para ele". Gianni, na hora de ir embora, se adianta à mãe engatinhando até a porta.

Comentário

Vemos nesta sessão que a manobra adesiva de Gianni, de controlar a mãe no sentido do não crescimento, da não mudança, não foi bem-sucedida, pois a mãe, de fato, usa grande parte da sessão falando em linhas gerais o que relatei enquanto Gianni percebe o contato da mãe comigo e passa a andar engatinhando para baixo da mesa, passando a um controle do contato entre a mãe e eu.

É impressionante essa evolução em relação à primeira sessão, quando se liga à mãe de forma adesiva (está muito angustiado com a nova situação), e a forma como ele prossegue depois, por ele mesmo, até sair engatinhando.

Terceira sessão

> *"Quando me ocupo da angústia da mãe, Gianni pode explorar o novo continente."*

Gianni vem engatinhando pelo corredor, adianta-se a mim e à mãe, chegando primeiro à sala, de modo que, quando chego, vejo-o sentado no chão com um olhar perplexo, olhando para a porta. A mãe chega por último. Fecho a porta, e ele se acomoda com a mãe, que o senta no sofá. Busca algo na sacola... chupeta (?)... comida (?). Pega a agenda e, sentado no sofá, manuseia –, deixando-a cair "por acaso" duas ou três vezes. Desce ao chão, por fim, e engatinha até debaixo da mesa. De lá, fica bem sério e dirige-me sons, como se fosse um discurso, mas incompreensível. Respondo-lhe dizendo que o que está me falando é coisa importante e só dele comigo. Mostro-lhe que estou recebendo o que está me dizendo. Após isso, brinca de aparecer e esconder-se da mãe, dentro e fora da mesa. Passa a circular pela sala. Busca de novo a sacola da mãe, e esta lhe prepara o almoço, estendendo na mesa prato e colher. Mas ele faz que "não" com a cabeça e aponta para a mamadeira. Sentado no colo da mãe, toma a mamadeira, insistindo em olhar para mim. A oferta da comida, recusa de novo. Desce do colo e vai explorar a sala, e, diante do armário, abre e fecha as duas portas. Chora com raiva ao tentar novamente e não conseguir.

Comentário

Gianni mostra sua capacidade de separar-se da mãe e de usar um continente analítico que lhe permite ser ele mesmo, e isso o atrai. Ele passa, então, a explorar as qualidades desse novo continente e experimentar se este se presta a controle e limites. Quando chora, com raiva por não conseguir abrir o armário, manifesta a sua frustração de não ter controle sobre objeto, encontrando limites, portas que não se abrem para ele, que não lhe permitem entrar e sair como bem entenda. A conduta de Gianni na sala indica que, ao ocupar-me da angústia da mãe, ele ficou mais livre, com espaço para utilizar seu potencial para explorar novos objetos.

Quarta sessão

> *"Vejo Gianni interessado em ter seu lugar e usar o continente oferecido."*

A mãe chega no horário. Gianni vem engatinhando até a sala. Está animado e emite sons ao encontrar-se comigo. Ao entrar na sala, primeiro faz o percurso embaixo da mesa e, depois, vai até o sofá. A mãe senta-o perto dela; ele mexe na sacola, tira de dentro a agenda. Senta-se, olha-a rapidamente e joga-a no chão. Em seguida, vai para debaixo da mesa e fala comigo. Sai de debaixo da mesa, aparece para a mãe e volta. Hoje, pelo fato de a mãe estar calada, é-me possível dirigir toda a atenção a Gianni, que passa a ocupar o espaço todo. Dou-me conta da tensão da mãe e busco ativamente contato com ela. Enquanto Gianni vai dando voltas, entrando e saindo de debaixo da mesa, eu pergunto à mãe como ele tem estado: "De segunda-feira para cá o mesmo, mais calmo, toma muitas mamadeiras. Hoje tomou às 7h00 e assim que chegou ao consultório...". Percebo nela um certo desânimo e penso que ela deve estar esperando que o menino melhore, para voltar a trabalhar. Ao dizer-lhe isso, ela desata em um choro! Diz que está difícil o relacionamento com o pai, porque este briga muito com ela. Chama-a de inútil e chama o menino de doente, que não consegue andar... e que ela pensa em largá-lo etc.

Comentário

Nesta sessão, podemos acompanhar os movimentos transferenciais da mãe para com a analista. A mãe vê que é possível Gianni ter crescimento com a oferta de um continente, e essa visão a incomoda; por um lado, pelo medo de perder o filho caso este se separe dela. Por outro, pelo fato de não ser ela quem propiciará esse crescimento.

Quando ela fala que o marido chama-a de inútil e com um filho doente, isso me sugere que ela está vivendo os resultados do trabalho que estamos fazendo como um atestado de incapacidade dela, sentindo-se em desvantagem.

Na verdade, Gianni pode ocupar e usar o continente analítico, explorando-o desde as hora que ele se adianta ao entrar engatinhando, curioso em relação às várias coisas da sala. Esses movimentos de Gianni provocam na mãe angústias por ela sentir que o filho pode ser atraído e usar novos espaços, o que aponta a capacidade de separar-se dela, de crescer.

Sessão de 14 de novembro – Mãe-Gianni-pai

Vem a mãe, o pai, e Gianni. Ele entra engatinhando, e a mãe e o pai se acomodam. A sacola não ficou no sofá junto à mãe, como sempre, pois o pai sentou-se lá, e Gianni, entre o pai e a mãe, aponta para a sacola. A mãe se aproxima; ele quer a mamadeira... "Toda vez que se aproxima do consultório e entra, vem a vontade de mamar", diz a mãe, lembrando-se de que Gianni mamou às 8h00, e agora são apenas 10h00. De fato, Gianni toma apenas 1/3 da mamadeira. O pai se mostra carinhoso e interessado. Gianni solicita o pai e aproxima-se dele várias vezes, dispensando a mãe. Ela comenta que, quando o pai está presente, o menino quer ficar o tempo todo com ele. Gianni pega uma taça de prata e colher. Gradativamente vai se aproximando, tocando, explorando toda a sala. Olha para o teto, fala "uz" (luz). Hoje, inclui em suas observações a mesa, querendo subir nela e, para isso, pede ajuda ao pai. Mantém comigo uma conversa enquanto está debaixo da mesa, com fisionomia séria. Quando me mostro atenta e recebo sua conversa, ele dá pulos alegres e dá voltas por trás de minha cadeira, permanecendo embaixo dela por alguns segundos. Olha para o teto, aponta a luz, examina com o olhar toda a sala... e, após ir ao interruptor para acender e apagar a luz, pede para subir na mesa. Na segunda vez que pede para subir nela, de lá coloca o dedo na tomada de luz e é repreendido e impedido pelo pai e pela mãe, que fala "Oi, oi" no dedo dele, para fazê-lo entender que vai se machucar (a mãe comenta que, no dia anterior, o menino aceitou a chupeta molhada na sopa, pondo-a na boca várias vezes). Rejeita o "não" e chora, encolhendo-se na mesa, frustrado e com raiva, não aceitando que não pode e, quando o pai tenta pegá-lo, ele se joga para trás (recusando-se). Acalma-se aos poucos e vai para o chão. Volta para o interruptor, acendendo e apagando, ajudado pela mãe, e fica alegre com isso. Volta a pedir a mamadeira e toma mais alguns goles, perambula pela sala e aponta a porta (faltam dez minutos); quer sair engatinhando. Abro a porta e ele vai para o corredor, alcançando a porta de saída. Acompanho-o, ele quer que eu abra e reclama porque não o faço... Falo-lhe que não vamos embora, mas ele insiste. Vou buscar a chave. Os pais o chamam para que ele volte para a sala, mas ele quer mesmo é sair, apontando para fora. Peço ao pai para sair com ele. Eles vão e acomodam-se no carro.

Comentário

Com a presença do pai, Gianni sente-se capaz de "ousar", de aproximar-se e tocar a taça, a tomada, e de querer subir na mesa, sugerindo que a identificação com os aspectos masculinos da mente se incrementa pela presença real do pai. Ele quer mostrar ao pai do que é capaz e como ele pode sentir-se com poderes para controlar a mãe e a analista e afastá-las para ficar só com o pai.

Quando tivemos a interrupção das férias de Natal, Gianni andava normalmente, ainda que com certa instabilidade – alegre com o encontro, desejoso de explorar e conhecer, e já brincava de ter o controle sobre o objeto. Por exemplo, tomava mamadeira e bruscamente a tirava da boca e a jogava no chão, sugerindo que esta poderia ter sido uma vivência que ele sofrera com o objeto.

No reinício, em 27 de janeiro, escuto Gianni na sala de espera soltando gritos de euforia; encontra, então, o meu olhar e, sem desgrudar um segundo dele, vem andando na minha direção, com firmeza e determinação. A mãe fica para trás, entrando depois. Ela deseja conversar, contar-me que o menino está muito peralta, que mexe em tudo, põe tudo na boca, mas que não aceita a comida.

Gianni mostra autonomia na sala. O contato comigo é direto. Proa ponho à mãe continuar o trabalho, a partir de agora só com Gianni. A mãe aceita e pede para conversar comigo no horário seguinte.

Sessão de 28 de janeiro – Mãe de Gianni: ressentida pela exclusão

> *"A mãe sentiu a exclusão dela da análise de Gianni e expressa estes sentimentos."*

Chega dez minutos atrasada na entrevista comigo, dizendo que o marido não acredita na análise e que brigou com ele, para provar-lhe a importância dessa ferramenta clínica da psicanálise. Isso pode ser entendido como um aspecto dela que ataca o víns culo de Gianni com a analista, por ela estar dando um significado de separação definitiva, significado que vem do passado. A associação que ela faz com o episódio da creche evidencia esse aspecto. Ela conta que, quando deixou Gianni na creche, com 2 meses e meio, pois pretendia acostumá-lo, aos poucos, para retomar seu trabalho a pedido do marido, sentiu que o tinha abandonado e que ia morrer, e ficou dando voltas por uma hora pela rua, chorando, até voltar para buscá-lo. Isso durou quinze dias. E Gianni acabou adoecendo e, por isso, foi tirado da creche. Sentiu essa separação como um colapso (penso que sentiu, na transferência, tanto esse afastamento como os demais).

Ela conta de seu distanciamento com sua própria mãe, o que a entristece (que pode ser entendido na transferência como seus sentimentos em relação à analista).

Os movimentos transferenciais de Ada com a analista mostram o quanto a mãe está perturbada por deixar Gianni com a analista, sentindo como uma perda de sua função e de seu valor, não tendo possibilidades de transformar a separação do filho em sentimentos ligados à vida, ao crescimento dele e dela, mas em sentimentos ligados à morte. Essa suposição a impede de colocar-se no tempo presente e de descobrir novos significados.

Esse período de análise durou em torno de dois meses.

Gianni – sessões e comentários

Sessão de 29 de janeiro

"A atividade simbólica de Gianni dá um salto."

Esta é a primeira sessão de Gianni sem a mãe, que permanece na sala de espera. Ele entra e sai várias vezes, examina os objetos da sala ... está um tanto perplexo diante da nova situação, ele e eu, enquanto a mãe está na sala de espera. Gianni tenta se adaptar, repetindo vários atos que já fez quando a mãe também entrava. Pede-me para levantá-lo na mesa e na cadeira... Enfim, percorre os vários espaços e planos da sala e da relação comigo. Ele, como que aumentando o espaço do consultório, vai até o lugar em que a mãe está na sala de espera (tentando incluí-la para curá-la de seu sentimento de exclusão?). Pega um caminhão e empurra-o, engatinhando até a sala de espera, e volta. Assim que volta, acende e apaga a luz, fala "uz". Solicita-me hoje em vários momentos de suas andanças... Para levantá-lo na mesa – como fez no dia em que o pai esteve. De lá, ele esvazia o caminhão, que tem uma gavetinha com brinquedos, e joga-os da mesa para o chão... Fala "papai" algumas vezes nesses momentos. Sai da mesa para a minha cadeira e de lá, para o chão... Perambula até a mãe e, lá, tenta abrir a porta fazendo "*ciao*" por alguns minutos – eu vou atrás dele e digo que Gianni vai ver se a mamãe está bem quando ele está com Marisa. (Em um momento anterior, acende e apaga as luzes, eu falo "abriu, fechou" e ele olha para a minha boca e para a luz como se estivesse fazendo ligação entre analista-boca e Gianni-dedo-no – interruptor)... Liga e desliga a luz do corredor e eu, na sala, abro a torneira e ponho uma bolinha na pia, que veda o ralo. Ele entra na sala e logo percebe a água e faz sinal para que eu o levante, para alcançar a pia. Aproximo-lhe um banco, no qual ele sobe e estica sua mão para tocar o jato d'água... Ficou feliz! Sua fisionomia se abre, risonha! "Fala" animadamente", toca na água, lambe a mão e olha para mim! "Gianni achou um mamá", digo-lhe. Ele continua nesse contato com a água e faz um esforço de fôlego, como que para fazer cocô (na verdade, o menino já entrou sujo; a mãe avisou que ele acabara de fazer cocô na fralda). Após esses movimentos, ele lambe e passa a mão molhada no rosto, como que se recobrindo de água, e com muita avidez, sugando seus dedos molhados. A hora termina, e devagar vou guardando os brinquedos e dizendo "tchau", até que ele aceita sair e reclama choramingando.

Comentário

Nesta sessão, muito movimentada, Gianni está interessado em minha fala, e a torneira ligada é um fluxo de continuidade que o atrai, da mesma forma que minha fala, de volta para a sala. Tenta estabelecer equações simbólicas entre o interruptor da luz que acende e apaga a lâmpada de minha sala e a minha boca, que se abre e fecha enquanto vão saindo palavras que entram pelo seu ouvido. O vínculo de Gianni parece ser fundamental com meus olhos-atenção, minha boca-palavras, representantes sensoriais de meu funcionamento mental, um seio-mente falante e pensante, que pode alimentá-lo com significados, promovendo sua vida de fantasia e o processo de formação de símbolos.

A água da torneira que ele equaciona à minha fala, que incorpora, e que chamo de "um MAMÁ" (assim aconteceu de falar com ele na hora momento – equivalente ao seio que alimenta), ele usa imediatamente transferindo o símbolo para a mãe. De fato, na sessão seguinte, a mãe informa que, agora, ele a chama de "mamãe".

Em uma sessão, uma semana depois

Gianni entra na sala e dirige-se imediatamente à pia, fazendo um sinal para subi-lo no banco que tem ao lado, a fim de alcançar a torneira e abri-la. Contente, toca no jato d'água, lambe as mãos molhadas várias vezes e, por fim, põe o dedo dentro do grifo, parea cendo querer controlar a saída de água.

Em uma segunda aproximação à torneira, mais para o final da sessão, usa uma taça para colocá-la em sua boca e na minha, e para imediatamente jogá-la no chão, com força.

Realmente Gianni ficou fascinado quando lhe providenciei um símbolo: ele tentando me falar de um seio que alimenta, e eu abrindo a torneira.

O sentimento em relação à separação surge; ele querendo tapar a torneira com o dedo e mostrando, por meio da taça, uma relação abrupta e violentamente cortada (joga a taça no chão imediatamente após levá-la à boca.

Na sessão de uma semana após

Vemos Gianni às voltas com os sentimentos despertados pelas separações. A conduta de iniciar a sessão indo à torneira tomar água com as mãos passa a repetir-se nas próximas sessões, e seguida de outra conduta: ir à sala de espera, onde está a mãe, e, agora, tomar a água-mamãe da mamadeira que está com a mãe, trazendo-a até a sala e devolvendo-a em seguida; e frequentemente se seguem tentativas de ligar a luz da sala de espera e voltar à sala e ligar o interruptor da luz.

Vejo Gianni às voltas com as duas relações, Marisa e mamãe, pondo-as lado a lado, na tentativa de discriminar, de ver semelhanças e diferenças. Verifica como pode ficar com as duas, indo e voltando de uma para outra. Há o ressentimento pelas separações, e o seu problema é de como fazer nas separações. Na sessão seguinte, de 15 de fevereiro, vemos Gianni lidar com a separação, inicialmente elegendo a analista como seio que alimenta, sendo a mãe o seio-*toilette* (Meltzer), que limpa o traseiro e recebe seu cocô. Com a analista, Gianni está em uma relação de fascínio: a analista é o que o alimenta de símbolos, fala com ele do que ele está sentindo. A analista desaparece e reaparece na semana; então, como substituí-la? O que fazer na sua ausência?

Sessão de 15 de fevereiro

Gianni entra alegre, andando. Entra e fecha a porta com as duas mãos (quer dizer: "A mãe fora; Gianni e a analista, dentro"). Vai para a pia, abre a torneira e, fazendo que sim com a cabeça, vai pegando água com as mãos e pondo-a na boca, lambendo e sugando sua mão. "Água-Marisa e boca e Gianni". Gianni põe, assim, um pouco de Marisa dentro dele. Ele continua tomando a água. Termina e estende os braços para que eu o tire do banquinho, onde permaneceu enquanto tomava a água, para pô-lo em cima da mesa. De lá, ele vai andando até a cadeira de braços (onde me sento habitualmente) e senta-se dentro, acomodando-se como um bom receptáculo (ele é bastante franzino). Parece sentir-se bastante seguro. Elege os caminhões e os lápis (mais ou menos seis). Junta-os, e fazendo-os rodar na minha direção, e eu os devolvo um a um; ele torna a rodá-los na minha direção e assim sucessivamente. Faz o mesmo com os caminhões (três, de tamanhos diferentes, que ele enfileira e ordena). Hoje, Gianni se entretém longamente enfileirando caminhões e fazendo-os andar na mesa. Entretém-se também com aquilo que desaparece e pode reaparecer...

A conduta inicial de mamar avidamente a mamadeira de leite, na sala de análise, a qualquer hora, está desaparecendo. Nitidamente está mais interessado em "brincar".

Consigo compreender, do que fala, o seguinte: luz, "bo" (bola), mãe, "tetê" (mamadeira), "aí" (água), pai.

A mãe, na saída, conta-me que está bastante angustiada com sua relação com o pai (precisa da ajuda dele, de que ele participe, mas isso não está acontecendo)... E também está preocupada com meu afastamento de quinze dias, que será na próxima semana. Conta que, no dia em que ela e o marido brigaram o dia todo, Gianni tomou só metade da mamadeira, e foi só no fim do dia que ela percebeu isso.

Comentário

A conduta lúdica de Gianni, fechando a porta para o mundo de fora, fazendo que sim com a cabeça, sugando a água de suas mãos, sugere-me que: disse "não" ao mundo externo e não à mãe frustradora, e "sim" ao seio analítico, separando dentro e fora. E dentro, junto comigo, ele pode ser; há lugar para o seu mundo interno aparecer e ser compreendido e considerado. Ao estender-me os braços para que o leve à mesa, está pedindo ajuda para deixar um objeto e ir para outro sem ter de enfrentar o vazio da passagem-separação (negar separação). Com o apoio dos meus braços e da mesa, vai até minha cadeira. Esse último movimento sugere-me que Gianni fantasia ser como a analista, negando, assim, a separação, insuportável quando a analista não é sentida dentro dele.

Sessão de 19 de março

Chega vinte minutos atrasado e, na entrada, a mãe se desculpa. Havia avisado no gravador que perdeu a hora, mas que estava a caminho. Gianni vem correndo e põe-se diante da mesa em pé, mexendo nos carrinhos (eu estou apreensiva com o pouco tempo que temos). Considero como o atraso da mãe repercute na experiência de Gianni comigo, levando a frustrá-lo por ter de interromper o contato após um tempo muito menor. Pede para sentar na cadeira habitual e movimenta carrinhos e lápis na minha direção. Eu os devolvo, até que vejo que ele não quer perto dele nem o carrinho vermelho nem o lápis, que deixa cair da mesa. Conversa comigo e olha embaixo da mesa (como fez em sessões anteriores). Fala "mama", olhando para mim, como que se certificando de que a mãe está lá fora... E olha para a torneira. Há um clima de certa ameaça, mas continua seu jogo, movimentando o carro menor e, depois, o caminhão, que ele consegue abrir e tirar de dentro uma bola. Brinca, passando a bola para mim. Sentado na mesa, passando a bola para mim, parece um momento de poder, de segurança. Ele me olha e fala "bola". E eu repito "bola". Ele torna a falar, como se eu estivesse aprendendo a falar com ele. "Ele é Marisa e Eu sou Gianni", e, ao dizer isso, ele ri e fala, imitando-me e tocando em mim. Pede para descer da mesa e enfia o dedo na borracha da porta. Vê os interruptores, dá passos fortes, como na sessão passada, e vai ver os interruptores do corredor. Vai ver sua mãe e volta para a sala, faz-me um sinal para irmos até a pia. Eu aproximo o banco para ele subir e alcançá-la, mas ele fica indeciso. Vira de costas para a pia, fala "mama", sai da sala e volta com o "tetê" (mamadeira), tomando-o... "Gianni não pode tomar o tetê-torneira de Marisa porque é 'caca'", digo-lhe... Pede-me novamente para subir na cadeira... e a hora termina...

Comentário

Gianni, nesta sessão, retoma a conversa que iniciou no final da sessão de 19 de março (por meio do jogo do lápis ir e voltar, indicativo de que havia se estabelecido uma relação alimentar). Aparecem jogos que representam ser alimentado (lápis indo e carrinhos voltando, assim como deixar cair o carrinho, e o lápis parece representar a interrupção da alimentação – o mamilo saindo da boca, ou a fezes, do ânus). Certifica-se de que a "mamá" e a Marisa-torneira não foram expulsas, não se tornaram fezes (a parte objeto), e, com isso, pode continuar a conversa comigo, puxando um novo assunto que estava escondido: "a bola dentro do caminhão", ou o pênis dentro da mãe. A conversa segue: Gianni manifestando um poder de estar com a fala, ele ser o seio.

Ele está às voltas, de novo, com a necessidade de controlar a sala-analista (dedo na borracha, interruptores, passos fortes), que está em processo de tornar-se má pelos sentimentos edípicos despertados. O movimento de ir e voltar da analista para a mãe continua, por estar lidando com as ansiedades do *splitting* seio que alimenta (a mãe lá fora) e seio-*toilette,* e o objeto edípico pré-genital sujo (a analista na sala), para separar-se da analista na hora de ir certificar-se de que a conversa "lápis indo e voltando" pode continuar. Então, ele pode voltar, porque precisa de mim (como seio-*toilette*) para abrigar e conter suas dores, ameaças, desamparo...

Sessão 16 de março

> *"Uma vicissitude da simbolização – seio ausente = seio-mau"*

[Após duas semanas de afastamento] Chega dez minutos atrasado. Muito feliz em ver-me, entra e já se acomoda na minha cadeira (pedindo ajuda para subir). Pega os carros (três) e movimenta-os; fala algo que não entendo o que é... Destina um carro, o grande, na minha direção – abrimos e fechamos a portinha pela qual se vê uma bolinha que está guardada lá... Explora tudo... Pede para descer e vai até a torneira (tudo com minha ajuda para pegar o banquinho e subir, e não tentar subir por conta própria, mas se põe em posição para ser levantado. Abre a torneira, mexe na água e torna a fechá-la em seguida... Até aqui, pareceu interessado na posse e na autoafirmação.

Pega, então, a esponja, olha-a com certo nojo e joga-a no chão (é novo esse movimento), assim como o pratinho, e dá pra mim um copo, uma taça e uma colher de prata. Eu os seguro em minhas mãos, e ele sai falando "mamá" e volta com mamadeira de suco de laranja... Segura-a pelo bico. Aparentando certa displicência, passeia com ela pela sala e vai até o corredor, e acende e apaga as luzes. Digo que Gianni não tomou a água-Marisa porque é "caca". Dá-me, então, a mamadeira para segurar e pega os carros que estão na mesa, um por um, e coloca-os no divã. Brinca de fazê-los andar, um após outro, com cuidado, acomodando-os, e assim fica atento por vários minutos.

Parece estar arrumando as posições e a maneira de cada um andar: quem vai antes, quem vai depois... Em um certo momento, coloca o caminhão de madeira (com coisas dentro) mais o caminhão que tem os lápis lado a lado, e o carro menor, vermelho, na frente. Tem um estremecimento, fecha e abre os olhos. Fica cambaleante, perde o equilíbrio, fala "mamá" e sai da sala, indo até a mãe. "Gianni foi ver se mamãe estava bem, se tinha desaparecido", digo-lhe, quando volta. Ele, então, consegue subir sozinho no divã pela primeira vez e senta-se no lugar em que a mãe costumava sentar-se. "Gianni agora é a mamãe, e a mamãe está dentro dele, não desapareceu, e assim Gianni se sente forte"... Ele desce do divã e põe de novo os carros em movimento. Ele mesmo se põe a andar de um lado para outro da sala – como o carro que ele estava movimentando antes –, muito concentrado e cambaleante. Após isso ele se senta no chão e examina com os olhos a tomada e uma borracha (um bate-portas, que serve para a porta não bater na parede quando aberta) que tem uma reentrância; ele põe o dedo e olha para mim, e continua essa ação. Com gestos, vai apontando para o bico da mamadeira. Digo que Gianni quer ver se aí tem bico como o "tetê".

Ele fala "mamá" e, pegando a mamadeira, vai até ela, toma a mamadeira no caminho e, ao chegar de volta à sala, vê-se que mamou a metade. Ele interrompe a sua mamada e dá-me a mamadeira para segurar. Retira os carros do divã, pondo-os um a um na mesa. Então, faz sinal para levantá-lo; ponho-o na mesa, e ele escorrega para a cadeira e põe-se a movimentar os carros. "Está na hora do *ciao*... amanhã Gianni volta", digo. Ele não quer, faz cara de dor e espirra. "Gianni não pode ir embora ainda?". Gianni faz que "não" com a cabeça e pega um lápis fazendo-o rolar na minha direção (coisas que já fizemos outras vezes), e eu lhe devolvo... E ele torna a mandá-lo, e assim por várias vezes. "Lápis vai e lápis volta... Gianni vai-Gianni volta". Após um minuto dessa atividade eu me levanto, falando em arrumar o material. Ele faz "tchau" com a mão e pede para descê-lo da mesa; pede o "tetê" (mamadeira) e sai falando "mamãe".

Comentário

Após duas semanas de afastamento, Gianni inicia a sessão "passando tudo em revista", reassegurando-se da posse, da disponibilidade do continente analítico. A seguir me mostra que há algo novo que o incomoda em seu contato comigo (por exemplo, quando joga fora a esponja, com nojo, e a taça – que são objetos que tocou quando o pai esteve presente). A separação "faz surgir" vários elementos novos. Fala algo novo, que não entendo. Novos são seus movimentos de entregar-me xícara e colher e sair da sala falando "mama", e voltar segurando a mamadeira pelo bico, com displicência. Isso é sugestivo do ressentimento pela separação. Estabelece-se um clima de desconfiança do seio analítico que, embora presente, é duvidoso que seja bom, e Gianni não pode incorporar, e, sim, controlar e sentir-se dono, para defender-se de ter de "incorporar" um seio "sujo de cocô", pela sua hostilidade. Quando interpreto essa fantasia e a ansiedade, Gianni estende-me a mamadeira para que eu a segure e tenta, agora, uma ordenação para controle de ansiedade (arrumando as posições dos carrinhos). É aí que tem um estremecimento, fecha e abre os olhos, fica cambaleante, fala "mamá" e sai da sala, indo até a mãe. Parece-me que a defesa cedeu, apareceu uma ague da ansiedade depressiva de sujar e estragar a analista. Interrompe o contato, indo ver a mãe e certificar-se de sua existência. Precisa ter os dois seios, ir de um para outro, na tentativa de separá-los, para que não se confundam... Os movimentos seguintes podem ser vistos ainda como necessidade de separar o seio que alimenta e o seio-toilette, que recebe as identificações projetivas de dor e desamparo.

Em uma sessão, dias depois, a mãe está muito angustiada, temendo a separação e a perda de sua própria idealização e também da idealização mãe-Gianni. Todavia, ela associa esse temor como originado pela presença do pai e, na transferência, pela presença da analista de Gianni. Por isso, atua impedindo o progresso da análise – chegando frequentemente muito atrasada com Gianni.

Gianni experimenta essa intrusão de angústia da mãe como ameaça de perda do seio analítico e luta para que ela não ocupe seu espaço na sessão. A mãe entra na sala para me falar do pai e da situação insustentável. Gianni imediatamente se aproxima de mim e pede a minha atenção, falando comigo e brincando, sentado na mesa.

Sessão de 26 de março

A mãe e Gianni chegam bem atrasados. Ela conta, ansiosa, que ele não aceitou tomar o leite e relaciona o fato com a viagem do pai. Gianni tem atitude de desconfiança, chegando temeroso e se aproximando aos poucos. Abre e fecha o caminhão que contém a bola.

Sai da sala. Volta com a chupeta e a fraldinha. Acho que está me experimentando como um seio mau, mas há uma parte dele ligada a mim. A ansiedade claustrofóbica se manifesta (ficar trancado em um lugar hostil, cheio de perigos). Sem dúvida, a situação edípica pré-genital o está atingindo muito. Ele joga no chão a chupeta, a fralda, mais a taça e a colher que não usa. Bate com a colher na taça, no sofá, na mesa, e sai da sala. Na sala de espera, experimenta abrir e fechar a porta que a separa do corredor de acesso à sala de análise. Faz o mesmo com o armário dessa, parecendo se certificar de que ele pode sair e entrar, e não ficar trancado dentro da sala, dentro de mim.

Sai da sala novamente e volta com a mamadeira de água. Toma um pouco, cospe um pouco e, por fim, estende-me a mamadeira para que eu a segure. Fala-me. Eu abro a torneira, e ele aceita muito bem essa minha conduta, aproximando-se e tomando a água, lambendo suas mãos e manuseando o jato d'água por dez minutos. A hora termina (eu imaginei dar-lhe uma sessão extra). Gianni sai cambaleante. Ao alcançar a sala de espera, onde a mãe está sentada, perde o equilíbrio e bate com a boca no sofá. Olha-me imediatamente sugerindo-me que essa ação, com a dor que a acompanhou, veio de mim.

Está sendo muito penoso para Gianni a separação de um objeto tendo de percorrer o caminho para chegar ao outro, dado que, no trajeto, ele tem de contar com o objeto dentro dele, e ele não o percebe nesse momento assim, mas fora. Fica, então, cambaleante por estar vazio do objeto bom e ter perdido a sustentação externa (relação bidimensional com objeto bom).

Essa passagem de um objeto a outro, em que necessita pôr um símbolo no lugar para sentir que não perdeu o objeto, mas está transformando dentro dele, é um processo que está acontecendo.

Nos dois meses seguintes, Gianni, ao terminar a sessão, pede-me para levá-lo até o umbral da porta e lá estende os braços para que eu o pegue e entregue no colo da mãe. Reage aos sentimentos com a separação e tenta não percorrer o caminho entre os dois objetos, passando de um colo para outro.

Considerações finais

Em resumo, vimos até aqui um menino que não estava se desenvolvendo, havendo uma falha primária na relação da mãe com ele. A mãe é tão ansiosa e tão preocupada com a alimentação que não pode fazer contato verdadeiro com Gianni. Assim que alguém pôde estar com ele e interessar-se por ele, sem a ansiedade da mãe e a hostilidade do pai, ele começou a desenvolver-se. A resposta dele, apontando para querer ter-me só para ele e, mais, a informação de a mãe estar tendo uma terapia me fez optar por Gianni, tirando a mãe da sala. Gianni estabeleceu um forte vínculo comigo quando providenciei um símbol, e ele ficou fascinado com a atenção, a fala, enfim, a minha mente funcionando. Apareceu daí o sentimento em relação à separação, ao intervalo entre as sessões. Ele passa a lidar com a frustração e o ressentimento pela separação, usando, alternativamente, a mãe e a analista para projetar seu ressentimento. Indo e voltando da mãe para a analista, e vice-versa, ele parece dizer à mãe que gostaria que ela tivesse as qualidades da analista, e dizer à analista que gostaria que esta tivesse as qualidades da mãe, de maneira que Gianni tivesse duas mães pensantes e falantes. Vejo-o andar de uma para a outra, como se fizesse uma tentativa de discriminar uma e outra, equacioná-las, ver suas diferenças. O impulso de controlar e de possuir está na dianteira. Seu trabalho maior nas seis últimas sessões apresentadas é separar o seio-toilette do seio que alimenta, para não contaminar um com o outro. A ansiedade e a claustrofobia estão crescendo, e a situação edípica pré-genital o está atingindo muito. Ele tenta evitar as “passagens” de um objeto a outro por "medo de cair", defendendo-se da ameaça de ser aniquilado e de não ter nada para pôr no lugar durante a passagem (um símbolo, um pensamento, uma representação).

Gianni mostra isso muito bem na sessão de 26 de março, em que espalha tudo e faz cara de dor quando aviso do fim da hora. Depois, aceita sair, mas, no umbral da porta, pede que eu o levante no colo e entregue-o no colo da mãe!

O menino esteve em análise por seis meses, ao fim dos quais os pais resolveram interromper o processo, temporariamente, alegando dificuldades econômicas e mudança de cidade. Gianni alcançara progresso em seu desenvolvimento: andava, falava, sua capacidade simbólica tinha sido ativada pela oferta de um continente transformador de suas angústias. O alargamento progressivo de interesse e o impulso a lidar com o novo pode ser acompanhado nas sessões que descrevi, embora Gianni ainda não aceitasse alimentação sólida por ocasião da interrupção. A configuração inicial da fantasia de precisar ser o bebê da mamãe como única maneira de ser, diante de um mundo hostil e cheio de perigos (apresentados pela mãe), modificou-se.

Penso que Gianni tem uma constituição bastante favorável para a vida e para o crescimento. Ele imediatamente começa a usar o novo continente, adequado para seu crescimento e que lhe foi oferecido, mostrando florescer milagrosamente. A antiga controvérsia da influência constitucional e ambiental na formação psíquica acabou sendo encaminhada para uma solução por Bion, quando ele utilizou o conceito de Klein de identificação projetiva à relação Mãe-Bebê. Bion diz que não há maneira de a criança crescer mentalmente, transformando suas experiências primitivas (experiências concretamente sensoriais) em experiências emocionais – portanto, possíveis de serem simbolizadas – se não puder se identificar com um objeto capaz de exercer essa função. Tal identificação é conseguida (no desenvolvimento saudável) pelo uso da identificação projetiva como um mecanismo normal. O que pode "dar errado" no início da vida de um bebê é ter uma mãe que não desenvolveu uma identificação com um objeto (o seio) e é incapaz de tolerar e transformar o intolerável, e responde às projeções de angústia do bebê, não criativamente, com *reverie*, mas acrescidas das próprias angústias. O seio para Bion é protótipo de um continente. A capacidade de transformação do seio (e da mãe) nas comunicações do bebê é tão fundamental para sua formação psíquica quanto as respostas do bebê ao continente oferecido.

O uso que o bebê faz para seu crescimento depende de alguns fatores considerados inatos, como tolerância à frustração, inveja, capacidade de tolerar ansiedade depressiva...

Voltando a Gianni, sua pronta resposta, usando e introjetando um continente que pode promover seu crescimento, sugere-me que não há impedimentos inatos para o seu crescimento mental, e sim os "do ambiente", ou melhor, da personalidade da mãe e do pai.

No entanto, o fator ambiental – incapacidade dos pais de serem continentes de seus próprios estados emocionais e de serem continentes do menino – novamente interferiu, quando os pais interromperam o processo.

Nas sessões relatadas, podemos constatar em vários momentos a intrusão angustiada da mãe e do pai. No entanto, a mãe referia estar em terapia, e o pai não estava interessado em ver-se em sua função de pai, responsabilizando a mãe pelos problemas de Gianni. Na verdade, a mãe e o pai também precisavam ser atendidos, mas, ao ter de optar, preferi trabalhar com Gianni, dada a urgência de pôr em marcha seu desenvolvimento. Por não termos combinam-do um trabalho, houve de minha parte uma contenção ocasional das ansiedades dos pais.

Conversando com o Dr. Meltzer sobre essa evolução, ele externou uma opinião com a qual concordo inteiramente. Teria sido preferível atender a família toda primeiramente, até que se pudesse gerar uma "atmosfera familiar", mãe e pai percebendo sua função e a realidade de Gianni, promovendo um *setting* de contenção, para essas funções irem crescendo pouco a pouco.

Perguntei ao Dr. Meltzer como ele lida com a transferência ao atender mãe e criança. Ele me respondeu que, nesse "atendimento de gerar atmosfera familiar", toma-se uma atitude que vem da observação da relação Mãe-Bebê, mas tendo uma participação, ou seja, observando e descrevendo para a mãe o que se vê da criança, sem interpretar, embora saibamos que a interpretação acaba entrando na maneira como descrevemos a criança.

Perguntei ao Dr. Meltzer o que ele pensava de promover a relação mãe-criança pelas visitas à família de um observador com a intenção de ser modelo continente da função materna. Ele concordou com esta alternativa. De qualquer modo, a análise estava indicada, dado o tempo que o menino perdeu do seu desenvolvimento emocional.

3. A intuição como premonição de emoções

Parto da afirmação de Bion de que a intuição diz respeito às emoções que ainda não adquiriram forma e podem ser registradas sensorialmente a partir da observação da figura do paciente, de como entra na sala, posturas, fisiomomias, tom de voz, silêncios, tosses etc.

Tal recurso de intuir a partir de observação da linguagem pré-verbal precisa estar livre de memória e desejo de entendimento.

Excluo totalmente a chamada "intuição como premonição de fatos externos", pois estaríamos diante de fenômenos pertecentes à patologia mental, como pensamentos obsessivos.

Um dos filósofos que mais se ocupou da intuição foi Henri Bergson (1988). Ele dizia que uma maneira de nos aproximarmos do campo conceitual da intuição é colocá-la como uma captação pré-reflexiva da realidade imediata, ou seja, sem intermediação do pensamento racional.

A intuição seria "um caminho mais rápido" para a apreensão de realidades. Na supervisão nº 16,[1] Bion, em um determinado trecho, diz:

> *Mas quando o paciente entra no consultorio, esses sentidos, tal como ser capaz de ver o paciente, ver que tipo de roupa usa, se há um cheiro (os pacientes, às vezes, não estão conscientes do cheiro de seus corpos) etc... Quando o assunto é uma pergunta sobre a mente, você não pode ver a mente. Portanto, isso se foi. Estamos cegos!! A mente não cheira, não tem uma forma, não faz barulho. Portanto, seus ouvidos não podem lhe dar nenhuma informação – ela depende de algo que temos de imaginar, ou inventar e chamaremos de intuição. Não é intuição fora* (out-tuition) *– não é o que nos foi ensinado – mas o que seu olhar interior pode dizer – intuição. Agora, esse tipo de sentido – pelo que nós sabemos – é diferente dos sentidos sobre os quais falamos ordinariamente. Pode ou não pode ser, porque não sabemos o que são nossos sentidos intuitivos. Mas até onde podemos falar a respeito deles, pode-se dizer que começa a tomar formato nas nossas mentes, na forma de uma conjectura imaginativa. Portanto, primeiramente: é a sua capacidade para imaginar e adivinhar. À medida que o paciente continua a vir, essas conjecturas imaginativas podem se tornar conjecturas racionais – você pode pensá-las.*

Pensando na comunicação que se estabelece no início da vida entre a mãe e o bebê, comunicação esta que, para Bion, é o que faz

---

1 Apresentada em Grupo de Estudos na Sociedade Brasileira de Psicanálise de São Paulo (SBPSP).

nascer e crescer a mente simbólica do bebê, temos uma mãe com *reverie* que acolhe comportamentos "sensoriais" do bebê e, por meio de sua função alfa, intui a sensação-emoção do bebê, por exemplo, que "chora de medo", oferece-lhe uma forma, um significado do que o bebê estaria sentindo e que ele ainda não é capaz de representar.

A resposta da mãe à expressão de medo do bebê, aconchegando-o e falando-lhe, pode ser entendida como uma intuição da mãe a partir da identificação projetiva realista do bebê, sua linguagem pré-verbal.

Isso serve para aclarar o conceito de Bion da função alfa realizada pela mãe no curso das primeiras relações mãe-filho. A mãe tem realmente de realizar funções mentais pelo bebê, a fim de que este possa, com o tempo, mediante a introjeção gradual dessas funções em seus objetos internos, aprender a realizar essas funções por ele mesmo.

Exemplifico a seguir "momentos" de intuição na dupla analista-analisando.

Descrição dos exemplos clínicos

Caso Gianni: trata-se de um menino de 22 meses, Gianni, que apresenta uma parada de desenvolvimento simbólico: não anda; não aceita comer e não desenvolveu a fala.

Iniciamos as sessões junto com a mãe, e o progresso que ele foi tendo, sessão após sessão, ao ser-lhe oferecido um continente analítico, levou-o rapidamente a andar e a separar-se da mãe, entrando sozinho na sala, o que nos fez pensar que ele tinha uma constituição favorável para o desenvolvimento.

Na primeira sessão sem a mãe, Gianni inicialmente entra e sai, examina a situação e explora o que aparentemente já conhece da sala. Liga e desliga o interruptor falando "uz" (luz).

Em um segundo momento, ao ligar e desligar várias vezes o interruptor, eu digo "abriu", "fechou", e ele passa a olhar para minha boca e para o interruptor-luz, parecendo fazer uma ligação entre boca-analista e Gianni-dedo-no-interruptor. Passa a fazer o mesmo no interruptor do corredor do lado de fora da sala. Em resposta aos movimentos de Gianni e intuitivamente, eu abro a torneira, e Gianni entra na sala, percebe a água correndo e faz sinal para que eu o levante para alcançar a pia.

Aproximo um banco, no qual ele sobe e estica sua mão para tocar o jato d'água... Demonstra alegria! Água na mão-boca, Gianni na torneira-Marisa (relação boca-seio).

Sua fisionomia se abre, risonha! "Balbucia" animadamente... toca a água... lambe a mão e olha ara mim! "*Gianni achou um mamá*", digo-lhe.

Ele continua nesse contato com a água e faz um esforço como para fazer cocô.

Após esses movimentos, ele lambe a mão e passa-a, molhada, no rosto, como que se cobrindo de água; e, com muita avidez, sugando seus dedos molhados.

A hora termina e vou, devagar, guardando os brinquedos e dizendo "*tchau*", até que ele aceita sair, quando lhe digo que agora vamos com mamãe.

Nesta sessão, muito movimentada, Gianni esteve interessado em minha fala, e a torneira ligada é um fluxo de continuidade que o atrai da mesma forma que a fala. Tenta estabelecer equações simbólicas entre o interruptor da luz, que acende e apaga a lâmpada da sala, e minha boca, que se abre e fecha – enquanto vou dizendo palavras que entram pelo seu ouvido (abriu, fechou).

O vínculo de Gianni com meus olhos-atenção, minha boca--palavras, representantes sensoriais de meu funcionamento mental, um seio-mente falante e pensante, que pode alimentá-lo com significados, pode promover sua vida de fantasia e o processo de formação de símbolos.

A água da torneira que ele equaciona à minha fala que incorpora e que eu chamei de "um mamá" (assim aconteceu de eu falar com ele, como uma equivalência ao seio que alimenta) é usada como equação imediatamente, transferindo o símbolo para a mãe. De fato, na sessão seguinte, a mãe informa que, agora, ele a chama de "mamãe".

Caso Miro: menino de 15 anos, com pensamentos obsessivos e rituais (relativos ao medo de que a mãe morra).

Tem também sensações de roubarem-lhe qualidades e de que não pode esbarrar em paredes ou portas, senão perde "massa" e precisa voltar para tocar o lugar onde esbarrou para pegar a massa de volta. E ainda tem a sensação de que "vai se diluir".

Tem uma dificuldade enorme de estudar, pois está continuamente às voltas com pensamentos e os rituais. Com o progredir da relação analítica, sua movimentação corporal rígida, robótica, começa a ficar "mais contínua"; sentado no divã, ouve-me embevecido, abraçando uma das almofadas, deitando a cabeça para um dos lados.

Em uma sessão do segundo ano de análise, Miro, ao entrar, fica em silêncio por quase dez minutos, mas me olhando de vez em quando, como que "se apoiando" na minha presença física.

É uma sensação de que deixa ou retira coisas de mim. Aguardo esses minutos, ao final dos quais ele diz: "É difícil começar a falar", "senti aquele negócio de olhar e perder alguma coisa, como dizia ontem...". "Como se fosse uma massa que estou carregando (no corpo) e, quando venho, vai grudando... e preciso voltar para recolher".

Eu intervenho dizendo que, talvez, esteja se referindo a como se sente ao encontrar-se comigo, que vai perdendo pedaços e precisa ir recolhendo-os à medida que me olha. A sessão segue.

Seria a massa o representante do seio (alucinado) que ele levou embora na última sessão? E ao voltar vai perdendo essa massa ao se encontrar comigo, o seio real?

Caso Carina: em uma sessão do primeiro semestre de análise, Carina, de 12 anos, inicia fazendo um desenho de riscos coloridos com dois lápis de cor entrelaçados; parece-me uma trama de fios, e eu começo a sentir os olhos pesados de sono. Ao final da sessão, despeço-me dela trocando seu nome por Cristina. Ela se espanta.

Na sessão seguinte, vem com o nariz "fungado", parecendo resfriado. No desenho dos riscos coloridos da sessão anterior, ela desenha um nariz, uma boca e olhos. Diz serem feios e sorri.

Acrescenta mais riscos coloridos. Parece estar sendo sintonizada em uma imagem, como na TV. Eu a observo, e ela diz saber o que eu estou pensando: "Tem alguém atrás de você". E de fato tinha! Não exatamente como Carina disse, mas minha sonolência indicava haver "alguem" entre nós duas. Eu não sabia, racionalmente, naquele momento, mas vim a saber dias depois que eu estava grávida. Uma intuição da menina de que "algo" tirava a minha atenção dela.

Seria essa cena um exemplo de intuição da paciente?

Comentário final

João Carlos Braga, durante o XXVII Congresso Brasileiro de Psicanálise, ao comentar a supervisão A42 de W. Bion, enfatiza o quanto há do método intuitivo em Bion: primeiro, ele se põe em contato com o inconsciente, dele com o do analisando, e faz conjecturas imaginativas, como um pensamento onírico. Bion frequentemente faz o contrário do método psicanalítico, que preconiza a associaeção livre para ir ao inconsciente.

Nós, partindo da afirmação de Bion de que a intuição diz respeito a emoções que ainda não adquiriram forma e podem ser registradas sensorialmente, iluminamos a cena da relação Mãe-Bebê como um momento intuitivo da mãe, mãe com *reverie*, que acolhe as manifestações sensoriais do bebê e, mediante sua função alfa, pode compreender e responder a elas mesmo antes de ter formulado um pensamento racional.

Parte IV

Processo onírico: sonhos

1. Reflexões em torno de uma supervisão com Wilfred Bion[1]

Em 1978, durante um seminário clínico com Dr. W. Bion, apresentei um material referente a uma sessão (28 de fevereiro de 1978) do sétimo mês de análise de Carlos, um menino de 8 anos, esperando ser ajudada a compreender aspectos de sua comunicação pré-verbal, atitudes e desenhos.

Ao rever esse material, quinze anos depois, a convite de J. A. Junqueira Mattos, que, na oportunidade, estava reunindo as supervisões que Bion realizara em São Paulo, ocorreram-me indagações que me levaram a rever certas passagens desta análise, a analista que fui na época, o que pude desenvolver em meu trabalho ulterior e, finalmente, a influência da obra de Bion em meu referencial teórico.

Carlos, segundo os pais, era pouco comunicativo, sisudo, chegando a parecer um adulto. Manifestava tiques e cacoetes, e tinha dificuldades em competir e perder.

---

1 Publicado na *Revista Brasileira de Psicanálise, 30*(1), 157-168, 1996.

No primeiro encontro, Carlos apresentou um relato sumário de suas dificuldades, dizendo-me que a mãe afirmava que eu poderia ajudá-lo e que estaria disposto a vir. Combinamos os horários das sessões, mostrei-lhe um material lúdico que estaria à sua disposição, e Carlos passou a examiná-lo e a usá-lo desde o início. Tal material era guardado nm uma caixa que eu sempre colocava do lado de uma mesa de ludoterapia. Assim que chegava, escolhia alguns bonecos, usando-os para fazer dramatizações, em cima do divã, de cócoras e de costas para mim. As dramatizações eram silenciosas; havia um clima de estar imerso "em um mundo de sonho" em que eu, talvez como uma personagem ameaçadora, era mantida a distância, sem comunicação. A atividade lúdica desse período pareceu-me refletir, principalmente, preocupação a respeito do nascimento e da relação entre fracos e fortes. A dramatização mais frequente representava uma disputa de futebol entre um menino e uma empregada, segundo as palavras dele. Com o progredir da análise, Carlos parecia ir delimitando "seu mundo", passando a ver-me com existência "fora dele". As anotações da sessão de 19 de setembro de 1977 parecem revelar o início desse processo.

Entra muito quieto, sem olhar para mim. Abre a caixa de brinquedos e arma um campo de futebol no divã, com dois gols e dois bonecos, representando um menino e uma mulher. Inicia o jogo ainda quieto, de costas para mim.

A um certo momento, observo que a mulher, que depois ele explicou ser a empregada, está deitada no campo, e o menino fazendo piruetas com a bola. Pergunto o que faz; diz que está treinando, que é um campeonato. Pergunto se a outra que está deitada não precisa treinar. Diz que não porque é melhor. Indago se o menino está treinando porque quer ganhar dela. "É", responde Carlos. "Quer dizer que, enquanto isso, os dois não podem jogar de verdade!", replico. "É", diz ele. "Penso", continuei, "que aqui entre nós também está acontecendo isso. Você está longe, tentando 'treinar', isolado de mim, para ficar grande e, então, poder falar comigo. Você deve se sentir amedrontado de ser criança e de eu ser gente grande. Sei que você é uma criança. Então, podemos conversar desde já".

Carlos continua o jogo-treino, agora lentamente, sem empenho. Vai à caixa e introduz um boneco-homem no jogo, que coloca no gol. Minutos após, deixa o menino no campo, a empregada no chão e leva o boneco-homem até a mesa de ludo. Senta-se e tenta também colocar o boneco sentado sobre a mesa, mas, em seguida, inclina-o para o lado e, dizendo que vai pegar um copo que está no chão, derruba aquele boneco. Feito isso, ficamos, finalmente, ele e eu frente a frente. Então, pega uma folha de papel da caixa e começa a desenhar pessoas. Quando lhe pergunto sobre elas, diz que são para o campo de futebol. Faz a primeira com uma perna menor do que a outra, e diz que saiu errado. Desenha a segunda pessoa pequena com corpo curto e um grande braço esquerdo. Ele diz que também está errado. A terceira pessoa que desenha, ele considera que saiu certa. Sorri satisfeito com sua criação. Diz ser um jogador de futebol. Pergunto a idade, e ele diz: "24 anos". Termina a sessão.

Dois meses depois. Carlos desenha um menino com cara de japonês, com os pés grandes (calçando 149), com as mãos pequenas, o nariz que diz ser um revólver e do qual parece sair uma bala (projetada para fora do espaço do rosto). Continua desenhando; acrescenta cabelos e cílios longos, e diz que se transformou em uma menina. Em seguida, coloca laços nas mãos e nos pés, e diz que é um nenê. Vira a folha e escreve: "Eu sou loco" (*sic*).

Comento que a loucura dele é tentar ser tudo: um menino, um homem, uma menina, um nenê! E que o medo dele é ser ele mesmo, ou seja, o menino que ele é hoje.

Após a interrupção prolongada pelas férias de verão, Carlos retorna (22 de fevereiro de 78) e passa a ser atendido no novo endereço do meu consultório. Nesse dia, a sessão transcorre em um clima de reconhecimento de espaço. Reexamina seu material e também um desenho feito na última sessão antes das férias: um avião feito a lápis.

Depois, senta-se e desenha um jogador bem pequeno à frente de um gol enorme, que eu interpretei como o susto que levou ao se deparar com aquela casa nova e grande do atual consultório.

Então, Carlos desenha um menino assustado e tão grande que não sobra espaço para desenhar os pés na folha de papel.

O seminário com Dr. W. Bion

A – Trata-se de um garoto de 8 anos. Esta sessão ocorreu em 28 de fevereiro. Logo no início da sessão, o garoto pega papel e canetinhas dentro de sua caixa, e começa a desenhar uma das áreas de um campo de futebol (a pequena área e o gol) e os jogadores em movimento, com passes de bola, ataque e defesa. Segundo o menino, um deles tinha conseguido fazer um gol por causa da confusão que ocorrera na área (desenho nº 1). Não me manifestei e continuei observando.

A seguir, o menino vira a folha e faz o desenho nº 2 no verso do papel. No centro da folha, desenha com caneta azul um avião de guerra, com piloto na cabine, dois trilhos de bomba. Ao desenhar a rabeira, aumenta o fogo que sai dela, também em azul, acrescenta uma bomba, já lançada, e 'uma outra presa ao avião. Desenha a frente do avião com uma ponta bem comprida e fina, dizendo que, "se encostar na bunda, espeta". Colore o corpo do avião com a caneta vermelha e escreve um símbolo e um número: 0882. Digo que o fogo que desenhou na rabeira parece estar todo dentro do avião. Ele diz tratar-se de uma guerra. Pergunto contra quem.

Bion – Bem, podemos parar um pouco? Importa-se de ser interrompida? Podemos perguntar a qualquer momento? Alguém tem alguma pergunta que gostaria de fazer?

P1[1] – Ia perguntar o que a analista percebeu do estado emocional da criança até aquele momento.

A – A criança parecia satisfeita.

Bion – Agora, gostaria de fazer outra pergunta: quantos anos você diria que esta pessoa tem e que escala foi utilizada para dizer que tem 8 anos? Na realidade, são duas perguntas: qual a idade da pessoa que fala desse jeito; e que escala de medida você usaria: anos, dias, semana, horas? O que acha?

A – O senhor está se referindo a que idade o garoto teria em seu desenvolvimento?

Bion – Não. Quem é que fala desse jeito? Parte está em palavras, parte está em desenhos. Que linguagem ele está usando? É

1 Os participantes serão designados por P1, P2 e P3.

mais fácil para mim fazer esta pergunta porque eu sou estranho (ao caso).

A – Por essas perguntas que o senhor fez, está imaginando a idade do garotinho?

Bion – Eu não sei se o chamaria sequer de garotinho. Posso lhe fazer outra pergunta? Em que estado de mente você pensa que ele está? Dormindo? Acordado? Não importa muito o que eu pensaria a respeito disso, mas o que realmente importa é o que você pensaria a respeito. Gostaria que imaginasse que está aqui alguém que veio vê-la (que veio ver cada um de nós).

P2 – Quanto tempo da sessão o menino levou para fazer aqueles desenhos? Porque estou achando que uma produção grande do garoto significaria mais ação no lugar de pensamento e, acrescento, essa ação seria como uma evacuação.

P1 – Ou não! Penso que esse menino estava acordado, que estava sendo produtivo, que estava tendo alguma elaboração à medida que desenhava.

Bion – Você acha que é um menino ou uma menina? É importante isso?

P1 – Para mim, certamente importa. Eu só não sei por que importa.

A – Tenho a impressão de que ele é um menino que está sonhando sobre o que é ser um homem adulto, com problemas de um homem adulto, como sexo e violência.

Bion – Estou presumindo, não sei se está certo, que há objetos disponíveis, como lápis de cor ou tintas. Como ele sabia onde encontrá-los?

A – Ele tem uma caixa diante dele com todos esses pertences.

Bion – Sim, sim, quem pôs esses objetos na caixa? Ele? Estavam lá desde o início?

A – Desde o início.

Bion – Você disse que ele podia usá-los?

A – Sim. No primeiro encontro.

Bion – Quando lhe foi dito que ele podia usá-los, ele os usou? Eu pergunto porque eu não sei. Esta é minha vantagem aqui. É mais fácil para eu ignorar isso. Mas, de fato, eu acho útil esquecer que se sabe. Então, você também podia ignorar. Porque você pode facilmente providenciar lápis, giz de cera, brinquedos, e assim por diante, a uma criança.... e ela não brincar com essas coisas. Aí, é bastante interessante se o garoto realmente brincou com elas. Bem, ele escolheu cores diferentes de lápis: escolheu azul, escolheu vermelho, escolheu preto. O quanto você acha que ele consegue discriminar cores?

A – Sei que ele as conhece por desenhos anteriores.

Bion – Bem, gostaria que pensasse, se você estava lá, que você poderia identificar-se com ambos: com você mesmo e com o analista, e, como eu disse, sugeri, esqueça isso a fim de poder se identificar também com o paciente. Então, esqueça o que você sabe – graças ao *training* analítico –, esqueça o que sabe, pois já viveu muito. Agora me diga: você sonha em cores ou em branco e preto? Vou fazer outra pergunta: em que estado de mente essa pessoa está? Como ele vê as cores? Mas ele não está só vendo cores. Também vê as cores dessa maneira, as cores vêm pelos dedos depois, pelo lápis.

Bem, acho que essas são algumas das questões que me ocorreram. Mas sempre é útil saber que perguntas podem ocorrer a você. Essa é a coisa realmente importante. Agora, é possível – se pedirmos ao analista para ir adiante na leitura – que sejamos capazes de responder a algumas dessas perguntas, pelo menos algumas. No que nos diz respeito, o analista é nossos olhos e nossos ouvidos, e assim por diante. Dessa maneira, sugiro que esqueçamos o que sabemos e deixemos o analista ser nossos olhos e ouvidos e ver por nós. Depois disso, poderíamos tentar entender o que vimos e ouvimos. Agora, pode nos contar um pouco mais?

A – O menino diz que a guerra é promovida contra um país que não aparece. Falo, então, sobre a impressão que tive da beleza do desenho e que não parecia uma guerra, não havia inimigos. Após meu comentário, ele desenha no limite inferior da folha um tanque de guerra atirando bombas e, à direita deste, pessoas caídas, mortas, no chão.

Bion – Podemos parar aí um momento. Isso causa alguma impressão em vocês? Que impressão isso lhes causa? Alguém quer fazer alguma sugestão ou outra pergunta?

P1 – Para mim – o que eu posso entender disso –, o garoto vem dizendo coisas sobre sensações ou emoções muito fortes que podem ser experimentadas, mas com as quais ele realmente não pode lidar. Para mim, ele está pedindo ajuda; traduzindo: estou traduzindo para um tipo de linguagem mais imaginável.

A – Estava pensando que quando uma pessoa expressa suas próprias sensações e sentimentos por meio de desenho e consegue se expressar com palavras...

Bion – Sim, exatamente. Se ele fosse bem mais velho, aí, poderia ser capaz de se expressar por meio de desenhos ou pinturas, que poderíamos entender – do mesmo modo que pessoas como o Giotto (Di Bondone) pode. Ele pode usar seus lápis de cor, e você pode ver o que ele desenha no teto da Capela do Vaticano. Se ele fosse 1.200 anos mais jovem, aí poderia desenhar nas paredes das cavernas de Lascaux.

P3 – Gostaria de fazer uma observação relativa à minha experiência pessoal. Tive garotos de 6, 7, 8, 9 e 10 anos em ludoterapia, e poderia dizer que quase todos eles desenhavam bombas e aviões. Quando coloriam, usavam vermelho – como fogo –, azul e branco. Diria que todas as crianças de hoje passam boa parte de seu tempo em contato com filmes que passam na TV, a maioria dos quais são filmes de guerra, filmes agressivos. É uma coisa patética, mas a informação diz respeito a todas as culturas.

Bion – Sim. Mas, sobre isso, posso dizer: suponha que não se tenha apenas lápis de cor nessa caixa, mas, também, as facilidades de um produtor de televisão. Que idade tem o produtor de televisão? Suponha que, em vez de ter câmeras de televisão à sua disposição, possa-se brincar com fissão nuclear. Pode-se ter bombas de nêutrons dentro dessa caixa, pode-se brincar com elas. Que idade teria esse garoto? É por isso, repito, que é muito fácil, para mim, perguntar: quantos anos ele tem? Não estou lhe fazendo uma pergunta fácil! Detestaria ter de responder a essa pergunta. Até nos pedem para responder a essas questões. Qual menino ou menina? Qual idade você escolhe?

A – Queria tornar a fazer uma pergunta que fiz quando o senhor acrescentou outras, como "o que poderia estar dentro da caixa?". Dali por diante, continuei imaginando o significado de suas intervenções – se o senhor estaria se referindo a uma impressão de que esse garoto estaria acima ou abaixo de sua idade quando comparado com seu desenvolvimento.

Bion – Não vi o garoto, e sinto muito ter dado a impressão de que teria afinal qualquer ideia a respeito. Não quero ser colocado na posição de quem tenha de saber todas as respostas. Um dos problemas em análise é o analista querer se colocar na posição de ser a pessoa que sabe as respostas para as perguntas.

A – Fiquei com a impressão de a intérprete não ter traduzido o sentido correto. Vamos tentar de novo. Se o senhor, Dr. Bion, está fazendo essa pergunta, entendo que não é que o senhor saiba a resposta para esse caso específico ou qualquer outro, mas está mostrando a forma como as pessoas, os analistas, deveriam observar. É isso que está implícito na pergunta que o senhor fez?

Bion – Bem, o que é estar implícito? O que está implícito em se posicionar como um pai ou uma mãe ou um professor ou um analista? De novo, essa é uma pergunta difícil. Sempre há esse problema do que está implícito em posicionar-se como um pai, uma mãe, um professor, um analista, e assim por diante. Um dia, explícito; no momento, está apenas implícito. Como diz o garoto, ainda não está claro quem ou o que é o inimigo.

No final do quinto livro da *Eneida*, Virgílio descreve como o timoneiro é instruído a dar o rumo à esquadra. A esquadra tem de seguir o curso dado por ele, mas Somnus aparece e diz a Palinurus: "Não se preocupe, o mar está calmo, tudo está esplêndido". Palinurus retruca: "Conheço o Mediterrâneo muito bem para ser iludido por estes dias e mares bonitos. Sei que a tempestade pode rugir". Então, ele se agarra ao timão da embarcação e resiste às tentações de Somnus.

Somnus se agita e joga nos olhos do timoneiro água letal e, depois, atira-o com tanta força que ele e parte do leme da embarcação se quebram e afundam. Eneias diz: "Por que o timoneiro se iludiu com essas aparências superficiais de calmaria e deixou-se dormir?".

Agora, esse é o modo como Virgílio descreve. Dante se vale da mesma história. Tenho certeza de que alguém a está usando agora. Mas o que esse garotinho está fazendo? Qual a sua idade?

Essa é a razão pela qual ser um analista é uma ocupação tão fascinante: porque as perguntas que surgem são tão profundas! Com quem você está conversando, com Giotto, Leonardo (da Vinci) ou alguém que seria um escritor? Com que linguagem ele se exprime com o analista? Mas ele também está falando. Assim, talvez vocês possam entender por que eu não respondo a essas questões. Não sei as respostas!

P3 – Gostaria de perguntar, Dr. Bion, se o senhor acha que o estado de mente do garoto é de sono ou de vigília, ou um pouco de ambos?

Bion – Eu acho que o estado de mente do garoto é, provavelmente, o de estar bem acordado, mas ainda há alguns vestígios do estado de sono: de forma que ainda é possível, ele estando acordado, apresentá-lo a um estado de mente dele bastante diferente. Se fosse um adulto, as pessoas diriam: ele sonhou e descreveu o que viu, e assim por diante. No entanto, muito frequentemente não acredito nisso. Não quero dizer que eles estejam mentindo – tenho certeza de que eles estão tentando falar a verdade –, mas esse é o tipo de versão que as pessoas dão quando estão bem acordadas, quando estão em juízo de si mesmas – mas elas já se divorciam do que são quando estão dormindo.

Acho que o garoto está bastante certo quando diz: "O inimigo ainda não apareceu". Ele não tem tanto medo de ignorar isso quanto nós.

Bem, temos que parar por aqui.

A "lição" de Bion

Algumas das indagações do Dr. Bion durante o referido seminário trouxeram-me surpresa e desconforto. A expectativa, como afirmei anteriormente, era a de que ele pudesse iluminar, com sua contribuição, o caminho para compreender o processo de produção de imagens, de desenhos, e as condutas do menino durante a sessão. Por exemplo, eu pensava que Carlos desenhasse em vez relacionar-se, comunicando-se em um código que eu, como analista, tivesse de desvendar.

Frequentemente associava o que observava em sua conduta e inferia de seu estado de mente com o desenho que Carlos ia realizando durante a sessão.

No seminário, quando Bion convidou-nos a pensar sobre a idade do menino e, ainda, se era menino ou menina, quem teria posto os lápis de cor e brinquedos na caixa, se Carlos estava dormindo ou acordado – convidou-nos a repensar sobre o que supomos saber, o que está estabelecido. Convidou-nos a discriminarmos a realidade factual da realidade psíquica.

Sob esse vértice, Dr. Bion indagava a respeito da idade do funcionamento mental de Carlos, quanto à sua capacidade de transformar experiências sensoriais e emocionais em símbolos, em elementos disponíveis para pensar, em elementos alfa, segundo sua própria teoria.

Com esse enfoque, precisaríamos inventar uma outra escala de desenvolvimento: a que medisse a capacidade da elaboração onírica-alfa de produzir símbolos a partir de experiências emocionais. Tal idade, tal desenvolvimento, pouco tem a ver com o que o ambiente põe à sua disposição, e com o uso que a pessoa faz para ir construindo sua mente.

Quando o menino começou a desenhar, a "ver coisas coloridas", estaria dormindo ou acordado?, perguntou Bion.

A partir do conceito de elaboração onírica-alfa, suponho que, quando o menino começou a desenhar, começou a comunicar graficamente algo que tinha acabado de experimentar no contexto da relação analítica. Surgiram em sua mente umas tantas imagens que já estavam armazenadas; imagens que foram associadas ao que, sensorialmente, estaria se passando, ou tinha acabado de se passar com ele. Desse modo, penso ter havido uma transformação de impressões sensoriais em imagens visuais.

Hoje, ao rever aquela sessão em que Carlos desenhou uma área do gol e depois sinalizou ter havido confusão, razão pela qual teria acontecido um gol, pergunto-me se ele não estaria, com seu desenho, exprimindo algo que ali experimentou e que sentiu, como se tivesse "levado um gol" ou "enfiado a bola em mim".

E mais: quando Carlos disse, referindo-se ao desenho do avião, ser aquilo uma guerra contra um país que não aparece, quem seria o inimigo? Que parte de sua mente estaria em guerra com outra? Que parte da analista é inimiga da Carlos? Será aquela que é diferente dele? Seria uma alusão às diferenças homem-mulher, adulto-criança? Foi o que lhe disse quando, naquela mesma sessão, desenhou um grande barco com uma vela bem pequena (não houve tempo para ler a sessão na íntegra durante o seminário com Dr. Bion).

O comentário de Bion – "... e o que está implícito em posicionar-se como um pai, uma mãe, um professor, uma analista?" – é um convite a estarmos atentos ao que é uma função e ao que é a expectativa de uma função.

Ficou explícito naquele momento do seminário em que o Dr. Bion, respondendo a uma indagação minha, apresentadora do material, replicou:

> *"Sinto muito ter dado a impressão de que teria afinal qualquer ideia a respeito. Não quero ser colocado na posição de quem tenha que saber todas as respostas. Um dos problemas em análise é o analista querer se colocar na posição de ser a pessoa que sabe todas as respostas para as perguntas".*

A lição principal, então, foi assinalar a necessidade de deixarmos de lado momentaneamente o que já sabemos para podermos analisar o presente e talvez conhecê-lo com a ajuda da intuição e da reflexão.

2. Relação Mãe-Bebê, um modelo da relação analítica[1]

A ciência toda não passa de um refinamento do que pensamos no dia a dia.

Albert Einstein

Quando Bion elegeu a relação Mãe-Bebê como um bom modelo para relação analítica, tornou, em minha opinião, agudamente "científico" um fenômeno natural. O que penso ter sido sua enorme contribuição a esse respeito foi pôr em evidência que, em termos psíquicos, certas funções da mãe e do psicanalista são semelhantes, embora a relação Mãe-Bebê não seja igual à relação analítica. A mãe trabalha em um meio natural com um psiquismo em formação, que depende inteiramente de seu "alimento", de sua produção mental, de seus significados, em grande parte instintivos e intuitivos, que ela vai dando às condutas e comunicações de seu bebê. Ela se oferece como modelo de mente funcionando, que o bebê vai, aos poucos introjetando, e, assim, estruturando sua vida

1 Publicado em *Revista de Psicanálise da Sociedade Psicalítica de Porto Alegre*, *III*(2), 243-253, 1996.

psíquica. Acresce-se à função da mãe, além de ter de cuidar da vida psíquica do bebê, cuidar também da vida física e da inserção social dele. A capacidade da mãe de ser continente de seus próprios estados emocionais e de ser receptiva (*reverie*) e perceber seu bebê ajuda-a a "processar" a experiência emocional de ambos. No início da vida do bebê, a tarefa é quase totalmente da mãe. Ele responde, dá pistas para a mãe "seguir um caminho", ou largá-lo e pegar outro... e o resultado final, a compreensão que ela alcançou e que comunica por palavras, atos e cuidados ao bebê, sem dúvida é produto da relação dos dois. A mãe tem a tarefa, junto com o pai, de dar meios para que o desenvolvimento de sua criatura aconteça.

O psicanalista trabalha em um *setting* criado por ele, um campo analítico favorável à observação, à percepção da realidade psíquica. Penso que o psicanalista "cura" toda vez que dá meios para que aconteça algum crescimento psíquico, que entendo seja crescer na capacidade dar sentido as experiências sensoriais e emocionais em elementos utilizáveis para pensar. De acordo com Bion, as experiências sensoriais e emocionais sob a ação da função alfa são transformadas em elementos alfa, que correspondem a representações visuais, auditivas, táteis etc. Essas representações são armazenadas e servem para formação de pensamentos oníricos (o pensar inconsciente de vigília), de sonhos, de lembranças.

Quando não é possível a transformação em elementos alfa, as experiências sensoriais e emocionais são experimentadas como "coisas em si" e são evacuadas como alucinações, sintomas somáticos, *acting-out* etc. A formação de pensamentos oníricos é contínua, não é interrompida pelo despertar, pelas experiências diurnas e conscientes. Tais pensamentos oníricos introduzem-se na conversação como flashes, imagens visuais ou auditivas, constituindo pistas valiosas da transferência infantil ativa naquele momento. O psicanalista vale-se de sua função alfa para transformar as comunicações do paciente, dando sentido às experiências emocionais.

Por acreditar que o psicanalista precisa "sonhar" com o paciente e, frequentemente, pelo paciente, a minha maneira de estar e falar com o paciente tem mudado! É, a um tempo, coloquial, sem, porém, perder de vista a especificidade de "conversa analítica", que, em sua essência, é feita de observações, esclarecimentos, intervenções, interpretações, de apreensões do sentido que o paciente está dando àquele encontro e do sentido que o encontro analítico vai tendo a todo o momento. Penso que tem crescido em mim a capacidade de observação, de escuta; convido o paciente a escutar-se e observar-se tanto quanto possível, prolongando, assim, o momento para eu intervir. Tenho convicção de que oferecer ao paciente um *setting* dentro do qual ele possa ser acolhido cria condições favoráveis à compreensão. Verbalizar essa compreensão por interpretações que falem do sentido das sucessivas experiências emocionais que o paciente vai tendo na sala de análise é contribuir para o crescimento de sua mente simbólica.

Do acolhimento ao significado na relação Mãe-Bebê

A visão epistemológica da relação Mãe-Bebê, proposta por Bion – uma relação também de conhecimento a partir da função mental da mãe, que dá sentidos que ajudam o bebê a construir seu aparelho psíquico –, ao ser aplicada a um material de observação Mãe-Bebê, permite acompanhar a receptividade (*reverie*) da mãe e os sentidos que ela produz e oferece ao bebê, pela ação de sua função alfa. Permite ver como o bebê responde à mãe, lida com as interferências e cresce.

Dividi o relato de uma visita de observação da relação Mãe-Bebê em sucessivos movimentos, para dar ênfase aos momentos da relação em que a mãe tentava modular a angústia e dar sentidos às comunicações do bebê, e para permitir que eu fosse introduzindo meus comentários. Nessa visita, Paulo tem oito semanas de vida. É o terceiro filho de uma família classe média. Tem sido amamentado. A observadora[1] vai semanalmente visitar a mãe e o bebê e frequenta seminários de observação da relação Mãe-Bebê, de acordo com a técnica Esther Bick da Sociedade Brasileira de Psicanálise de São Paulo. O menino está no colo da mãe, com os olhos bem arregalados, e ela informa que ele já havia mamado um peito.

1º movimento

> *A mãe oferece o segundo peito, e Paulo logo pega o bico e começa a sugar intensamente. Pouco tempo após, Paulo, por alguns segundos, emite alguns sons e reinicia a sugar; os olhos estão abertos e olhando em direção ao rosto da mãe. Esta percebe a atenção do bebê e responde, conversando com ele. Paulo continua olhando fixamente para a mãe e mamando. A mãe fala com a observadora, e Paulo continua mamando tranquilamente e olhando para o rosto da mãe.*

MPM – Vemos uma mãe disponível e em sintonia com o seu bebê, e também atendendo a outros interesses (está com o bebê, mas pode estar com a observadora também). O bebê mostra recursos para manter-se ligado à mãe, usando seus olhos fixos nela e sua boca para agarrar-se ao peito.

1 Observadora: Regina Junqueira; supervisora: Marisa Pelella Mélega.

2º movimento

> *Os irmãos do bebê entram no aposento, querendo algo da mãe. Esta responde que não pode agora, por estar amamentando o bebê. As crianças insistem, e a mãe tenta dissuadi-los. Paulo continua sugando, até que vai ficando inquieto, larga o bico do seio e não consegue pegá-lo novamente. A mãe o ajuda, ele retorna à mamada, mas volta a se inquietar, afastando-se do peito novamente. Movimenta-se, buscando de novo o peito. A mãe também está inquieta, ao tentar atender ao bebê e às duas crianças. Pede, então, que saiam do quarto, prometendo atendê-las assim que terminar. "As crianr ças saem.*

MPM – A mãe rege o contexto da amamentação, tentando mantê-lo livre de interferências; consegue conter as crianças, e isso a tranquiliza para voltar-se para o bebê.

3º movimento

> *A mãe se empenha, agora, em acalmar Paulo, voltando toda a sua atenção para ele. Paulo responde aos esforços da mãe e volta a mamar. Seus olhos vão se fechando, e permanece um tempo com o bico na boca, sem sugar. Larga o peito e espreguiça-se e, ao se movimentar, esbarra o braço no bico e passa a olhar fixamente para o peito. Sorri, abre a boca, tentando abocanhar o bico, e bate a boca, afastando-se depois,*

parecendo brincar satisfeito. Permanece um tempo no colo, tranquilo. Elimina gases. A mãe o coloca deitado, de costas na cama, falando-lhe que espere um pouquinho, junto com a observadora, e sai para ir atender às outras crianças.

MPM – A mãe trabalha para mudar a angústia do bebê e seguir com a relação alimentar. Paulo responde e volta ao peito, e pode usá-lo para elaborar a experiência de interrupção sofrida há poucos minutos. É como se o bebê "tivesse experimentado um peito interrompendo sua boca", e, agora, é sua boca que larga e retorna ao peito, fazendo-o sofrer a ação. O clima de satisfação sugere que Paulo está brincando, no sentido usado em psicanálise.

4º movimento

Paulo mexe os braços e a cabeça, olhando de um lado para outro; quando sua mão passa pelo campo visual, detém-se olhando fixamente e, com muito esforço, tenta colocá-la na boca; algumas vezes consegue e suga a lateral da mão que está fechada.

MPM – A mãe se ausentou. O bebê mostra ter ficado com a boa experiência do seio e da mãe, e assim pode estabelecer a união boca-peito pela sua capacidade de preencher a ausência do objeto original com o objeto substituto. Ele faz uma equação simbólica, ponto de partida para a formação de símbolos e do pensamento.

5º movimento

> *A mãe retorna e o vê fazendo movimentos com a mão, e fala com a observadora que, nesses dias, ele descobriu a mão, está esperto e atento aos sons.*

MPM – A mãe mostra à observadora que percebe as mudanças do bebê e, ao que tudo indica, tem com ela uma relação de cooperação e de transferência.

6º movimento

> *Paulo passa a fixar um ponto no teto e a brincar com esse ponto. Sorri, olha fixamente e assim ele permanece alguns segundos. A observadora olha para o teto e vê apenas um teto branco, mas acha que o bebê encontrou algo lá e se entretém. A mãe percebe isso e o trata com palavras carinhosas, dizendo que ele está mais tranquilo essa semana.*

MPM – A conjectura é que Paulo, ao ouvir a voz da mãe, é capaz de recriar o objeto ausente (que estava sendo equacionado em seu *self*, pela mão na boca), agora fora do *self*. A "criação" de Paulo estaria sendo feita pela união do registro interno da experiência com a mãe mais a voz concreta da mãe no aposento. Poderíamos, em uma alucinação, ... ele recriando a mãe, um aspecto dela. Seria um passo adiante na simbolização. Vemos o bebê contente e entretido com sua "criação".

7º movimento

> *A mãe se coloca entre o olhar do bebê e o ponto que ele está fixando no teto e começa a falar: "Paulo, olha a mãe, estou aqui...". "Paulo continua fixando o ponto, embora a mãe seja um obstáculo; é como se olhasse por meio dela... Paulo não fixa os olhos na mãe, não interage com ela. A mãe insiste e, olhando para ele, balança a cabeça e continua falando com ele em voz carinhosa aproximando-se mais ainda. Agora, Paulo olha para ela, sorri, movimenta braços e pernas, emite gritinhos, como que correspondendo à conversa da mãe.*

MPM – A mãe interrompe o entretenimento do bebê a todo custo. Ao interpretar a falta de resposta imediata do bebê ao seu retorno como tendo sido preterida, mostrou angústia de, ao separar-se do bebê, perdê-lo. Talvez o observador tenha sido vivido nesse momento como um "rival". A hipótese é que o bebê se viu pressionado a abandonar sua "criação" para atender a uma mãe real e angustiada.

8º movimento

> *Paulo regurgita algumas vezes, mostra-se inquieto e choraminga.*

MPM – Conjeturamos que o impacto que Paulo sofreu pela interrupção não foi totalmente "digerido", não foi transformado, como dizíamos no início, pela ação da função alfa da mãe e parte do estímulo (elementos beta não transformados) foi evacuado no corpo sob forma de um sintoma físico, a regurgitação.

9º movimento

A mãe o pega no colo e o segura de barriga para baixo. Paulo fica muito bravo. Ela o levanta e tenta acomodá--lo no sofá, e coloca ao lado dele uma caixa de música. Paulo busca com os olhos de onde sai a música, e o som acalma seu resmungo. Movimenta os braços, que batem na caixa, mas parece não se incomodar com isso. A mãe, porém, aflige-se e, em uma atitude protetora, afasta a caixa de música dele – Paulo volta a chorar.

MPM – A mãe tenta encontrar um modo de acalmar o mal-estar e angústia do bebê. O som que vem da caixa de música o entretém, mas, novamente, a mãe o interrompe, por enxergar a necessidade de proteger o bebê para ele não se machucar. No entanto, não enxerga seu anseio por um objeto que sensorialmente o satisfaça e para substituir momentaneamente a satisfação que a mãe possa oferecer.

10º movimento

A mãe o levanta e tenta oferecer-lhe a chupeta, que, na verdade, ele não quer. Ela insiste, pois acha bom para as cólicas. Ele fica com a chupeta na boca, e tenta devolvê-la: a mãe não permite, e ele a desloca de um lado para o outro da boca e chora. Ela põe um pozinho branco na chupeta e volta a oferecê-la a ele. Paulo acaba aceitando, sem mostrar satisfação.

MPM – A mãe age instintivamente, tentando acalmar seu bebê e encontrar algum sentido no que está sendo expresso por ele. Frequentemente, o sentido que ela dá à conduta está referido a mal-estar físico, cólica... Ela nem sempre percebe o que está se passando com o bebê, e suas "interpretações" nem sempre estão adequadas, Mas o bebê tenta lidar com as interpretações recebidas pela mãe, ora recusando-as, como quando a mãe o coloca de barriga para baixo, ou quando afasta a caixa de música, ora aceitando-as, como quando impõe sua presença e ela se assusta, ou como quando ele acaba aceitando a chupeta. Está presente, o tempo todo, o acolhimento dela e suas tentativas de compreender e se comunicar com o bebê. Vemos que esse conjunto de atitudes são suficientes, em vários momentos, para modular as ansiedades do bebê e permitir que ele continue em contato com a mãe e com suas próprias experiências. Pudemos acompanhar as várias experiências que o bebê teve com as interrupções. Sua maturação não lhe permite que vá "atrás do objeto" e recupere-o. Contudo, sua comunicação, reclamando, choramingando, é eficaz no sentido de levar a mãe a oferecer o objeto novamente. Quando a mãe está angustiada, sua percepção se estreita. Isso fica claro no 7º movimento, em que o bebê é capaz de "criar novos interesses" na sua ausência, e ela interrompe, por entender que ele a deixou, ou que ele ficou perturbado pela ausência.

Na descrição dessa observação, pudemos acompanhar movimentos em que há sintonia entre a mãe e o bebê, e é quando ela se oferece como um modelo satisfatório de função mental, com continência, dando significados, e o bebê é capaz de internalizar essa função e usá-la na sua ausência. A partir do 5º movimento descrito, notamos o bebê com capacidade de recriar a mãe, e ela angustiada por sentir-se dispensada. A mãe não compreendeu que estava diante de uma capacidade do bebê e que ela tinha contribuído para isso. Ela interpretou a não resposta imediata do bebê à sua volta ao quarto como uma perturbação da relação de dependência, e não como uma independência do bebê, que mostra capacidade de ficar um pouco sem a mãe. A independência do bebê (poder recriar a mãe na ausência dela e na presença de sua voz) custou a ele ter de "encarregar-se da angústia materna", uma sobrecarga que se revelou pelo "quase choro" e pela regurgitação. Daí para a frente, na descrição da observação, as interpretações, os significados da mãe não parecem corresponder à experiência do bebê...

Do acolhimento ao significado na relação analista-paciente

O tempo todo, a mãe lidou com o bebê, tentando acalmá-lo, tentando transformar seu estado afetivo, sua angústia. Tal atitude possibilitou mantê-la na sua função de mãe, mesmo quando deu "interpretações" que não o atenderam. O bebê reclamou, mas perdoou e mudou seu estado de angústia, embora não lhe tivesse sido oferecido conhecimento do que estava acontecendo com ele.

Estar presente, disponível, acolhendo e procurando entender, mesmo sem consegui-lo por vezes, ajudou o bebê a superar certas angústias e prosseguir.

Exemplo clínico

Alguns movimentos que apontei na observação podem ser visualizados durante uma relação analítica. Vou expor, para tal, momentos de uma sessão com uma paciente que está em análise há cerca de dois anos. Ela chega dez minutos atrasada, justifica-se dizendo que havia muitos caminhões na estrada. Caracterizo esse momento da sessão como não havendo sentido para a paciente, que considerou seu atraso como vindo de uma circunstância externa apenas, e para a analista que não sabe ainda... E cogita haver algo novo, por ser raro a paciente se atrasar... e pensa que a verbalização dela leva a crer em algum impedimento em seu "trânsito mental". A analista decide não a interromper e seguir escutando o que a paciente está interessada em investigar: o que se passou em seu fim de semana.

A paciente fala de um estado de certa confusão e falta de controle que ela viveu nos dias de intervalo analítico e relata acontecimentos que testemunhariam seu estado de confusão e falta de controle. A analista, porém, escuta que a paciente espera não ficar atrapalhada e falhar e que tais falhas são sentidas como estar perdendo o "controle onipotente". A paciente espera que a analista investigue onde está 'o erro" que a impediu de ficar imune a certos estados de mente. A analista escuta, agora, que a paciente quer que lhe repare a onipotência, ferida durante o intervalo analítico, "reparar" a imagem idealizada que a paciente tem de si. O atraso da paciente para a sessão seria sua "falha de hoje", que poderia ser investigada durante a sessão, mas ela está se negando a tomar contato.

Nesse momento, a analista sente-se incomodada pelo pedido da paciente de querer investigar o "erro", por não acreditar haver "falhas" no que a paciente contou, mas que o problema é outro!

Tal incômodo é superado quando a analista percebe a recriminação da paciente, recriminação que está contida em seu desejo de investigar "em que ela errou" e em que a analista também errou por não lhe dar instrumentos infalíveis contra a angústia. A analista acredita que a paciente tenha vivido e esteja vivendo confusão e medo de não ter controle, o que evitaria a invasão de emoções, sentidas como catastróficas, mas ela não sabe falar daquilo. E penso que é nisso que a analista tem que ajudá-la.

A analista agora interpreta que a paciente quer que a analista encontre "o que está errado", arrumando, assim, a autoimagem da paciente e, ao fazê-lo, mostre sua competência e conserte a imagem que a paciente fez da analista. A paciente responde que é aquela mania de ela ser perfeita e sem falhas. Por termos, muitas vezes, tocado nessas situações, ela reconhece e une esse momento a tantos outros já percebidos. No entanto, a intervenção da analista está sendo usada pela paciente para recriminar – "aquela mania de perfeição de novo". A analista enfatiza, então, que a paciente está, de fato, recriminando a analista, que, do ponto de vista dela, falhou por não tê-la imunizado contra sentimentos de confusão e perda de controle. A paciente reconhece em si mesma essa expectativa, que agora considera infantil.

A paciente informa que agora voltou à sua mente o que estava pensando quando vinha para a sessão, que não viu sentido, mas que, "para colaborar", vai contar. Lembrou-se de um antigo namorado, aquele para quem ela mandou um convite de casamento, e ele lhe respondeu dando a entender que estava a fim dela e que não tinha aceitado o afastamento entre os dois. Ficou pensando em localizá-lo e marcar um encontro, e depois se perguntou: "Para quê, se estou bem casada?!". "Respondeu-se que seria para saber como ele estava e o que tinha feito naquele tempo todo... Estava casado? Tinha filhos?".

Então ela se imaginou indo ao encontro, e ele estar lá com a mulher dele – "Já pensou?".

Tal verbalização alerta a analista pelo insólito! Pareceu-lhe estar contando um sonho diurno, tratando de elaborar alguma situação presente... Mas qual? Imediatamente, apareceu na mente da analista que o antigo era também o horário dessa sessão que a paciente tinha deixado e hoje estava voltando a ele para substituir um horário no qual ela estaria impossibilitada de comparecer.

Na realidade, analista e paciente tinham conseguido superar tal interferência externa, em benefício do trabalho de análise, colocando a sessão nesse horário.

Entretanto, a disponibilidade e o acolhimento concretizados pela oferta de outro horário levantaram nela uma ameaça, no momento em que passou a significar algo equivalente à volta a um antigo namorado que estava ligado a outra, que estava ocupado (!) e que tinha sido deixado por ela... Na transferência, o equivalente parecia ser a analista ocupada com outro paciente no horário por ela deixado. A ameaça pareceu vir de uma situação passada que a analista sabe da paciente: "entrar em um lugar ocupado por um pai morto".

O atraso, agora, poderá ter o sentido de retardar o contato dela com tal realidade. A paciente aceita a interpretação. O *self* infantil, com a fantasia de uma cena primária ameaçadora, impôs-se à consciência da paciente, interferindo momentaneamente na relação atual analista-paciente, voltada para o conhecimento.

O modelo, como dizia no título, está na descrição dos movimentos de uma relação Mãe-Bebê, para falar dos momentos de uma relação analista-paciente e para falar do trabalho psíquico de cada um, voltado para um objetivo comum: análise do paciente com propósitos construtivos. No exemplo da mãe com seu bebê, gostaria de ressaltar, entre tantos outros, um aspecto: é o que se passa no 7º movimento, quando a mãe deixa de ter contato com as necessidades do bebê por sentir-se dispensada por ele enquanto está entretido com suas "criações". O conceito que ela tem de sua função (ser sempre indispensável, sua mente funcionando o tempo todo por ela e o bebê) a impede de observar a mente do bebê surgindo com sua capacidade de simbolizar e, assim, assume com ele uma atitude que tende a "infantilizá-lo". A partir daí, a mãe passa a buscar o significado da conduta do bebê, usando, ao que tudo indica, a memória de outras experiências, por estar impossibilitada de pôr-se em contato com a nova experiência.

No exemplo da analista com sua paciente, gostaria de ressaltar o momento em que, como um flash, surge o caminho para a compreensão do que estava sendo a experiência dela, após ter havido o trabalho de escuta da recriminação à analista pelo sofrimento que a paciente teve no final de semana. A partir daí, a *misconception* da paciente, de que "a análise deve imunizá-la de sofrimento e, se não ocorre isso, é 'uma má análise', torna-se perceptível para a paciente e promove o pensamento de que tal expectativa é infantil". O que vem a seguir é o relato de um sonho diurno que conta algo que está se passando com a paciente ao vir para aquela sessão: a fantasia de encontrar o lugar ocupado. Parece claro, dessas descrições, que tanto a mãe como a analista podem encontrar significados, fruto do trabalho das duas, e comunicá-los; e que tanto o bebê como o paciente precisam ser escutados e considerados nas suas tentativas de compreender estados de angústia e solucionar frustrações e, a partir daí, oferecer ajuda para encontrar, quando for preciso, o sentido de suas experiências emocionais.

Comentário de José Américo Junqueira de Mattos sobre trabalho de Marisa Pelella Mélega "Relação Mãe-Bebê: um modelo da relação analítica"

O mérito deste trabalho, entre outros, é mostrar de uma forma clara, dentro do material de observação do bebê, as analogias enmtre a relação do bebê com sua mãe e o que acontece na relação analítica entre analista e analisando. Mas tudo o que poderíamos antecipar que deveria acontecer na relação Mãe-Bebê (desconheço se existe um trabalho nessa linha publicado em português) é confirmado pelo trabalho de Marisa. Assim, as relações do bebê com sua mãe são trazidas dentro de um cenário de beleza, de ternura e de angústia ora pontuando, ora comentando o interjogo dinâmico daquela dupla em seus acertos e desacertos, no emergir das primeiras formas de pensar... suas idas e vindas nos primeiros processos para simbolizar.

Há que se assinalar também o senso de observação com que Regina Junqueira (a observadora do caso) pôde descrever os fenômenos ocorridos, dando origem aos elementos que possibilitaram o trabalho de supervisão. A essência do trabalho de Marisa se prende ao conceito de *reverie*, aplicado tanto na relação Mãe-Bebê quanto na relação analista-analisando.

Bion, em *Uma teoria do pensar* (1962/1991), empregou pela primeira vez a palavra *reverie*, em alusão à acolhida da mãe das projeções de medo, de pavor do bebê, e a sua transformação, de volta para ele, de tais sentimentos em uma forma tolerável. De maneira análoga, no analista, seria a capacidade de este acolher as comunicações do analisando, seja por meio de linguagem verbal, seja da pré-verbal, e transformá-las em uma interpretação (esta não necessita ser sempre no nível verbal, pois muito pode ser transmitido de maneira pré-verbal). Foi também nesse memorável trabalho que Bion criou o conceito de uma identificação projetiva com a finalidade de comunicação – a mais primitiva forma de comunicação entre Mãe-Bebê; esta Bion denominou de *identificação projetiva realista*.

O conceito de analogia é muito interessante, pois, ao mesmo tempo que denota e revela uma semelhança, também aponta uma diferença. Há algo que é semelhante e há algo que difere. O que seria semelhante é a função, e não a forma ou estrutura. O que se busca com a analogia é chamar a atenção para a relação entre dois objetos aparentemente distintos.

No caso presente, há semelhança de funções entre ser mãe e ser analista. Por exemplo, dar sentido, significado àquilo que tanto o bebê como o paciente dos exemplos de Marisa não podem entender, e dar sentidos sozinhos é um trabalho a dois, realizado pela dupla. A importância do trabalho de Marisa é justamente mostrar como a mãe modula e nomeia, oferecendo-se e dando sentido, para o bebê, aquilo que ele, por meio de mecanismos de identificação projetiva (única forma de comunicação que conhece, pois estamos em um nível pré-verbal) a ela transmite. Isso está perfeitamente claro até o 6º movimento. Assim, existe, sem dúvida, um paralelismo entre a relação Mãe-Bebê e analista-analisando. Como vimos, é por meio das identificações projetivas que o bebê a ela se "faz" presente pela operação da função alfa da mãe – "órgão" receptor das identificações projetivas do bebê (Bion, 1962/1992, p. 116). Entretanto, se existem semelhanças, não cabe confundi-las, pois a mãe age obedecendo a seus impulsos e atende ao choro e às demais necessidades de seu bebê de forma instintiva (Segal, 1982, cap. 6, p. 119). Frequentemente, não tem uma consciência clara de por que o faz e o que a move. Ela não tem necessidade de elaborar, em nível consciente, suas necessidades, pois, na grande maioria das vezes, age por impulso, atendendo imediatamente às necessidades de conforto físico e psíquico de seu bebê. Além disso, como assinala Marisa em seu trabalho, a mãe tem inúmeras outras funções dentro do ambiente familiar e social. Por exemplo, no 2º movimento, a mãe tem de atender a observadora e mais os irmãos de Paulo. Em análise é diferente. O analista, no estado particular em que se encontra, como usa atenção flutuante, ou sem memória e desejo, está com os sentimentos e emoções também "flutuantes", ou em um estado particular de consciência, que é o estado de *reverie*. Assim, diferentemente da mãe, no momento da interpretação, tem de estar consciente do sentido e do significado subjacentes àquilo que seu analisando lhe comunicou. Isso lhe possibilitará dar suas interpretações. Se não houvesse essa percepção, em nível mais profundo, e ao mesmo tempo, a capacidade de estar de alguma forma consciente dela, ele não poderia interpretar. Usando de um modelo que citei em trabalhos anteriores (1989) e parafraseando o que ouvi, então, de Dr. Bion, diria que, no consultório, existem três pessoas: 1) o paciente que fala; 2) o analista que ouve o paciente que fala; 3) o analista que "ouve" o sentido que a fala do paciente tem dentro dele e transforma-a em uma interpretação. Ou seja, a interpretação será a transformação, em uma linguagem verbal (processo secundário), de imagens visuais, fantasias inconscientes, vivências (devido ao processo primário) nele suscitadas pelas associações do analisando. Portanto, existe um momento em que o analista precisa traduzir para si mesmo o que está significando dentro dele o material apresentado pelo seu paciente. Isso fica mais claro em termos da grade (1989). A mãe está em C4 (devaneio, *reverie*) e o analista capta nessa categoria (C4) e, por meio de sua percepção interna, ou seja, em um processo de comunicação dele consigo mesmo, toma consciência (F4, F5), quando então está em condições de formular, agora em termos conceituais, sua interpretação.

Por outro lado, o que é que o analista capta quando está em estado de *reverie*? O que será que Marisa nos transmite quando fala que nessa observação do bebê estão presentes inúmeros objetos psicanalíticos? Em trabalho recentemente apresentado no encontro Bienal (1994), eu defino o que entendo por objeto psicanalítico como um vínculo, e esse vínculo é a emoção. Assim, uma interpretação só é efetiva quando detecta e veicula essa emoção, pois é ela quem dá vida e sentido à realidade subjetiva, trazidos pelas associações do analisando, o que, de forma análoga, podemos observar no material do bebê. Por exemplo, o que ocorre no 7º e no 8º movimento, nos quais se percebe, pela descrição e pelos comentários, que o bebê não parece ter sido entendido pela mãe, que não pôde captar suas necessidades e, portanto, modular sua emoção, agora em forma de angustia. O bebê parece não ter sido compreendido pela mãe (8º movimento); diz Marisa: "O impacto que Paulo sofreu pela interrupção não foi totalmente 'digerido', e parte do estímulo foi evacuado pela regurgitação (talvez como um sintoma psicossomático)". Então, estaríamos aí observando uma hipocondria em estado nascente?

Melanie Klein (1952, pp. 63, 84, 243; 1932/1969, pp. 204, 350, 362) nos fala das origens dos estados hipocondríacos: "A ansiedade relacionada aos ataques pelos objetos internalizados – principalmente pelos objetos parciais – é, de acordo com o meu ponto de vista, a base para a hipocondria." Por outro lado, a contribuição de Bion para o entendimento da hipocondria não para aí; vai além, pois, com a teoria da função alfa e de seu deficiente funcionamento, ele nos aponta exatamente para o ponto de virada entre o que pode se transformar em pensamento e o que não pode, e resulta em um sintoma a nível somático e, portanto, frequentemente acompanhado de sensações corporais. Ou seja, no caso presente, o que não pôde ser contido a nível psíquico transformou-se em regurgitação. Assim, na hipótese formulada, se o analisando – ou, no caso presente, o bebê Paulo –, sente-se perseguido por objetos internos, está, na verdade, incapacitado de sentir dor, desconforto, em nível psíquico, ou seja, transformar uma sensação física em uma emoção. Portanto, leva para um plano sensorial, físico, a dor, o desconforto, que deveriam ser sentidos em nível psíquico. Nessa eventualidade, o paciente, ou o bebê, poderíamos dizer, está internamente "perseguido por sentimentos de depressão e deprimido por sentimentos de perseguição", não podendo, assim, suportar a dor inerente à integração da posição depressiva. A hipocondria seria, então, a tentativa, sempre fracassada, de nomear e, portanto, de simbolizar (Bion, 1963/1970, cap. 9, p. 39; 1965/1991, cap. 5, pp. 57, 59, e cap. 11, p. 151). No caso deste bebê – com 2 meses –, penso que, estando ele em uma fase intermediária entre as posições depressivas e esquizoparanoide, estaríamos diante da seguinte situação: quando sua mãe se ausenta (no caso houve uma ausência psíquica, por não se sentir entendido), se for capaz de tolerar sua ausência, sentir-se-á deprimido por sentimentos de perseguição – ausência de mãe – mas lhe terá sido possível evolver da posição esquizoparanoide para a depressiva (PS-D). Se não for capaz de tolerar sua ausência, será perseguido por sentimentos de depressão e não atingirá a posição depressiva, pois usará de identificação projetiva para evacuar os elementos beta (Bion, 1967/1973), incapazes de se transformar em elementos alfa, por pura intolerância à frustração, impedindo assim, o interjogo criativo entre conteúdo e continente. Ou seja, o que ele não pode nomear, simbolizar, extravasa para o soma, criando distúrbios psicossomáticos, dos quais a regurgitação pode ser um deles.

Por outro lado, entre os paralelismos existentes nessa relação, seria interessante apontar as analogias entre os movimentos da dupla Mãe-Bebê e analista-analisando quando não só a mãe é capaz de entender, modular e nomear para o bebê o que este não consegue sozinho, mas também quando esta não é capaz ou de entender ou modular, ou nomear para ele... temos aí, de forma aproximada, algo que se passa na relação transferencial quando o analista, se capaz de estar em sintonia com seu analisando, nomeia o que ele não pode ou não consegue por si só descobrir... Ou, então, quando o analista, por ter suas próprias dificuldades e problemas não resolvidos, for estimulado pela fala do paciente, passando a ter relações contratransferenciais negativas: muitas vezes o paciente tem de se haver com as dificuldades do analista, nele, paciente, projetadas, ou seja, passa a fazer momentaneamente o papel de analista de seu analista. Como exemplo disso, no caso do bebê presente, temos a que ocorre no 7º movimento, quando ele teve de lidar com as angústias da mãe e dar a ele um "suporte". Assim assinala a autora (p. XX): "A independência do bebê (poder recriar a mãe na ausência dela e na presença de sua voz) custou a ele ter de se 'encarregar da angústia materna', uma sobrecarga que se revelou pelo 'quase choro' e pela 'regurgitação'". Temos aí uma analogia com as reações contratransferenciais tão frequentes em nosso trabalho...

Outro aspecto muito importante que gostaria de destacar é a observação da autora, que, na p. X, menciona neste trabalho que Paulo é "capaz de recriar o objeto ausente" quando é capaz de "unir o registro interno da experiência com a mãe mais a voz concreta da mãe no aposento". Penso que sim, mas eu gostaria de lembrar que, para que isso se dê, é necessário que algo tenha acontecido antes, ou seja, que haja o encontro da preconcepção do seio (com o qual o bebê nasceu dotado como uma herança genética) com a experiência real do seio-em-si, originando o que Bion (1967/1973) chamou de concepção e que posteriormente evolve para a formação de conceitos.

Finalmente, eu gostaria de parabenizar a autora, que, de uma forma simples, e talvez por isso mesmo, tão convincente, chama a nossa atenção para os mistérios que cercam as origens da transferência-contratransferência, lançando uma luz diferente quando faz a aproximação da relação Mãe-Bebê com a relação analítica.

3. A estrutura simbólica dos sonhos no processo analítico por Meltzer[1]

Arte e ciência são duas manifestações da criatividade humana raramente presentes em uma única personalidade, como ocorreu em Leonardo da Vinci. Ele tinha seu método para investigar e conhecer: observando fascinado os fenômenos da natureza, criava significados do que havia observado e, então, produzia objetos artísticos ou científicos. A descoberta do inconsciente e a invenção do método psicanalítico resultaram da criatividade científica de Freud. A nós, como seguidores, resta-nos aplicar o método, respeitando-o em sua essência e permitindo que a criatividade existente em cada um se revele, mesmo que não seja da grandeza de Leonardo ou de Freud.

Mas pode ser de uma certa grandeza quando um espírito investigativo como o de Meltzer funcionando em uma mente artística preside uma personalidade que ama o ser humano e deseja promover sua criatividade.

---

1 A supervisão D. Meltzer transcrita neste trabalho ocorreu na Sociedade Brasileira de Psicanálise de São Paulo (SBPSP) em 1996; e a sua íntegra foi publicada em: M. P. Mélega, Narrative of a dream life, in *Meltzer in Sao Paulo* (pp. 1-37) (The Harris Meltzer Series), London: Karnac, 2017.

Entre tantos aportes de Meltzer à psicanálise, um que particularmente me impressionou foi a expansão que ele deu à compreensão da vida onírica.

Para Meltzer, o processo psicanalítico e a narrativa dos sonhos durante as sessões tem uma história natural que se aproxima da história natural do indivíduo e que se torna presente na transferência infantil.

Conhecer um sonho significa chegar à sua estrutura simbólica, afirma Meltzer (2017). Ele também deu contribuições à Teoria da simbolização ao sugerir, apoiado na *Teoria do pensar* de Bion (1962/1991), que a formação de símbolos se inicia nos objetos internos, e não no *self* (ou no ego), como até então se pensava pelos trabalhos de Klein e Segal. E esse aporte se constituiu em uma nova Teoria da criatividade.

Não é minha tarefa aqui descrever todos os aportes originais de Meltzer, e, sim, levar adiante minha decisão de dar um testemunho vivo do trabalho de Meltzer na análise dos sonhos. Trata-se do meu tributo ao mestre que, com tal visão, enriqueceu meu trabalho clínico. Vamos agora seguir Meltzer supervisionando uma paciente, que chamarei de Louise, em seu primeiro ano de análise (quatro vezes na semana). Para não me estender, deixei de lado a primeira parte da supervisão (ocorrida no dia anterior).

Meltzer: *No material dos cinco primeiros meses de análise há oito sonhos que serão apresentados pela analista e com as associações da paciente.*

A analista:

1º sonho: minha irmã voltou do exterior e meu pai lhe deu de presente um carro, e eu grito " injustiça, injustiça!" Acordo assustada.

2º sonho: o divã estava enviesado na sala de análise, e você (analista), com as mãos nos meus joelhos, dizia-me precisar de afeto e atenção, em um clima sexualizado. Na segunda parte do sonho, era ainda você, sua figura física, mas com a pele escura; os ombros estreitos eram como uma pessoa (tenta encontrar a palavra) raquítica?... Não, franzina... E era outro ambiente com outras pessoas e nós duas estávamos sentadas e falávamos.

Na sessão seguinte, Louise traz um sonho que ela detestou e conta com inúmeros detalhes. Em síntese é:

3º sonho: estava com uma enorme ave, pescoço sem penas, era uma galinha-d'angola? Ou uma galinha de Jô? Levo-a em uma loja para ser preparada, na Rua Pamplona, porém lá, não é loja de alimentares, e –, sim, de guarda-chuvas, parecida com uma loja próxima à casa da minha infância, que, na verdade era muito distante da Rua Pamplona.

4º sonho: estava em um caminho de terra com água dos dois lados e chego em um lago raso de águas claras, onde podiam se ver bengalas: a ideia era que pessoas velhas, passando por esse caminho, perdiam as bengalas pela dificuldade em atravessá-lo. Alguém as recolhia para restaurá-las. Um antigo desejo meu de restauração e de ter um antiquário.

5º sonho: "estava em um quarto, deitada como se estivesse adoentada, e minha mãe estava próxima e.... eu com a idade que tenho e minha mãe e meu pai, que chega em seguida, eram mais jovens. Meu pai beija minha mãe, belisca-a, abraça-a e excita-se, em uma busca sexual... Meu pai se afasta para ir tomar banho, se preparar para 'trepar' e chama minha mãe... Esta parece querer ficar comigo, e meu pai insiste em chamá-la e fica bravo por ela estar demorando, e por isso perdeu o 'tesão'!".

Na sessão de segunda-feira, uma semana após, traz dois sonhos:

6º sonho: estava na casa antiga de meus pais. Meu pai recebe e quer que fique para dormir um pintor-mendigo. Porém, eu sei que ele o está convidando, mas, na verdade, não o quer. Então, eu tomo a iniciativa – após ter superado a surpresa de como é possível meu pai convidar um estranho para dormir lá, para morar – e digo que não! Não vai ficar, não!

7º sonho: "um policial – que eu gostava no tempo de criança, era um ator – entra de moto em minha casa."

8º sonho: segunda-feira da semana seguinte (não tivemos sessão na quarta-feira por ter sido feriado, e, na sessão de quinta-feira, ela diz ter cometido um ato falho, e não chegou a tempo). Conta um sonho que teve na quarta-feira, feriado: "Eu estava com uma amiga, próximo de uma piscina, e ela põe uma tela de anteparo para que não caiam folhas na água, trazidas pelo vento, para não sujar a piscina. Na cena seguinte estávamos eu e você (analista), eu punha arroz em uma panela pequena e, à medida em que ia cozinhando, o arroz ia caindo fora da panela. Você e os outros me olhavam com crítica."

Meltzer: *esta narrativa se inicia com uma queixa porque a irmã ganhou um carro do pai, e termina com ela sendo criticada porque fez cair o arroz da panela. E, no meio da história, há uma evidência da inversão da dependência: a analista quer afeto e sexo, os pais interferem com sua sexualidade etc.*

É importante saber que essa paciente era vegetariana e que, no terceiro mês de analise, teve um episódio de vômitos com desidrae tação e perdeu uma sessão.

Durante as férias enviou um cartão-postal à analista que não chegou até ela reiniciar as sessões.

É importante também mencionar que, na análise anterior, ela dormiu no divã por um tempo longo. Suponho que ela dormiu no quarto dos pais por muito tempo: a partir da informação de ela ter dormido durante a outra análise e do material de inversão da dependência.

A analista agora nos dará as associações dos sonhos.

Analista: nos dois primeiros sonhos, não há associações.

No sonho da enorme ave (3º), ela diz que odeia carne de frango e que, quando criança, não comia carne, e há pouco tempo ela passou a comer.

Nessa época, sua mãe lhe pedia para comprar carne; ao chegar ao açougue ela suspendia a respiração por não suportar o cheiro. Lembra-se ainda que, ainda quando criança, uma amiga (menina ou mulher) correu ao seu encontro segurando um frango pelo pescoço, e ela ficou tão assustada que saiu correndo e foi bater em um poste e desmaiou.

Meltzer: *no sonho dessa grande ave uma imagem aparece: a ave com pescoço sem penas pendendo da mão da amiga provocou um impacto, a visão de um pênis nas mãos da amiga. É importante visualizar que o pênis e o escroto (a configuração da ave como foi descrita) estão confusos com o seio e o mamilo: ela está levando a ave para cozinhar, mas a loja vende guarda-chuvas. E isso leva ao sonho seguinte (4º), em que a cena dos guarda-chuvas retorna como bengalas de passeio. Entre estes dois sonhos ela teve um episódio de vômitos e teve desidratação e perdeu uma sessão. Então o sonho das bengalas na água, das pessoas velhas, podemos vê-lo como ligado aos vômitos na toilette. Ela vomitava todos os guarda-chuvas-pênis, esses pescoços de aves transformados em guarda-chuvas e que ela engoliu e depois vomitou. Ainda nesse sonho, ela tem a ideia de que alguém resgata essas bengalas para restaurá-las para as pessoas velhas, uma ideia de reparação que ela liga com a ideia que sempre teve de ter um antiquário. Pareceria um impulso reparativo, mas na verdade é uma falsa reparação, uma reparação maníaca, segundo M. Klein.*

Após esse sonho, as férias analíticas vão chegando, e ela decide sair duas semanas antes da interrupção programada por ter ganhado um bilhete aéreo para ver a irmã, que está no exterior.

Quando retorna ao trabalho de análise, ela pergunta por horários de reposição. A analista procura atendê-la, mas existem dificuldades de horário, e ela se torna sonolenta e deprimida. Louise cai em um estado exatamente como uma mãe que não entende nada de crianças e sente-se absolutamente destruída e repudiada porque as crianças (a analista) não festejam a volta e, ao contrário, lhe dão as costas com rancor.

A analista me informou (diz Meltzer) que esse período da análise é difícil; há um sentimento de decepção... (ela é uma boa mãe e as crianças não a apreciam), e é quando ela verbaliza que não sabe fazer análise e pensou em parar, e a analista lhe mostra tal movimento.

Neste contexto, aconteceu o 5º sonho, do pai que quer ter uma relação sexual com a mãe, os dois são mais jovens, mas a mãe não quer deixar a menina, e o pai perde a ereção.

Até agora, vemos nesse material a relação parte-objeto, em que mamilo e seio, pênis e escroto estão completamente confusos.

Vamos agora ver um interessante material com problemas de culpa, de quem é a culpa.

Analista: sessões após esse sonho, falávamos de seu modo de investigar responsabilidades, a propósito de um desentendimento com colegas de escritório, em que não teria culpa, pois ela não falhou! Ao dizer-lhe como é penoso para ela admitir que tenha participação no desentendimento, ela me conta que a loucura nunca foi reconhecida em sua família. Se dissesse que um tio (que era esquizofrênico) era doente mental, provocava hostilidade no pai. Mas, já deteriorado, foi internado por sugestão dela, e morreu no hospital! Ela sentiu culpa por essa morte. Lembra-se de ter atropelado uma menina de 11 anos, e testemunhas afirmaram que ela não teve culpa. Mas ela se sentiu culpada por ter ido à casa dos pais – que estavam viajando – a contragosto, para cuidar dos gatos.

Meltzer: *ela não suporta sentir culpa e sente-se vítima de um sistes ma que a empurra para sentir culpa. Transferindo isso à vida familiar, os pais são culpados de dar-lhe tarefas que ela não quer, eles são culpados por deixá-la dormir no quarto dos pais. Se ela está acordada, interfere com a relação sexual, e é culpa deles. Se ela finge dormir e observa a relação sexual deles, isso interfere com sua saúde mental, e é culpa deles.*

Ao ler novamente o 5º sonho (e o 6º): isto é absolutamente preciso. Pode-se ver a cena: o pai preparando-se para deitar-se com a mãe, e Louise vê seu pênis não ereto, mas ela sabe o que vai acontecer assim que ele se deitar: terá uma ereção para ter uma relação sexual com a mãe. Então, inicia a sua onisciência: ela sabe que ele não quer realmente ter relação com a mãe... ele não quer estar com a mãe. Assim ela se agita, faz barulho, e a mãe busca-a e leva-a em sua cama, e o pai adormece. Tal interferência onisciente é exatamente aquela em que ela transfere o tio ao hospital onde ele morre.

O seu estado de mente, de onisciência, e a interferência com sua sexualidade são culpa dos pais, porque ela não queria dormir no quarto deles, e também não queria ir tomar conta do gato enquanto foram viajar.

Agora o 7º sonho, "o policial – um ator bonito – entra em minha casa de motocicleta", mostra o que acontece quando ela finge dormir.

É o pênis ereto entrando dentro dela. *De nada de bom que acontece ela participa, e nada de ruim que sucede é culpa dela. Desse modo, a identificação projetiva produz essa inversão, com sentimento de onisciência: ela sabe mais do que seus pais, e esta é a história subjacente dos seus estados maníaco-depressivos.*

Os sonhos que vimos contam a história dos estados maníaco-depressivos. Terríveis confusões zonais ocorrem... Entre pênis, fezes, mamilo, bebê e a confusão entre boca, ânus, vagina, e que são totalmente intercambiáveis. É um material edípico pré-genital, a cópula é oral, os pais comendo-se mutuamente e a dificuldade de Louise com a carne. O sonho da ave segura pelo pescoço sugere que a visão que a impactou foi a da mãe sugando o pênis do pai. E isso nos leva ao sonho das bengalas e do lago, o sonho que acompanhou a experiência dos vômitos... Um bebê que suga o peito, e o mamilo é confundido com o pênis, e assim o bebê não introjeta o peito, mas rouba o pênis. Isso eu escrevi no paper "A contribution to the metapsychology of cyclotymic states".

Quanto à natureza da onisciência, podemos considerar a descrição de Bion baseada na transformação em alucinose, e em meu livro Studies Extended Metapsychology, *há um capítulo que ilustra como a transformação em alucinose opera: as percepções do mundo externo são registradas internamente e imediatamente destruídas e expulsas no mundo externo, que se torna cheio de objetos destruídos, e as experiências da paciente são que ela perceba com absoluta certeza o estado de destruição desses objetos do mundo externo.*

O outro tipo de onisciência vem da identificação projetiva, principalmente com a mãe, em que a paciente olha por meio dos olhos da mãe interna (ver The Delusion of Clarity of Insight).

*Outro tipo ainda de onisciência, que é um tipo de estupidez devido à negação da realidade psíquica, é a falta de imaginação diante de uma situação (*one track mind*).*

A experiência de supervisão que tive com Meltzer levou-me a aprofundar o estudo da vida onírica e a trabalhar consistentemente nos sonhos de pacientes em análise (desde 1988).

Partindo dos conhecidos referenciais psicanalíticos *Uma teoria do pensar* (*reverie*/função alfa) (Bion, 1962/1991) e *Dream life*

(Meltzer, 1984), chegamos ao seguinte: O sonhar é um pensar inconsciente em vigília e no sono que chamamos *processo onírico*.

O desenvolvimento da personalidade depende de pensar acerca das experiências emocionais, e estas têm de ser transformadas em significados que são símbolos. O processo de buscar representação das experiências emocionais pela função alfa acontece se estamos em condições de tolerar os significados resultantes. Se a dor psíquica não for tolerada, o processo de transformação é suspenso, canibalizado, produzindo objetos "indigestos", bizarros e, por que não, pesadelos.

O primeiro significado (*meaning*), o primeiro pensamento da experiência emocional é uma imagem onírica (elementos alfa visuais), e sobre esta se apoiam todos os outros níveis de pensamento mais elaborados, segundo Meltzer.

No "O sonhar como um pensar inconsciente" (quarto capítulo de *Vida onírica*, de 1984), ele descreve o processo onírico como um pensar (não verbal) as próprias experiências emocionais profundas, um pensar pré-verbal, como o brincar de uma criança ou como as ações elementares de um bebê. O trabalho de análise de um sonho assim definido é comparável ao trabalho mental que uma mãe realiza quando toma a confusão que o bebê projeta nela, elabora-a e reordena-a, tornando-a "inteligível".

É como ajudar alguém, diz Meltzer, a colocar a peça do *puzzle* que coincide com o espaço vazio para que apareça o sentido. O analista, ao tomar um sonho do paciente, ajuda-o a transformar um pensamento por imagens em um pensamento verbal. Meltzer acredita então que ajudamos a transformar uma forma simbólica em outra, uma linguagem predominantemente visual em outra verbal, e prefere chamar esse trabalho de "formulação de um sonho". Esse trabalho é visto por Meltzer como tendo dois momentos: o da conversação acerca das cenas do sonho e suas associações, e o momento da construção de um significado. Meltzer vê essa exploração conjunta paciente-analista como o aspecto artístico e criativo do trabalho analítico.

Como fazer a "leitura" de um sonho partindo de uma linguagem predominantemente visual? E que relação pode estabelecer entre as formas simbólicas visuais e as verbais?

A psicanálise contemporânea vê a formação da linguagem e dos símbolos, no domínio verbal, funcionando em dois níveis:

- um nível atuando a partir das profundezas do inconsciente – responsável por transmitir estados de espírito por meio da identificação projetiva;
- outro nível atuando a partir do consciente, que sobrepõe palavras à música profunda inicial (laleios etc.) com o propósito de comunicar informações sobre o mundo exterior.

A maneira pela qual se entretecem a música (profunda) inicial, as imagens visuais e os significados verbais compõe uma "espécie de fuga" com aspectos visuais manifestos.

Atualmente, entendemos o sonho noturno como uma "ruminação", uma tentativa de digerir, enfim, de elaborar experiências emocionais da vida quando estamos acordados.

Vejo que os elementos visuais do sonho às vezes são tirados de cenas que foram vividas em vigília e que aludem a uma emoção-não-digerida e que não está consciente.

A formulação (interpretação) de um sonho, durante o processo de análise, seria, então, uma resultante de uma transformação das imagens oníricas em linguagem verbal para tornar possível alcançar seu significado.

Para exemplificar a interação entre as formas visuais e as palavras, escolhi uma sessão de segunda-feira dessa mesma paciente, vários meses após a supervisão de Meltzer.

No sonho que apresento a seguir, podemos constatar a presença de uma imagem onírica: a garrafa de Chianti, que equivaleria ao objeto pênis-escroto (visto na supervisão descrita anteriormente). Outra imagem onírica, a escrivaninha (que corresponde à da sala da analista) com duas gavetinhas que possuem o segredo para ficarem fechadas (os esfíncteres – mamilos dos seios), mas que, no sonho, estão abertas, parece indicar que a experiência que a paciente teve da desmarcação da sessão foi igualada por ela a um seio em que os esfíncteres-mamilos foram "retirados". E, a seguir, ela está em um festim maníaco com estes mamilos-pênis-garrafas de Chianti. Essas imagens oníricas mostram, de novo, na estrutura simbólica a dificuldade de preservar internamente o objeto bom devido à tendência em denegri-lo e triunfar sobre ele. Vamos à sessão:

> *Ela chega na hora e entra satisfeita. "Parece que faz tanto tempo que não venho aqui...", ela diz. (De fato, na quinta-feira anterior, sua última sessão, não pude atendê-la e, ao avisá-la disso durante a sessão de quarta-feira, ela não conseguiu encontrar um horário de reposição. Embora eu sentisse uma hostilidade encoberta, não foi possível falar-lhe, porque ela se "retirou" em um silêncio-apagamento que, em sessões anteriores, ela descreveu como "estado de sonolência", em que ouve, mas sente-se longe, e não consegue responder).*
>
> *Em seguida, conta um sonho que teve de domingo para segunda-feira, dizendo que percebeu as cores do sonho como importantes e que notou que sonha em cores; já devia acontecer antes da análise, mas agora ela percebeu:*

"Era um clima de guerra... parecia de alemães ou italianos... e uma fuga de guerra... muita gente... eu era jovem... e me lembro bem; que meu pai estava lá, talvez toda a minha família... e chegamos num lugar como se fossemos ficar... e um quarto que iria ser meu quarto, enfim, onde eu iria ficar... havia uma escrivaninha, lindíssima, cor de vinho, estilo meio inglês, grande, com duas gavetinhas que poderiam ser fechadas como cofre, com segredo. (Depois explicou que estavam abertas e tenta me descrever a escrivaninha que estava tão nítida em sua mente que poderia desenhá-la... algo que ela sempre gostou e sempre quis ter...) Mas daí tínhamos de ir embora, entrando num trem, ou num ônibus, talvez um trem-comboio grande... muita gente...

Havia homens uniformizados... pareciam italianos, uniforme composé, assim, azul-marinho com listras brancas ou com bolinhas brancas, era talvez o bilheteiro... se juntaram com o manobrista, o condutor... para tirar uma foto, e eu vendo-os juntos para a foto, era engraçado, pareciam palhaços... o clima era italiano. Havia... em outro momento que não lembro, vinho Chianti, aquela garrafa com palha..."

Engraçado, eu falei vinho nas garrafas e escrivaninha cor de vinho... algo comum...

As associações da paciente foram: alemã ou italiana diz respeito à analista.

Sentiu angústia no trecho do sonho no qual tinha de fugir.

Sentiu ser bom e divertido o trecho da fotografia e do vinho Chianti...

Eu associo o sonho aos acontecimentos da sessão de quarta-feira: o clima de guerra, o silêncio e o clima de fuga quando se "retirou" em sua sonolência-incomunicabilidade... Havia uma ameaça no sonho da qual precisava fugir e que se transformou em bom e divertido no final do sonho, como fez no final da sessão de quarta-feira se despedindo com "até amanhã", embora estivesse informada que eu não poderia atendê-la.

As imagens visuais do sonho são:

1. clima de guerra e evacuação da população, ela e o pai;
2. um lugar para ela com escrivaninha lindíssima cor de vinho e duas gavetinhas;
3. encontrar o lugar, mas ter de abandoná-lo;
4. trem-comboio com homens uniformizados;
5. os homens como palhaços, tirando fotos, um clima italiano, vinho etc.;
6. a cor do vinho nos dois objetos: escrivaninha-gavetinhas, garrafa de vinho Chianti com palha.

No nível transferencial, a paciente parece ter tido uma experiência emocional (na sessão de quarta-feira ao avisá-la da desmarcação) que não conseguiu elaborar: retirou-se do contato invocando sonolência, não respondendo às minhas intervenções e, ao terminar a sessão, despediu-se com um "até amanhã", quando, na verdade, não iríamos ter a sessão do dia seguinte (quinta-feira). É possível conjecturar que ela tenha se sentido "expulsa de seu lugar", excluída pela analista, que estaria ocupando "seu lugar" com "outra coisa", e equiparou a desmarcação como "tendo sido expulsa do quarto dos pais pela chegada de outro" (outro compromisso da analista).

A primeira parte do sonho "conta" estas emoções: hostilidade, por ter se sentido expulsa até encontrar um lugar com algo há muito tempo desejado: a escrivaninha com gavetinhas-peito, o objeto original – peito, agora o peito-analítico. Mas esse lugar tem de ser novamente abandonado, e é obrigada a entrar em um trem-comboio, onde o clima é de uma reunião festiva com vinho, homens-palhaços, o que indica, com desprezo e triunfo, sua passagem do peito para o pênis.

É o que a imagem onírica cor de vinho parece indicar: os objetos parciais escrivaninha-gavetinhas e garrafa-com-palha-Chianti, seio e pênis.

A analista – seio – escrivaninha-cor-de-vinho está perdida, e ela está entregue a um pênis-garrafa-de-Chianti, que a põe em um festim maníaco no final do sonho, indicando seus estados maníaco-depressivos, devido à organização edípica pré-genital, que a mantém em um nível precário de simbolização.

4. Apreensão da beleza e o conflito estético

Este texto foi gerado a partir de várias contribuições de D. Meltzer e de Meg H. Williams e de vários contatos pessoais com ambos os autores, que foram construindo um sólido palco para mostrar que a psicanálise é uma forma de arte!

A caminhada iniciou-se com a contribuição de Meltzer à compreensão da formação de símbolos e da criatividade do indivíduo em "Além da consciência" e seguiu com *La aprehension de la belleza* (Meltzer, 1988/1990).

O impacto inicial da beleza externa da mãe – entendida como o objeto estético – leva ao desejo de conhecer suas qualidades interiores, o que dá início ao conflito estético.

Como esse conceito pode ser usado na clínica do psicanalista é uma questão que procuramos responder neste texto.

Prosseguimos indagando sobre a psicanálise como forma de arte e recorremos à formulação de Meltzer, que entende o processo analítico como um objeto estético.

Tentamos, por fim, abordar as diferenças entre os símbolos criados durante a sessão analítica e os símbolos criados pelo artista trazendo como exemplos alguns poemas de Eugenio Montale.

O conflito estético é o conceito que embasa o Livro *A apreensão do belo*, de Donald Meltzer (1988/1990), com a colaboração de Meg Harris Williams. Nesse livro, Meltzer expõe claramente a sua filosofia da mente.

Distintos elementos relacionaram-se entre si para resultar na sua formulação psicanalítica do "conflito estético". Estes foram: o trabalho clínico com crianças autistas; a observação Mãe-Bebê, técnica de Esther Bick; as leituras filosóficas sobre a formação de símbolos; a crítica literária, particularmente da poesia.

Na orelha do citado livro, Meltzer escreve: "Este volume foi crescendo ao longo dos anos quase como um projeto da família de Martha Harris, suas duas filhas, Meg e Morad, e seu marido Donald Meltzer". Ele tem suas raízes na literatura inglesa e em seus ramos que se agitam vivamente na psicanálise. Suas raízes na literatura inglesa: Shakespeare, Milton e Wordsworth, Keats, Coleridge e Blake são tão fortes como as ramificações psicanalíticas de Freud, Klein e Bion. Sua base filosófica é certamente Platão, Russel, Whitehead, Wittgenstein, Langer Cassirer e, na estética, Adrian Stokes.

Nesse livro, vemos a tentativa de se consolidarem tais ligações e de se encontrar uma relação mais construtiva entre psicanálise e literatura. Essa é uma das principais áreas de pesquisa que subjaz ao livro *A apreensão do belo*.

O conceito de conflito estético foi formulado pela primeira vez por Meltzer (1986d) em *Studies of extended methapsycology*; neste, Meltzer escreve que o material psicanalítico e a observação de bebês demostram, como os poetas, que o conflito estético em presença do objeto antecede os conflitos de separação, de privação, de frustração, aos quais tanta atenção tem sido dada.

Ter escutado por anos os seminários de observação de Martha Harris deixou em Meltzer uma profunda impressão do quanto é inadequado o modelo psicanalítico para descrever as complexidades e as matizes de cada relação inicial.

É o objeto presente, e não o objeto ausente, que desperta o conflito, e a mente infantil deve encontrar alguns meios para fazer a digestão. Isso está em consonância com o que os poetas demonstram e é a chave para ver o desenvolvimento normal como mais complexo do que a patologia. A nova ideia em qualquer fase da vida é sempre um reexperimentar a beleza do mundo, que, para o bebê, aparece em primeiro lugar em sua mãe, o objeto estético e é correspondido por ela. Meltzer (1988/1990, p.22) descreve essa configuração original do conflito estético como segue:

> *Nenhum evento da vida adulta é tão calculado para despertar nossa admiração pela beleza e nossa estupefação diante dos intrincados trabalhos que chamamos Natureza como os eventos relacionados à procriação. Não há flor nem pássaro com esplendida plumagem que nos impõe o mistério da experiência estética como a visão de uma jovem mãe com seu bebê ao peito. Ingressamos num berçário como se entrássemos numa catedral ou nas grandes florestas da costa do Pacífico, silenciosamente e com a cabeça descoberta. As comovedoras conversas ao rádio de Winnicott há muitos anos, sobre "a mãe devotada comum e seu bebê", poderiam muito bem ser "a bela mãe devotada comum e seu belo bebê comum". Está certo usar a palavra "comum" com seus matizes de regularidade e costumes, em vez da*

> *estatística "média". As experiências estéticas da mãe com seu bebê são comuns, costumeiras e regulares, dado que acontecem há milênios, desde que o homem viu pela primeira vez o mundo como "belo". E sabemos que isso remonta pelo menos à última era glacial.*

Isso nos leva de volta, ele diz, aos inícios do *Homo sapiens*, que sobreviveu à idade do gelo e ao começo da mentalidade humana, e apresenta uma visão mais otimista da evolução do que algumas teorias, pois sugere que a experiência do homem com a beleza talvez não seja tão sem utilidade como possa parecer e de fato pode ser intimamente ligada ao crescimento da sabedoria e da capacidade metafórica e de literalmente sobreviver à Era do Gelo.

A primeira experiência de beatificação que Meltzer chama "deslumbramento do amanhecer" precede o recuo esquizoparanoide do conflito estético e, embora seja de curta duração e possa ser "esquecido", nunca é apagado da mente humana.

Após o impacto inicial da beleza externa da mãe, é o desejo de conhecer as qualidades interiores da mãe que desperta o instinto epistemofílico e que dá início ao conflito.

O vínculo K (*K-link*), o desejo de conhecer, diz Meltzer, usando a terminologia do Bion, "resgata essa relação do impasse"; é a reciprocidade estética que emana da mãe – inicialmente a mãe externa –, mas realmente é a mãe interna que fornece o recipiente mental para o engajamento do bebê na exploração do mundo.

A nova (estética) visão do embate interno agora depende não do prazer *versus* dor, ou até mesmo da inveja *versus* gratidão, mas da emocionalidade (estimulada pela beleza) *versus* antiemocionalidade (o recuo diante da beleza). Nas palavras de Meltzer (com base na sua leitura de Bion), o mental e o protomental agora competem pela "alma da criança".

Então, o conflito estético contém ou comporta a visão do crescimento mental como uma função estética fundada na reciprocidade interna a partir da resposta do bebê à mãe-enquanto-mundo, que é o protótipo de todas as explorações mentais sucessivas.

É a experiência complexa da beleza do mundo, junto com o desejo de conhecê-la, que coloca em movimento a atividade humana de formação simbólica, uma função do "nível estético" da mente (Meltzer, 1986c, p. 230). A divindade é inicialmente o seio, como objeto combinado, uma descoberta de Klein. O "objeto combinado", pais internos em conjunção, foi descoberto por Klein em seu trabalho com crianças. Esse objeto é fonte de confiança e de desconfiança, pois o impacto sensorial da beleza é seguido da ambiguidade do interior desconhecido e incognoscível da mãe. Em consequência, nascem as emoções amor e ódio, e as flutuações de tolerância fazem oscilar incessantemente o movimento do funcionamento PS-D. A estabilidade do funcionamento depressivo depende de ser capaz de tolerar a inveja e a destrutividade.

Brevemente apresento ao leitor Donald Meltzer (1922-2004), sua formação, sua carreira. Meltzer nasceu em Nova Jersey, Estados Unidos, e estudou medicina na Universidade de Yale e, mais tarde, no Albert Einstein College, em Nova York. Completou sua formação psiquiátrica em St. Louis, Missouri, e decidiu seguir psiquiatria infantil para acompanhar seu interesse pelas ideias de Melanie Klein. Em 1954, conseguiu obter uma passagem para Londres por meio da Força Aérea dos Estados Unidos.

Começou sua análise com Klein e, logo após, foi aceito para a formação na Sociedade Britânica de Psicanálise. Seus casos adultos foram supervisionados por Hanna Segal e Herbert Rosenfeld; e. em seguida, fez treinamento em análise de crianças, e foi supervisionado por Esther Bick e Betty Joseph. Foi muito influenciado pelo contato com Roger Money-Kyrle e Wilfred Bion, que acabaram se tornando seus amigos.

Alimentado pela riqueza do pensamento analítico da Sociedade Britânica, tornou-se analista didata e desenvolveu também laços estreitos com os psicoterapeutas de crianças da Clínica Tavistock.

Participou do Grupo Imago, que reunia distinguidos filósofos, psicanalistas e historiadores de arte, o que possibilitou aprofundar seu interesse pela experiência estética.

Seus escritos psicanalíticos despertaram interesse mundial, o que lhe proporcionou muitas oportunidades de viajar e ensinar principalmente na América do Sul e na Europa.

Em 1980, rompeu com a Sociedade Britânica, em consequência de desacordos com a organização da Sociedade e animosidades pessoais, e continuou a viver e praticar em Oxford. Manteve sua ligação com a Tavistock por meio de sua esposa, Martha Harris, que dirigia a formação em psicoterapia infantil.

Seu primeiro livro, *O processo psicanalítico* (1967, edição inglesa; e 1971, edição brasileira) sinaliza seu interesse na descrição clínica da evolução e vicissitudes da relação analítica. Seu foco, do qual não saiu, é no mundo interno do paciente, a primazia da realidade psíquica. Seus livros posteriores exploram fenômenos clínicos com grandes detalhes por meio de material clínico próprio ou vindo de supervisões. São eles: *Studies in extended metapsycology* (1986), *Dream life* (1984), *Exploration in autism* (1975), *The apprehension of beauty* (1988), *The claustrum* (1992). Este último livro foi desenvolvido a partir de um *paper* muito apreciado e conhecido, apresentado em 1965 sob o título "A relação da masturbação anal com a identificação projetiva", em que ele definiu uma forma intrusiva de identificação projetiva relacionada a uma falha no verdadeiro desenvolvimento, com confusão de identidade, levando a uma personalidade que evita a consciência da dependência em relação ao objeto.

A ênfase de Meltzer na dimensão estética da vida e do trabalho analítico é uma atitude evidente desde seu primeiro livro e abriga sua concepção da psicanálise como arte. Sua antipatia pela complexidade confusa das instituições e da política é por elas interferirem na criatividade individual, que é o que importa para manter viva a psicanálise. A esse respeito, vale a pena ler o capítulo 17 de seu livro *Studies of extended metapsychology*, que, em espanhol, tem o título *Una diatribe a la Swift*.

A formulação do conflito estético nos leva a crer, diz Meltzer, que a psicopatologia pode ser considerada como um retirar-se do conflito estético.

Qual seria, então, o uso do conceito "conflito estético" no trabalho do psicanalista?

A partir de Melanie Klein, a relação analista-analisando tem tido como um modelo a relação Mãe-Bebê, o que a nosso ver já traria implicações estéticas (Mélega, 1996d). E como pensar acerca das emoções ambivalentes que são a base do conflito estético?

Bion, ao contribuir com sua teoria dos afetos, nos termos de emoções L H K (amor, ódio, conhecimento e compreensão) e antiemoções –L, –H e –K, sugeriu que nos interessa pensar é nas experiências emocionais que suscitam esse conflito entre as emoções e as antiemoções. Meltzer, em seu artigo "Além da consciência", expõe os significados das antiemoções: a antiemoção –L significa menos amor, antiamor, puritanismo; significa oposição à alegria e prazeres nas relações intimam; –H, menos ódio, antiódio; significa na prática hipocrisia, em que odiar a não verdade não é o mesmo que amar a verdade; e –K, o anticonhecimento, é algo conhecido como filistinismo, oposição a qualquer pensamento novo pelo fato de ser uma ideia nova.

Para o poeta, as emoções de amor e ódio são vistas como nossa reação inata diante do impacto da beleza e da verdade; a beleza e o conhecimento verdadeiro são inseparáveis, como diz Keats, "a beleza é verdade e a verdade é beleza". Mas o objeto estético evoca emoções ambivalentes.

Ao pensarmos no processo analítico como uma forma de arte, teremos de avançar na formulação de que o analista seria a mãe-objeto estético como continente, e os sentimentos do paciente, como conteúdo, inicialmente proposto por Klein.

Na nova visão, não seria o analista, e, sim, o processo analítico, o objeto estético em seu espaço de atuação, e o continente seria construído pela atenção seletiva, um espaço psíquico criado pela relação dentro de um *setting*. E esse espaço psíquico do encontro analítico é criado ou desenhado a cada encontro. Com essa compreensão é que podemos ver a psicanálise como uma forma de arte.

Meltzer considera o processo psicanalítico como um objeto estético por produzir uma concepção inédita do método psicanalítico como forma de arte, no qual duas mentes juntas leem esse objeto estético, e cada uma acrescenta o conhecimento de si mesmo.

E quais seriam os traços essenciais que estariam revelando tais formas artísticas no processo psicanalítico?

Seriam as estruturas simbólicas capazes de conter significados que de outro modo não conseguiriam ser expressos. Seriam descobertas, e não invenções.

Pensando no processo psicanalítico como forma de arte, sua arte, então, consistiria na descoberta de significados alcançados pela imaginação, que trabalha usando os poucos elementos de conhecimento existentes no campo analítico naquele momento.

Keats define esse movimento de descoberta como uma tentativa de agarrar partículas de luz no meio de uma grande escuridão (citado por Meg H. Williams, "O desenvolvimento estético", p. 181).

O sonho "vem socorrer" o analista, diz Meltzer, quando há uma pobreza de expressão, e assim movimenta a formação simbólica.

O sonho é um símbolo que dá origem a uma "forma de apresentação".

Decorrências de um conflito estético não superado por uma personalidade. A superação do conflito estético depende da capacidade negativa (Keats). É necessária a capacidade de tolerar a turbulência emocional de não saber e suportar soluções falsas, prematuras, e esperar que apareçam alguns elementos – aqui a observação é fundamental – por meio dos quais a imaginação possa levar a algum conhecimento.

Não saber o que vai à mente do outro e ter de imaginar com os elementos disponíveis necessita contar com uma base segura, estar seguro quanto ao seu bom objeto internalizado. Intolerâncias baixas à frustração ou instabilidade na internalização do bom objeto dificultam a superação do conflito estético, pois as antiemoções predominam, e a transformação das experiências emocionais em elementos simbólicos é pobre. A simbolização, força motora do crescimento da mente simbólica, pouco ocorre, assim como a criatividade da personalidade.

Essa situação é visível no acompanhamento de análises, mesmo em crianças, como é o caso de um menino de 8 anos descrito no trabalho "A child's vicissitudes over the Aesthetic Conflict" (Mélega, 2018).

Que diferença haveria entre os símbolos da sessão de análise e os símbolos do artista?

De fato, parece haver uma diferença na qualidade formal. No entanto, a necessidade primaria é a mesma: a de formular a experiência como algo imaginável. O sonho da sessão emerge da vida onírica de sentimentos pessoais; e o sonho do artista provém de sua capacidade intuitiva de reconhecer formas simbólicas de sentimentos, que representam sentimentos universais.

Introduzo agora a produção poética de Eugenio Montale (1896-1981), poeta italiano, Prêmio Nobel de Literatura em 1975. Em sua produção inicial, principalmente na coletânea *Ossi di Seppia*, seus poemas expressam uma inquietude psicológica diante da vida sentida como estranha, e a palavra como inútil. E, ao perguntaram-lhe acerca de sua inspiração, ele respondeu: "Tendo sentido desde o nascimento uma total desarmonia com a realidade que me circundava, a matéria de minha inspiração só poderia ser a da desarmonia" (citado por Mée lega, 2001).

Qual seria a origem dessa desarmonia com a realidade? Sugere conflito estético em elaboração?

Vejamos a última estrofe de seu poema "Traga-me o girassol":

> *Traga-me tu a planta que conduz*
>
> *aonde surgem loiras transparências.*
>
> *E exala a vida qual essência;*
>
> *traga-me o girassol enlouquecido de luz.*

Seria uma metáfora de desejar estar diante de um estado emocional e vivê-lo sem a defesa da antiemoção?

Montale, ao se referir ao momento da criação de um poema, diz haver

> *"uma certa ideia", mas muito obscura e imprecisa. E o ponto de partida é um impulso, não um programa. Durante o percurso, aquela certa ideia se transforma e aparece como irreconhecível. Podemos dizer, então, que o artista conhece a si mesmo somente ao completar sua obra, após ter lutado contra um obstáculo que, no caso da poesia, é a palavra, o meio expressivo. (citado por Mélega, 2001, p. 85)*

Em 1963, Montale reafirma: "O verdadeiro poeta não sabe aonde vai chegar. Se assim não fosse cairia toda a diferença entre indústria e arte".

Nós pensamos que tal afirmação parece mostrar que "uma ideia, embora muito obscura e imprecisa", é a primeira resultante imagética de uma experiência emocional, em que o evento externo foi favorável para promover uma combinação com o evento interno, e qualquer um dos dois pode ter sido o catalisador da combinação que levou à imagem.

Para o poeta, haveria uma elaboração própria que o afasta de sua vivência e, em um segundo tempo, tal experiência faz surgir uma estrutura simbólica, o poema. Assim, se compararmos o sonho do paciente cuja imagem apresentaria uma separação não aceita, forçada, no poema de Montale "Rilha a roldana do poço", o movimento seria de negar momentaneamente a separação por uma alucinação:

> *Rilha a roldana do poço,*
>
> *a água sobe à luz e aí se funde,*

treme um vislumbre no transbordante balde,

no puro círculo uma imagem ri.

Encosto o rosto a evanescentes lábios:

deforma-se o passado, faz-se velho, pertence a outrem...
Ah; o chiado da roda

te devolve ao negro fundo,

visão, uma distância nos separa.

(citado e traduzido por Mélega, 2001, p. 128)

Parte V

Algumas patologias à luz de novas contribuições

1. Estados obsessivo-compulsivos: um caso clínico[1]

Miro é um adolescente de 15 anos, que veio para análise com a seguinte sintomatologia contada pelos pais: ideia obsessiva de que os pais, iriam sofrer um acidente e morrer; rituais, atos compulsivos que estavam aumentando em frequência. Aos 13 anos, começou com tiques e "manias": balançar portas, soluçar, chacoalhar a cabeça. Quando está no trânsito, por exemplo, no caminho para a escola, é angustiante estar perto dele – "fica com muitos tiques", diz a mãe. Quando os pais saem, fica preocupado obsessivamente por medo de acidentes. Controla a mãe. Querendo saber o que vai fazer a toda hora. Se ela fica séria, ele "se preocupa, quer saber o que eu tenho e quando eu saio ele fica aflito", diz a mãe quando volta da escola, chuta a porta, aflito para entrar... Joga os cadernos, sem cuidado. Depois, fica se sacudindo alguns minutos. Para ir à escola, é a mesma coisa: fica falando "não é para pensar em nada, né, mãe? Não pensar nada". E a mãe responde que é para pensar em coisa boa. Ele, atualmente, faz sujeira para comer, derramando

1 Publicado em *Psicanálise de crianças: relatos à luz das teorias de Klein, Bion, Meltzer*, Roma: Ed. Universitarie Romane, 2017.

comida e água na mesa. Para adormecer, é preciso a mãe falar-lhe que ela está do lado dele.

Sempre que vou chamá-lo na sala de espera, a mãe é a primeira pessoa que encontro, e ele está sentado em um lugar de onde eu só consigo ver os pés dele. Ao ouvir seu nome, levanta-se e vem na minha direção, andando em movimentos escandidos e rápidos, como um autômato, e muitas vezes tenho a sensação de que, se eu não andar rápido pelo corredor até a sala, ele vai me atropelar. Ela entra, senta-se no divã, enquanto fecho a porta. Quando finalmente me sento, ele me olha, cumprimenta-me com um "como vai?", ao qual respondo com um aceno ou sorriso, e, então, abaixa a cabeça, parecendo pensar em algo. Muitas vezes, faz gestos com a cabeça; ou pisca os olhos; ou movimenta a boca, como se estivesse comendo algo; ou balança a cabeça, em um sinal de "não"; ou, ainda, faz um gesto brusco para abaixar a cabeça. Ou faz tudo isso junto em sequência. No início da análise, ele tenta manter as sessões ligadas uma à outra, como capítulos de uma novela, por exemplo, continuando o assunto da sessão anterior, ou questionando as minhas intervenções anteriores, ou, então, usando, sessão após sessão, uma mesma estrutura narrativa ou de conteúdo para dar início ao contato verbal. Por exemplo: "Hoje na escola aconteceu..." ou "Hoje fui dormir muito tarde...".

A ideia obsessiva da morte da mãe surge a qualquer momento, e os rituais são gestos e mímicas faciais que, para ele, têm a qualia dade de transformar a morte da mãe na morte da avó, a morte da avó na morte dele, e aí ele pode parar.

A conversa dele gira em torno dos rituais, pensamentos da morte da mãe e preocupações escolares, e a minha conversa é de como ele se sente amedrontado e como toma cuidado para evitar acidentes ao se relacionar comigo, e como é difícil para ele perceber o que se passa com ele aqui. Ele me faz pensar o quanto não pode reconhecer a sua capacidade de fantasiar, que é vivida como realidade, e, para tanto, de que tomar "medidas reais", por exemplo, fazer os rituais. O que eu fui lhe revelando como suas emoções na relação comigo eram sentidas como críticas, e ele queria que eu provasse como tinha chegado àquela conclusão. Ele não podia admitir a existência de uma mente funcionando independentemente de seu controle e assustava-se ao perceber estar falando comigo a respeito dele, e eu ouvindo e tentando compreendê-lo.

No nível consciente, ele explica suas dificuldades e seus rituais como "costumes" e vê suas emoções como reações a algum acontecimento externo. Ele tem a ideia de ser um "recipiente cheio daquilo que colocam nele". Seu campo vital está muito restrito no momento, ocupado com os rituais e com estudar "para ser alguém na vida" (palavras dele). Aos poucos, com a diminuição das ansiedades catastróficas e pela oferta de um continente que acolhe as suas identificações projetivas e busca compreendê-las, Miro passa a mostrar-se receptivo, ouvindo-me e olhando-me embevecido, abraçado na almofada, fazendo movimentos rítmicos de embalo, como se estivesse sendo ninado pela minha voz. Penso que o contato reassegurador para ele se dá em nível sensorial, e várias vezes ele me informa que nem consegue ouvir ou entender o que lhe digo. A possibilidade de experimentar emoções dentro da relação analítica lhe permite ir discriminando fantasia de realidade.

Penso que estamos diante de uma transformação da transferência; agora, aparecem elementos de uma relação objetal parcial, boa, com o seio: ele me experimenta como um seio bom (e idealizado). Na medida em que pode ir discriminando ele do outro e ele de seu objeto interno, ele se percebe "louco" e tem um sentimento paranoide de ser esvaziado do bom; ele é bom, e o objeto é ruim, e quer esvaziá-lo e ficar com suas boas qualidades.

Podemos ver isso, por exemplo, no fragmento de uma sessão, decorridos dezesseis meses de análise. Ele está fazendo continuamente os rituais, os gestos, os tiques, e é realmente aflitivo vê-lo tão angustiado; e começa a contar o que resumo no seguinte: que um colega da escola, de quem ele não gosta, bateu na cabeça dele, e ele ficou pensando que, desse modo, o colega tirou "tudo de bom dele" (que talvez fosse a inteligência). Quando lhe mostro que o vejo ameaçado aqui comigo, ele diz: "Estou tendo a sensação de estar ficando vazio... Que, à medida que vou falando, falando, vai saindo tudo de bom de mim... Que há momentos em que eu penso que a análise é uma farsa... Todos estão contra mim... Para obrigar-me a falar... E tirar o bom de mim... minhas qualidades...".

Eu penso que essas vivências expressas em um nível tão corporal indicam que ele vive suas experiências emocionais como físicas; que as boas coisas dele são as fezes de seu interior, e que ele sente o relacionamento como perda, como estar sendo esvaziado de suas fezes. Essa sensação de perda ao ser olhado ou tocado – que ele pode desfazer onipotentemente olhando de volta ou tocando de volta para recuperar as "qualidades" tiradas (roubadas) – mostra a fantasia onipotente na sua maior "crueza". A fantasia, para um bebê, diz Melanie Klein, é a sensação de estar levando a cabo a ação desejada, e esse sentimento vem acompanhado de uma excitação física correspondente em certos órgãos (boca ou musculatura), e mais tarde surgem as representações plásticas ou verbais. As fantasias são projetadas, são evacuadas, descarregadas pelos lábios, dentes, boca, olhos, mãos, pernas, respiração etc.

Há um período muito nítido em que essas ansiedades paranoides se acentuaram, em que ele relata, por exemplo, que a mãe anda estranha com ele, escondendo-lhe conversas que está tendo com o tio que, quando ele se aproxima, os dois param de conversar... Ele tem a impressão de que a mãe fica falando dele, dos rituais dele; e que ele faz análise porque está louco. Nesse período, há um aumento dos rituais, que, segundo ele, acontecem principalmente na escola, e um aumento da resistência ao contato comigo. Sente-me veiculadora de algo que o faz sentir-se "louco". Há sensações muito presentes de perda de "qualidades", sentidas também como medo de perder "uma massa" da qual se sente cheio, e ficar sem nada, vazio, bobo. Ele diz que está fazendo os rituais pela sensação de "perda". Ele se lembra de que, quando tinha 9 anos, a irmã lhe disse que as células do corpo eram constantemente perdidas, mesmo quando se estivesse falando ou esbarrasse-se em algo, e isso o impressionou muito, a ideia de perder partes do corpo sem que ele pudesse controlar.

Em uma sessão do segundo ano de análise, ele ficou inicialmente dez minutos em silêncio, olhando-me de vez em quando, e, em seguida, disse-me que é difícil falar. "Senti aquele negócio de olhar e perder alguma coisa, como dizia ontem, como se fosse uma massa que estou carregando, e vou batendo aqui e ali; e vai grudando, e, então, preciso voltar para "'recolher'"...

Eu lhe digo que o encontro comigo mostra-lhe que ele é separado de mim, e essa percepção o ameaça de perder a ideia de que estamos sempre juntos.

Ele permanece em silêncio um tempo e, por fim, diz que estava "sonhando", que havia um sujeito em uma ilha deserta, morava lá há muito tempo... Tinha nascido lá... e não sabia caçar... e tinha sacos, uma porção de sacos... Um dia, pôs um na cabeça e viu que, se não tirasse, ficava asfixiado... então, passou a usar os sacos para prender animais... ele tinha revólver, espingarda, bombas de gás para asfixiar, e não precisava usar os sacos... (faz uma pausa)... Primeiro prendeu uma avestruz, não sabe por que, talvez porque tenha pescoço comprido; e depois um urso. Que uma vez leu que os avestruzes podem comer os olhos das pessoas... Que o que brilha, ela pica e engole, e acharam um diamante dentro dela Irma Pick, durante supervisão, assim fala desse "sonho":

> *"Esse sonho parece a história dele do nascimento até agora: o seio como uma massa que alimenta e como um saco que asfixia a mente... serve para ele não se ver. O olho usado para negar a separação dos objetos... O avestruz vê e vai pegando qualquer coisa... está aí a ideia que ele faz de um bebê que pega qualquer coisa com a finalidade de não se sentir vazio: vai agarrando essas coisas e pondo em sua mente. As outras armas do sonho parecem aludir à agressividade e à destrutividade de um bebê que ficou esperando expressar sua raiva e seu ódio. Se ele pudesse expressar isso e sentir que tem um seio analítico que recebe seu ódio e que sobrevive, ele poderia construir algo de bom dentro dele em vez de enfiar um saco na cabeça (os rituais); ele poderia pôr um analista vivo dentro dele."*

À medida que progride a análise, ele vai contando lembranças de quando era menor: que tinha medo de adormecer sozinho, pois podia ser roubado e levado para longe da mãe, e que sonhava com frequência que estava sendo arrastado para longe, ou que tudo ia se transformando em cobra: as pessoas, o chão, o mundo. Nesse mesmo período, a mãe de Miro tem uma conduta no consultório que dura quase um ano. Correlacionei tal conduta da mãe com o movimento de Miro de perceber-se separado da mãe, de ir percebendo e discriminando a realidade interna e a realidade externa. A conduta da mãe consistia em deixar pequenos recados, às vezes ameaçadores, na sala de espera, ou deixar sinais que significavam morte, por exemplo: cruzes, pedaços de pano preto, balas de revólver, ou que levariam à morte, como "despachos e macumbas"; ou escrever no espelho do banheiro com batom, fazendo altares com velas, trazendo sabões, fitas etc., e levando meus sabonetes e revistas.

Essa atuação da mãe acarretou uma interferência no *setting* por uma questão prática de manutenção do ambiente do consultório e por uma questão de incluir ou não tal situação no trabalho com

Miro. Eu tinha de fazer uma limpeza da sala ou do banheiro, quando o horário me permitisse isso; desviava minha atenção quando, ao ouvir os passos da mãe no corredor, perguntava-me o que ela estaria fazendo no banheiro; e principalmente como utilizar essa interferência da mãe. Deixar essa situação excluída da relação analítica com Miro e tratar de fazer a minha elaboração? Ou incluí-la? Miro não estaria percebendo essa movimentação da mãe e negando-a, já que não comentava nada a respeito?

Eu estava sendo "atacada", "ameaçada de morte" continuamente, e o que eu ia fazer com isso tudo? Chamei os pais para uma entrevista, a fim de poder avaliar em que nível estavam se dando as atuações da mãe.

A mãe conta que Miro está muito mais independente, menos assustado; mostra-se mais agressivo ("bruto") e também desordeiro, deixando muitas coisas para a mãe arrumar. Ela acentua muito que essa conduta dele lhe traz muito desconforto, apesar de ver outros aspectos dele, como de melhora das suas condições escolares e de estar se mostrando mais afetivo, manifestando-se por meio de abraços e beijos, coisa incomum, e de ser capaz ele mesmo de pegar sua comida e água, enquanto, antes, nem podia entrar na cozinha.

Não surgiu nenhum comentário ou alusão à atuação dela no consultório, e esteve bastante afável comigo. E, no dia seguinte, ela continuou as suas práticas no consultório. A mãe de Miro é uma *borderline*, com uma estrutura paranoide-delirante, e Miro, à medida que pôde ter mais distância dela, começou a ter crítica sobre o estado mental da mãe, comentando algumas atuações dela dentro de casa, como pendurar um pano preto na janela para espantar os vizinhos malcriados ou não atender o telefone, pois "já sabia que era perseguição dos vizinhos".

Nas primeiras entrevistas, a mãe acreditava que Miro estivesse com aqueles sintomas porque ela não cuidou dele com carinho, por ele ter vindo em uma época difícil: moravam na casa da avó materna, pois a firma do pai tinha sofrido falência. Logo depois, foram morar com a sogra, e a mãe se sentia muito humilhada pela família do marido e tratava de não dar oportunidade, cuidando da casa e deixando tudo em ordem.

Ele foi amamentado ao seio durante seis meses. Dormia embalado no colo da mãe. Aos 8 meses, iniciou educação esfincteriana e, até os 18 meses, não conseguiu controle. Ela brigava com ele para fazer cocô no penico e dava-lhe comida na boca até os 3 anos, para que ele não fizesse sujeira.

Aos 4 anos, foi para a escola, e lá teve uma crise de birra; não queria ficar sem a mãe. Sempre foi nervoso, brigava com todos e não tinha crítica dessa atitude indisciplinada. Demorava muito a fazer as lições, precisando que a mãe ficasse ao seu lado o tempo todo, obrigando-o. Ele apanhava muito.

Durante a análise, Miro foi dando várias informações, lembranças de quando era menor, e que, unidas, formam como que a "sua teoria a respeito de sua doença". Disse que, quando era pequeno, queria descer a escada ao contrário, e a mãe falava para ele não fazer assim, senão o pai morria; então ele acha que a mãe o influenciou, porque é muito supersticiosa. Ele disse que, quando era pequeno, falava que era o "centro de tudo", que o mundo e as pessoas existiam porque ele existia... que o que pensava se realizava... como um Deus. Pensava que era de outro planeta e que tinha vindo à Terra para salvar as pessoas. Ele podia controlar tudo, a vida e a morte. Que, nessa época, tinha os rituais de poder, por exemplo: quando abrisse aquela porta, iria acontecer... (o que estivesse desejando). Depois "apareceram" os pensamentos de que ele não tinha valor nenhum, e pensou em se matar. Em torno dos 9 anos, iniciaram os rituais para controlar e impedir os acidentes, mas logo passaram. Aos 13 anos, voltou tudo mais forte...

Parece-me haver uma cisão intensa em sua personalidade: ele conversa comigo sobre as provas com grande esforço, pois engasga com sua própria respiração fazendo barulhos na garganta, e sua fala se torna pastosa e contínua, sem ritmo, unindo uma palavra à outra (como alguém embriagado), sendo difícil compreender o que diz, e os movimentos da boca dão a impressão de que ali é o lugar onde ele tem de decidir expulsar aquelas palavras ou engoli-las.

É observável, e ele mesmo confirma, que, enquanto conversávamos, ele tinha as "ideias" e fazia os "rituais".

Trago um fragmento de uma sessão para exemplificar o que estou tentando dizer:

Ele parece angustiado, e fica em silêncio alguns minutos. Digo-lhe que o vejo em dificuldade em estar comigo.

Ele diz que está "estranhando"...

Digo que talvez seja uma alusão ao intervalo mais longo sem análise (uma semana dos feriados da Páscoa).

Ele diz que sim, mas que, apesar disso, não tinha interesse em vir, e até imaginou uma justificativa de estudar para não vir à sessão.

Digo que talvez ele tenha me culpado pelo longo intervalo...

Ele faz um aceno concordando, bastante sério, como se estivesse "mergulhando" em alguma emoção, então; diz para mim que estava se sentindo em xeque, como no xadrez, como se eu ameaçasse seu rei, e, agora, estava pensando em como se defender de mim com alguma jogada.

Enquanto ele fala, faz trejeitos com a boca, como se estivesse mastigando algo, e aponto-lhe que observei.

Ele diz que estava fazendo os rituais.

Eu lhe digo que ele se sente ameaçado em estar comigo e que desligou-se para estar com os pensamentos e rituais.

Ele ouve e fica em silêncio. Após alguns minutos, diz que tinha imaginado uma historinha: "A senhora como analista da Idade Média, e eu, um troglodita ou um *viking*... a senhora me acorrentando para me controlar, para eu ir me adaptando à vida em sociedade...".

O ritual de Miro é para se retirar da relação e afastar seus sentimentos "assassinos" ao atacar a percepção do objeto e dele mesmo, indo para o "sonho"... E, na relação, aquilo que está no sonho está acontecendo, está sendo vivido.

Cada ritual é algo presente atacante: "Eu não preciso do seu seio porque tenho o meu" (negação da dependência) e "vou fazer você sofrer, vou te matar".

O ritual acorrenta a violência, mas assassina a possibilidade de viver.

Esse sentido catastrófico em separar-se parece vir de uma experiência de perda importante. Parece que suas defesas contra a separação são autísticas, porque remontam a uma época da vida em que o bebê se refugia no seu mundo, alucina para não ter contato com a realidade frustrante ou com a ausência de objeto. Se um bebê não pode evoluir mentalmente para lidar com a ausência do seio, ele precisa estar constantemente atacando a realidade toda vez que essa ausência aparece. Ele cria um sistema de ilusão, vivido por ele como "presença contínua". Com a evolução da relação analítica no sentido do intercâmbio real aumentado, dá-se um incremento das ansiedades persecutórias, pelo medo de ser esvaziado, de perder... perder um estado mental que ele experimenta concretamente como perder massa... e que penso ser perder o controle onipotente e ser invadido por estados emocionais intensos com os quais ele não pode lidar e que descreve como "de estar se diluindo"...

Conjecturas

Miro descreve "sensações" que me parecem corresponder a estados de não integração (Bick), sensação de estar sendo esvaziado, sensação de que, se esbarrar na porta, ele perde massa; sensação de diluir-se, de roubarem-lhe qualidades ao baterem em sua cabeça, de não poder olhar para uma pessoa de quem ele não gosta, para não ficar ruim como ela.

Miro descreve gestos, os rituais que combateriam essas "sensações", tentando a sua integração psíquica por objetos, substitutos de uma relação viva continente. Corresponderia a uma segunda pele (Bick).

Ele mostra que o contato com a realidade desperta emoções nele, que ele equaciona como ameaça de morte, como esvaziamento, como diluição, como perder a massa, e defende-se dessas ameaças com os rituais. Desse modo, experiências de confrontação da fantasia com a realidade não são possíveis, porque a fantasia está em um grau de onipotência que não pode ser experimentada e sentida como catastrófica.

Eu considero que a cisão extensa esteve mantendo certo equilíbrio à custa da não evolução de certos aspectos de sua vida mental, mas, agora, há uma ameaça de invasão, e a barreira de contato se desfaz, havendo confusão entre sonho e vida desperta. O ritual tenta manter a dissociação como um substituto de uma barreira de contato que tem que ser repetido e repetido, pois é um elemento sensual, apenas.

Nota: Miro interrompeu a análise em 1982, já cursando a faculdade de Engenharia (Química, se bem me recordo). Enviou-me o convite de sua colação de grau, ao qual respondi com um telegrama felicitando-o e desejando que usasse seus progressos para ser feliz. Não tornamos a nos ver.

2. Pós-autismo: caso clínico[1]

Por meio de um exemplo clínico de um menino que teve um episódio autístico aos 18 meses e iniciou a análise aos 12 anos, a autora tenta mostrar os movimentos do paciente e do analista no sentido de ir construindo uma relação analítica. Ela descreve algumas das dificuldades em estabelecer essa relação pelo estado de mente do menino que se opõe a qualquer reciprocidade. A autora constata que há uma comunicação pré-verbal primitiva do menino que consiste em fazer o analista sentir o estado de mente dele quando se retirou no autismo, que é de impotência e de desesperança por não estar sendo levado em conta. Essa comunicação quase levou o analista a interromper a análise, por não ter percebido que ela estava sendo solicitada a viver uma relação, como se fosse uma relação inicial mãe-bebê.

Essa é a contribuição de um jovem analista ao tema do Congresso "The Psychoanalyst at Work", justamente mostrando, por meio de um exemplo clínico, os movimentos do paciente e do

1 Original do meu artigo publicado na *Revista da Associação Psicanalítica Argentina* (APA), 1984.

analista para ir construindo uma relação analítica. A análise com esse menino, entre tantos outros enriquecimentos pessoais, mostrou-me como é importante desenvolver a capacidade de usar a comunicação pré-verbal primitiva para a construção da própria relação analítica.

Primeiros encontros com Mauro, "o repórter-comentarista-ator"

Quando recebi Mauro para analisá-lo (em 1978), sabia tratar-se de um menino de quase 12 anos que apresentava séria dificuldade de contato com a realidade, séria perturbação no aprendizado e que, próximo dos 2 anos de idade, apresentou um comportamento autista.

Ele esteve em uma escola especial como um deficiente mental, até que a própria escola suspeitou tratar-se de uma criança psicótica. Nessas condições, comecei a análise quatro vezes por semana, com a intenção de investigar do que se tratava.

Quando vi Mauro pela primeira vez, seu aspecto era "mole" e "desconjuntado". Os olhos me fixavam, mas pareciam "escorrer", a boca parecia "não segurar nada", e a língua, "solta" na boca; os braços e pernas, desarticulados, como uma "marionete descoordenada". A fala saía arrastada e sem modulação. Parecia uma criança com deficiência, que está lenta para o contato, que não vai ouvir, não vai entender e com quem não se pode contar. No entanto, assim que entra na sala, pergunta-me: "Já é quinze e quinze?" (horário daquela sessão). Olha-me, sorri, senta-se. Olha a caixa. Pergunta se vai ficar até as 16h. Pergunta se pode brincar com os bonecos (da caixa). Aproxima-se então e vai pegar o lápis, a borracha etc. Após ter visto e nomeado tudo que a caixa continha, repõe coisa por coisa de volta. Segura os bonecos para contar histórias durante algumas sessões, para, então, abandoná-los, e passar a falar no meio da sala, em pé, gesticulando, desarticuladamente batendo as mãos e andando e falando, como podemos ver a seguir.

Após o cumprimento da entrada, já no meio da sala, ele inicia:

> *Agora vou contar a história do tempo da Guerra dos Cem Anos, de Israel. Uma guerra que durou muitos anos e de que Israel participou foi a Guerra dos Cem Anos [emite sons de tiros, com os bonecos na mão]. Foi a guerra mais sangrenta de Israel. Depois, foi se desempenhando a guerra de 1478. Muito sangrenta. Em 1558, houve uma guerra muito violenta: as negociações de paz entre Arábia Saudita [solta gases] e Israel. Depois, não teve mais guerra, e acabou a história.*

Ele faz pausa e continua:

> *O tempo da Independência, porque a Independência não era proclamada... os movimentos precursores foram... eles começaram depois da guerra de 1658 e terminaram em 1758, com a morte do velho Stanti, um inglês que veio para Israel e se acostumou a falar a língua dos israelitas. Em 1758, proclamou a independência de Israel (Independência ou Morte). Depois, teve o reinado com suas fases, a fase um e a fase dois e... [Ele continua contando].*

Nota: a história é confusa, errada, historicamente falando. Parece que ele quer contar algo dele mesmo, mas necessita vertê-lo nessa linguagem.

E assim ele continua em uma sessão seguinte:

> *"tudo começou na pré-história. A aventura deles começou na pré-história. Aí, Deus criou o mundo. Aí, começaram os tempos de Adão e Eva. O velho era lavrador da terra, e a velha fazia sabe o quê? Só cozinhava, só cozinhava, só cozinhava. Aí, começaram os tempos de Noé. Aí, desde então, o velho começa a ter outra profissão. Era de colher de fogo, de fazer fogo, como na pré-história. Aí, depois, começam os tempos de Abrão. Nisso, o velho volta a ser lavrador da terra. Aí, depois, começaram os tempos de Jesus Cristo. E nisso, foi descoberta a Europa. Aí, então aquele velho e a velha falavam outras línguas, por exemplo, a língua portuguesa, espanhola, holandesa, sueca, francesa, inglesa e russa. Aí, começaram os tempos da Antiguidade. Aí, o velho e a velha queriam ter um filho, que nunca tiveram, nem mesmo na pré-história. Então, a velha deu à luz um filho. Esse menino viveu cem anos. Depois que ele morreu, os velhos ficaram muito tristes. E acabou! [pausa].*
>
> *"E aí, depois, começaram os tempos dos outros descobrimentos da Europa. O velho e a velha não só falavam sete línguas como começaram a falar outras línguas.*
>
> *"Aí, depois, começaram os tempos da Independência. Aí, o velho e a velha começaram a ter liberdade total. Aí, começaram os tempos da República. Nisso, o velho começou a ter mais educação, não maltratar a velha [Então, ele fala, olhando para mim]: "Quero saber tudo o que aconteceu em 1966!".*

Eu lhe falo que ele fez esse caminho até chegar a perguntar dele, de seu nascimento (ele nasceu em1966), dos seus pais, do que se passou. Ele não diz nada, deita-se e está cantarolando "Quem dá mais por um cara que ousou acreditar...". Fica esperando a sessão acabar e soltando gases.

Parecia-me que ele estava curioso e querendo saber dele mesmo, da tarefa dele comigo, e falando-me dos seus inícios; e também querendo saber de mim, de quem sou eu para estar com ele, e tudo isso camuflado na história, que me parecia um disfarce.

Com o progredir da análise, as vozes bíblicas vão cedendo lugar às fábulas, às apresentações radiofônicas, ao sono (passa a dormir em alguns períodos da sessão). E, quando, acorda, procura contato físico e aconchego com o divã, as almofadas, as paredes. Toca meus sapatos, pega no meu braço para olhar as horas. Digo-lhe, então, que, quando deixa de falar com a voz de apresentador, surge um menino pequeno que sente muitas coisas aqui comigo, e não sabe ainda como usar as palavras. Ele sorri é uma resposta ao que lhe digo que dificilmente acontece).

Quando ele faz as apresentações, eu tenho de permanecer ouvindo-o, sem interromper, como alguém da plateia; ele vai se agitando, balançando braços e pernas em movimentos parecidos aos de um fantoche que está sendo manipulado, articulado pelas cordinhas. Ele faz um programa ocupando todo o tempo da sessão. Eu devo permanecer um objeto controlado, uma presa de suas palavras. É difícil ficar "nesse papel"; sinto-me sem função analítica. Quando isso acontece, eu reajo.

Foi o que ocorreu, por exemplo, em uma sessão que ele passa à programação radiofônica (assim que entra na sala) e já dando a sequência de tópicos (músicas, comerciais, notícias, hora certa). Ele vinha repetindo há várias sessões essa programação, que só acabava quando terminava a hora. Nessa sessão, quando percebo-me esperando o próximo tópico acontecer, levanto-me (já que absolutamente não me dá a menor atenção quando lhe falo) e, no meio da sala, digo -lhe:: "Agora, eu vou contar uma história". Ele diz: "Agora não, só depois que eu terminar". Eu digo que hoje não vou arriscar esperá-lo terminar, e aí o tempo acaba. Então, a contragosto, ele se senta para me escutar; mas, assim que eu começo a falar, ele passa a berrar e a bater os punhos dizendo: "Não era para fazer isso agora!".

> *minha história: "Era uma vez um menino chamado Mário, que, quando se encontrava com Marisa, ficava apavorado e, para aguentar o medo, carregava junto, toda vez, uma história que ele conhecia muito bem do começo ao fim. E, enquanto ia desenrolando-a, ele podia ir examinando a Marisa".*

Sob violentos protestos dele, eu paro, e ele, agora está chorando, como se eu tivesse arrancado alguma coisa dele. Acalma-se e levanta-se para continuar a programação radiofônica, mas tem uma tontura, e apoia-se na parede. Aproximo-me dele dizendo-lhe que, se me ouviu, não está podendo fazer de conta que tudo continua igual entre nós. Ele choraminga e grita para impedir que eu continue e diz que eu estraguei tudo. Eu digo que sim, e pergunto se é como se lhe tivesse tirado uma chupeta. Ou um brinquedo preferido? Que ele precisa usá-los.

Ele, então, continua a apresentação, mas há um outro clima emocional agora. Há maior aproximação; parece-me ter sido restabelecida a continuidade de nosso vínculo. Parece-me necessário que ele mantenha um vínculo comigo por meio dessas sequências (rituais), e falar em si é, para ele, um objeto acompanhante. E eu tenho de tentar me comunicar com ele dessa distância que ele determina.

Dificuldades "técnicas", supervisões – teorização

A partir dessa experiência, fiquei mobilizada para encontrar "uma outra forma de me relacionar com ele", interrompendo-o e apontando-lhe a estrutura da relação que eu sentia que ele mantinha comigo, em que ele me "amarrava" em sua programação-história, não permitindo interferências de minha parte.

Como recurso para manter essa relação comigo, ele tinha uma programação estabelecida do começo ao fim da sessão, um contínuo bombardeio do seu incessante falar, às vezes muito alto, dramatizando os personagens com emoção, como um teatro. Outro recurso era uma atividade em que ele nomeava, agrupava ou fazia listas sem fim, do começo ao fim da sessão, atividade que eu considerava vazia de significado e de emoção. Sentia-me, muitas vezes, sem recursos para responder-lhe analiticamente, e meus sentimentos contratransferenciais eram de desânimo, ou mesmo de querer me livrar daquele "bombardeio".

Eu fazia tentativas de aproximação, colocando-me dentro de suas histórias, ou dramatizando e verbalizando "o papel" que ele me atribuía na transferência (bebê, aluno, ouvinte), mas eram tentativas inseguras e eram logo abandonadas por mim, pois a resposta dele era ignorar minha presença. Configurou-se, então, com grande nitidez, que eu era o representante (na transferência) de um bebê, "sem lugar", "sem poder ser ouvido", "sem poder se movimentar", "sozinho", sem ter a quem recorrer. Esse aspecto dele, de desamparo, de abandono, e a contraparte de repórter-comentarista (e tirano) desse bebê estavam agora, bastante discriminados. Havia dentro das programações-histórias alguns flashes com sentido mais claro. E se, por um lado, achei que não convinha dar atenção aos conteúdos, por outro, pus em dúvida se apenas focalizar a defesa ao contato e à experiência, mostrando-lhe muito mais a estrutura da relação que mantinha comigo, era o melhor procedimento.

Diante da dificuldade de manter-me dentro da minha função (pelos sentimentos que me despertava o contato com ele) e da insuficiência de meu "instrumental" técnico para perceber os significados emocionais das condutas dele, procurei "instrumentação" por meio de supervisões (Dr. Meltzer passava por São Paulo naquela época e aceitou que lhe enviasse material para que seguíssemos as supervisões das sessões com Mário).

Com essa ajuda, pude ir desenvolvendo-me nos aspectos técnicos e teóricos. Eu me familiarizei com o mundo de uma criança autista. O que teria se passado de tão trágico na vida desse menino para existir uma cisão tão grande em sua mente, separando um aspecto bebê-mudo de um outro aspecto mãe-repórter-comentarista?

No relato de vida contado pela mãe, Mário começou a ficar "estranho" após um susto que levou aos 18 meses. Estava brincando de correr e esconder-se junto com outras crianças, quando apareceu um tio na sua frente, e ele mostrou muito espanto e reagiu rindo e chorando com excitação crescente. Nos dias seguintes, sua conduta foi mudando: parou de falar e não olhava para outras pessoas, nem para a mãe. Ficava andando o dia todo, agitando os braços, que batiam nas orelhas, deixando-as vermelhas. Não se ligava em nada, parecia um boneco, só comia e andava, e sacudia-se quando ouvia música. Totalmente indiferente às pessoas, passou a apegar-se a objetos: latas, tampas, fitas métricas, vidros; e, depois, revistas, que segurava o dia todo; dormia com elas até se desmancharem (objetos autísticos; cf. Tustin, 1981).

A relação mãe-Mário parece ter sido difícil desde o início. O trabalho de parto foi demorado, em torno de dez horas, e ajudado por fórceps. Foi difícil ele pegar o seio e levava muito tempo para sugar; ela tentava até espremer o seio na boca para alimentá-lo mais facilmente. E, com 2 meses, passou para a mamadeira. Ele chorou muito durante os três primeiros meses, pareciam cólicas abdominais. Após esse período, acalmou-se e permanecia tranquilo, desde que a mãe estivesse ao alcance de seus olhos.

Desde o início, a mãe não o pegava no colo, a não ser na hora de amamentá-lo, pois tinha receio de acostumá-lo "mal". Acha que nunca foi uma criança alegre, mas parecia inteligente. Não precisava ficar com ele para adormecer, não reclamava quando a mãe saía do quarto, não pedia colo.

Ao que tudo indica, Mário teve um autismo infantil primário. Segundo Meltzer, esse estado interfere na formação da estrutura da personalidade e resulta em uma excentricidade obsessiva das relações objetais. A estrutura da personalidade tem duas dimensões (além daquela de Id, Ego e Superego, descrita por Freud) como organização funcional: a divisão entre *self* e objeto, e a organização do espaço vital com a geografia da fantasia em quatro regiões características: interna e externa ao *self* e dentro e fora dos objetos.

Essa organização da geografia do espaço vital parece ser de fundamental significação na psicopatologia da personalidade pós-autista.

O pós-autista mostra na relação analítica um objeto sem interior. Meltzer diz que é tentador imaginar que, durante os primeiros meses de vida, as crianças autistas foram expostas a um grau extraordinário de despreocupação materna, do tipo "o que entra por um ouvido sai pelo outro". Ocasionalmente, isso se corrobora pela história de uma severa depressão pós-parto da mãe, mas Meltzer está inclinado a buscar a solução do enigma na própria criança.

A minha impressão no caso do Mário é um pouco diferente. No meu contato com a mãe, observei que é uma mulher deprimida, afetivamente esquálida, e fez-me sentir várias vezes, quando falava com ela, algo difícil de pôr em palavras, que o que eu dizia "batia em uma parede e escorria no chão". Estou mais inclinada a ver um desacerto na relação mãe-bebê com fatores tanto do Mário como da própria mãe para se ter construído na mente do Mário esse objeto sem interior. Se bem que a mãe não tenha apresentado nenhuma história de depressão pós-parto, eu penso que ela tem um estado depressivo contínuo e que quase não pôde funcionar "sonhando (*reverie*) com seu bebê", mas muito mais respondendo a seus apelos com cuidados físicos.

A falta de habilidade para reter objetos tem um efeito equivalente ao de expulsá-los sadicamente como fezes, como nos estados maníacos, porém, com uma qualidade automática e desesperada, que pode chegar a um colapso depressivo. Meltzer está inclinado a ver nessas crianças também uma certa "abertura sensorial" que se experimenta como um bombardeio de sensações que compõem a dificuldade de reter. Assim, o processo ordinário de elaboração na fantasia (e nos sonhos) se torna ineficiente para o brincar e, portanto, para a aprendizagem. Como consequência, há um grau extraordinário de dependência não só dos cuidados, mas, também, das funções mentais do objeto externo.

Parece evidente que a qualidade de dependência observada no estado pós-autista é semelhante ao do recém-nascido que necessita do objeto tanto para atendê-lo como para que realize suas funções de ego. Pensando na concepção de Bion de *reverie* materna, no caso de uma criança autista, o que aconteceu de trágico teria sido o fracasso da dependência primária.

O fracasso em introjetar um objeto externo capaz de conter as partes do *self* (a pele; cf. Bick, 1987) não permite que se forme o conceito de espaço dentro do *self*.

A excentricidade obsessiva emerge de dois fatores na relação do *self* com seus objetos: a) o controle onipotente sobre os objetos; b) os ataques ao vínculo para separar os objetos e mantê-los mais bem controlados; isso é feito pela dissociação da consensualidade, que, em sua forma extrema, é uma operação essencial para a formação do estado autista, e seu uso parcial é característico da personalidade pós-autista. A preocupação é manter os objetos incomunicáveis, e promove-se também uma curiosidade acerca de como se unem as coisas e de como se previne a desunião.

Voltando ao relato de vida, Mário começou a falar em torno dos 12 meses; entrou em mutismo após o "susto" ocorrido aos 18 meses. Recomeçou a falar de repente e corretamente aos 5 anos, mostrando ter construído uma linguagem interior há muito tempo.

Segundo os pais, o nascimento do irmão, quando Mário tinha 3 anos de idade, começou a "despertá-lo para a vida". Mostrou desejo de ficar junto com a mãe e o irmão, comer sozinho e, aos poucos, a comunicar-se por gestos. Nessa época, a mãe manteve (por orientação de neurologista) um estímulo diário para que Mário falasse.

Ele apontava números e letras para a mãe nomeá-los e, ao fim de algum tempo, parecia saber os nomes, mas não os falava. Ele punha também revistas na mão da mãe e pedia que contasse histórias ou lesse os títulos dos assuntos. Mais tarde, ele passou a fazer isso sozinho e também a isolar-se contando histórias, fazendo uma espécie de teatro, sempre segurando alguma coisa nas mãos (fita métrica, revista, almofada).

Segundo Meltzer, a qualidade deficitária do *self* como continente (relacionada à falta de espaço interno no *self* e no objeto) aparece frequentemente na modalidade sensorial auditiva e sua relação com a função da linguagem. Parece ser o caso de "o que entra por um ouvido sai pelo outro", muito concretamente. Talvez aí esteja a origem da aparente surdez das crianças autistas e sua relação com o mutismo.

Com a melhora do quadro autista, quando a introjeção e a projeção são mais operativas, os ciúmes edípicos pré-genitais interferem no coito verbal dos objetos internos, deixando-os separados e silenciosos (isso mesmo quando a linguagem interna está se desenvolvendo).

Essa conduta de Mário, de contar histórias, como os pais referem, e como ele mostra durante a sessão, seria um sucedâneo do brincar. A criança usa brinquedos como instrumentos para os objetos da fantasia e do pensamento. Mas Mauro nunca pôde brincar dessa forma. Os brinquedos do Mário são as palavras (as palavras, para ele, são coisas, e não o que representam), mostrando que há uma falha evidente na formação dos símbolos.

O contar histórias para Mário, penso ser também uma autocontenção patológica. O desenvolvimento de uma "segunda pele" (Bick), em que a dependência é substituída pela pseudoindependência, como é mostrado na conduta do "repórter-comentarista", protege-o do desamparo, mas o mantém detido, pois obstrui a experiência emocional e sua sucessiva elaboração em símbolos.

Nessas condições, o uso da identificação projetiva para exercer o controle onipotente é uma precondição para a relação de objeto.

Contratransferência – como continuar a relação analítica

A relação de objeto só pode se dar mantendo-se um *split* enorme entre o que ele projeta em mim e o que ele desempenha, em que uma parte não dialoga com a outra, uma parte não se comunica com a outra. Isso, porém, não estava suficientemente "assimilado" por mim. Talvez por isso mesmo é que fiz vários "movimentos exploratórios", movida principalmente pelos meus sentimentos contratransferenciais. Uma exploração aconteceu no início de 1982, quando, em uma sessão, eu lhe disse que estava confrontada com alguém que não quer contato, que quer permanecer como é, e que, então, ninguém tem o direito de fazer nada com isso. Sugeri que ele revisse "o que ele realmente espera ao vir para uma análise" e pedi sua colaboração, "pois, de outro modo, não é possível trabalharmos juntos".

Ele respondeu que gostaria de deixar para pensar sobre isso no próximo ano. Eu passo a trabalhar, então, com esse "sinal" de interesse e disposição em todas as sessões. Trabalho no sentido de obter espaço para mim na relação com ele e de poder ter o direito de manifestar-me. Agindo desse modo, eu fui desempenhando talvez, a parte do bebê-Mauro que ele deposita em mim a cada sessão e que ele controla e sufoca, sendo ele a mãe-tirana que não lhe dá o direito de existir e de manifestar-se.

Até o momento, eu trabalho com essa "premissa" de obter espaço para mim e direito de existir, incluindo a necessidade de movimentar-me. Assim, quando eu dramatizo, dirigindo-me até a porta de saída porque ele está me expulsando pelo contínuo falar histórias e não me ouvindo, ele me segura e reconduz-me até a minha cadeira. Mas, assim que me "recaptura" e deixa-me na cadeira, continua suas histórias; então, eu torno a levantar-me e, assim, continuamos esses movimentos até que surja a possibilidade de eu falar e ser ouvida.

Aos poucos, a reação de fúria quando eu o interrompo vai se tornando menos intensa.

O outro movimento é agora em julho de 1982, quando várias indagações me surgiram: essa relação é analítica ou eu estou sendo a *baby-sitter*? Estaria eu obstinadamente tentando remediar o irremediável? Há quatro anos e meio buscando contato com ele, e ele se negando? Foi então que eu lhe disse ser impossível eu continuar sua análise porque ele se recusa ao contato comigo, pois não quer saber do Mário-bebê. Ele diz que não quer parar... Pergunta se "eu quero me livrar dele" e conclui dizendo que o que eu lhe disse "é perfeito para um teatro".

Eu lhe mostro que, nesse momento, minha posição é evidentemente real, mas, para ele, eu sou real quando atuo sua parte-bebê (quando eu o escuto, eu o seguro para não me chutar...).

Na semana seguinte (julho, 5 a 8), ele evita ser o repórter. Entra, cumprimenta-me e deita-se, cobrindo sua cabeça com a almofada que habitualmente segura enquanto é repórter. Ele parece bastante preocupado, e seus olhos estão rasos de água. Digo-lhe que esta é sua resposta: não ser o repórter-comentarista para não ser mandado embora. Ou, dito de outro modo, ele está tentando à sua maneira ajudar a análise.

Eu penso que ele, reconhecendo que a situação de repórter-comentarista está insuportável, tenta manter, assim, a relação comigo.

E esta é a resposta. A vontade de continuar a análise põe em evidência que está, aos poucos e silenciosamente, sendo construída uma relação entre Mário-bebê e Marisa-mamãe, na qual ele mostra seu apego e o valor que dá a minha perseverança, meu interesse e minha tolerância da projeção de sua dor mental. Por um momento, o paciente conteve o analista. E seu insistente desejo de que eu sinta na contratransferência como é estar com uma mãe que não compactua e não o acolhe, uma mãe-rádio-TV, seja mesmo porque ele acredita que eu não sei como é terrível estar naquela situação! Há também sua enorme dor, da qual se defende mantendo o *splitting*.

O trabalho de Bion na elaboração da compreensão do processo de identificação projetiva, descoberto por Melanie Klein, não só enfatizou a importância da capacidade do analista de conter as projeções do paciente (ou da mãe com a criança) como também resultou na atenção progressiva dada às comunicações pré-verbais muito primitivas.

Minhas atuações mostraram que meus recursos estavam no fim... Não conseguia estabelecer contato com ele por meio de minhas interpretações (não queria ouvir, ou as desprezava). A desesperança, que fui sentindo crescer em não ser ouvida é a comunicação primitiva de Mário, identificado com a mãe-comentarista, objeto construído em sua mente, que o defende da dor que as interpretações provocam.

De nada adianta acusá-lo de fazer-me sentir excluída ou que ele se sente excluído. É preciso achar uma maneira de comunicar-lhe que eu compreendo alguma coisa sobre o que foi ter uma "mãe que não leva em conta os sentimentos", que não responde, e ter capacidade de suportar a experiência dele e também seu ressentimento contra essa experiência. Paula Heimann (1949) mostrou isso muito bem em seu artigo "Sobre a contratransferência", escrevendo que o objetivo da análise do próprio analista é capacitá-lo a suportar os sentimentos que são despertados nele pelo paciente para subordiná-los ao trabalho analítico.

Indagação

Acompanhando-me na indagação de como Mário se tornou um autista, gostaria de fazer algumas considerações em torno da relação que ele propõe: uma relação unidirecional dele-para-comigo, que é o conhecido para ele. Quando ele percebe que eu estabeleço uma relação-de-volta, de mim para com ele, ele entra em pânico. A relação de reciprocidade é assustadora; ou melhor, ele se defende da reciprocidade por meio de suas manobras autísticas; continente para ele é um objeto com função evacuatória.

A literatura a respeito das análises com crianças autistas mostra grande contingente de recuperação desses estados quando os tratamentos são iniciados até 7-8 anos de idade. Essas crianças, durante a análise, podem passar a uma relação de apego ao objeto e confiar nele como um continente. Isso mostraria o potencial para relacionar-se dessas crianças, que foi inibido durante um "desacerto" na relação inicial mãe-criança. Considero que o uso do "constitucional" pode ser um anteparo que impede que nos aproximemos mais e mais do que está envolvido nas relações mãe-bebê, inclusive desde a experiência de nascimento. O conhecimento mais íntimo de como vai se processando essa relação mãe-bebê, desde os inícios, e seus "desacertos" ou "desencontros" que resultem catastróficos poderiam instrumentar tanto a abordagem analítica a crianças psicóticas e suas mães como também teria aplicação a tudo que diz respeito a cuidar, educar e ensinar as crianças. Talvez esteja exagerando nesse momento, mas tenho como atenuante que estou partindo da minha experiência no atendimento de crianças como o Mário e das vivências que tive nas relações com meus bebês.

3. A propósito da mudança catastrófica de Bion e do conflito estético de Meltzer: uma ilustração clínica[1]

Vou abordar dois conceitos fundamentais: "o conflito estético" de Meltzer e a "mudança catastrófica" de Bion, e, então aplicá-los a um caso clínico.

Esses conceitos são fundamentais, pois estruturam todo o processo de "aprender com a experiência" e todo o processo do desenvolvimento da mente simbólica, com suas implicações éticas, emocionais e cognitivas.

Para Bion, não há dor sem imaginação, e, na ausência de dor, não há vida mental. Daí vem a necessidade de aprender a tolerar "a mudança catastrófica", que, para Bion, é uma experiência emocional vivida como *break up* (erupção), *break down* (colapso), como *breaktrough* (intromissão) ou *break in* (implosão). Então, de acordo com Bion e Meltzer, é fundamental que o psiquismo suporte a mudança catastrófica que está implícita no conceito kleiniano de "posição depressiva".

Meltzer (1988/1990) elaborou o "conflito estético" a partir de sua experiência na clínica e, particularmente, pelo trabalho

---

1 Publicado em *Jornal de Psicanálise, 50*(93), 235-248, 2017.

com crianças autistas. Esse trabalho lhe deu a "chave" para "ler" a falência da formação simbólica pela ausência do espaço interno, da *tridimensionalidade*. Os conhecimentos trazidos pela observação Mãe-Bebê (Bick) e sua capacidade de apreciação estética da poesia completaram a elaboração que o levou ao conceito de conflito estético.

Meltzer (1986c), em Studies in Extended Metapsychology (Estudos em metapsicologia estendida), afirma que o material psicanalítico e a observação de bebês mostram, como os poetas, que o "conflito estético" em presença do objeto é primário aos conflitos de separação, privação, frustração, a que tanta atenção foi dedicada.

O "conflito estético" considera a visão do crescimento mental como uma função estética, fundada na reciprocidade entre a mente-bebê e seus objetos internos, a partir da efetiva resposta do bebê à mãe-enquanto-mundo.

A experiência complexa da beleza do mundo, junto ao desejo de conhecê-la, põe em movimento a atividade de formação simbólica, uma função do "nível estético" da mente. O seio, como objeto parcial combinado, foi descoberto por Klein. De acordo com Meltzer, Klein mostrou certa ambivalência ao desenvolver esse conceito, talvez por ser uma ideia nova.

O "objeto total combinado", os pais internos homem e mulher em conjunção, é fonte de confiança e desconfiança, devido ao interior desconhecido e não cognoscível da mãe.

A urgência em conhecer e a possibilidade de colocar em movimento a formação simbólica dependem da estabilidade da posição depressiva com capacidade de suportar a inveja e a destrutividade.

Para Bion e Meltzer, é salutar a urgência epistemofílica, a investigação. Eles consideram que os caminhos científico e artístico levam ao conhecer: o científico, explorando o interior do objeto pela imaginação; e o artístico, aguardando a voz que fala vindo do interior do objeto. Ambos se distinguem da identificação intrusiva que busca controle do interior do objeto.

Bion nos alerta que, para conservar a vitalidade das emoções turbulentas, evitando automutilação, é necessária a tolerância, que Keats chamou de "capacidade negativa".

É essa a ligação entre conflito estético e mudança catastrófica, acontecimentos que despertam emoções contrárias de amor e ódio, que devem ser superadas para a conquista do caminho para o conhecimento. É necessário enfrentar a experiência, em vez de retirar-se dela. É preciso ter condições de elaborar a experiência emocional e simbolizá-la.

O companheiro metafisico do conflito estético (Meltzer, 1988/1990) é, para Meltzer, o *claustrum* (Meltzer, 1992/1993). Retirar-se do conflito estético para defender-se das emoções ou buscar conhecer por identificação projetiva intrusiva são caminhos para a entrada no *claustrum*, para a entrada no objeto interno.

Ilustração clínica

Marie, 32 anos, conta, na primeira entrevista, que sofre há dois anos de "ataques de pânico". Só sai de casa acompanhada e de carro, mesmo para percursos breves. Preocupa-se excessivamente com sua saúde - um sintoma qualquer pode ser um câncer, ou *aids*. Sente-se constantemente ameaçada de morte e defende-se fechando-se em casa e praticando rituais.

Conta, em seguida, um episódio da primeira infância. Seus pais, ela e a irmã passaram seis meses na Europa quando o pai teve uma bolsa de estudos. Nessa ocasião, os pais tiveram de passar quinze dias na Alemanha, e deixaram Marie, então com 2 anos e meio, e a irmã, com 1 ano e meio, em uma instituição de freiras francesas na Suíça. Isso foi muito traumático para Marie. Ela conclui a entrevista dizendo que a análise é sua última esperança, embora tenha dúvidas quanto à sua eficácia. Diz também que já tinha feito psicoterapia, uma vez por semana, durante oito anos.

Marie descreve seus estados de pânico e suas preocupações obsessivas. Demostra grande capacidade verbal, sabe tudo sobre seus sintomas, mas não consegue mudar nada.

Aos poucos, fui percebendo que o que parecia um comportamento de colaboração com o nosso trabalho era, na verdade, um modo de Marie manter-me distante, tratando-me como uma "entidade médica" que poderia "curá-la" se eu ficasse bem-informada sobre o que ela vivia.

Não havia uma relação de intimidade entre nós duas. Minhas intervenções transferenciais eram sentidas como inadequadas e, às vezes, ela respondia com irritação, pois as via como indagatórias e intrusivas. Eram a prova de que eu não acreditava no que ela me dizia.

Durante uma supervisão com Meltzer (1991), sobre Marie, ele expôs algumas hipóteses que, depois, publicou em seu livro The Claustrum *(Meltzer, 1992/1993). Suas hipóteses possibilitaram que eu compreendesse o mundo de Marie e deram-me instrumentos para continuar sua análise. Em seu livro, Meltzer descreve a particular configuração que denominou* claustrum. É uma configuração na qual há um processo de identificação projetiva intrusiva nos objetos do mundo interno do próprio indivíduo.

Meltzer comenta que o pânico de Marie é o passado presentificado, incapaz de ser digerido, incapaz de ser pensado. O que é fundamental a ser visto e a ser mostrado é que ela está em um mundo fechado, claustrofóbico. Ela vê o mundo externo como perigoso, mas, na verdade, aquilo que ela acha ser o mundo externo é um outro compartimento dela. Então, com pacientes assim, o analista precisa descrever o mundo em que eles vivem, tentando desvincular a parte sadia da personalidade da parte que está em identificação projetiva maciça, que, com a arrogância e a onipotência, dá uma aparência de pseudomaturidade.

Interpretar a transferência quando é essa configuração que está presente tem um efeito negativo, porque parece ser um pedido insistente do analista para ter maior intimidade. Também porque o paciente está diante do "desconhecido", do inconsciente. A relação se torna uma análise quando é possível encontrar a "criança perdida" no paciente, e é isso que vai permitir uma relação de intimidade.

A sintomatologia claustrofóbica, também chamada de "síndrome do pânico", corresponde a uma personalidade pseudomadura, conceito que está em consonância com o de "falso self*" de Winnicott.*

Para Meltzer, a fenomenologia do *claustrum* está ligada ao conflito estético não superado. O conflito estético surge no bebê inicialmente diante da beleza da mãe com seus seios, seus olhos, seu colo, sua voz, uma "inundação sensorial", e com a impossibilidade inicial de "compreender" seu interior. Uma alteração e modulação da voz da mãe, um olhar que se afasta momentaneamente do bebê, gestos não dirigidos para ele, causam "estranhezas": a mãe se torna desconhecida naquele instante; o bebê conhece seu exterior, mas desconhece seu interior. A presença de outros estados mentais da mãe "fazem com que o bebê fique sem saber. A beleza da presença da mãe fica obscurecida pela sua ausência mental. Espera-se que a mãe ofereça, com sua *reverie* e sua função alfa (Bion), compreensão e significado para que tal mudança não seja catastrófica (Bion). Assim, a "beleza cotidiana" na vida do bebê, segundo Meltzer, vai sendo conseguida quando, por meio da imaginação, o bebê busca conhecimento e compreensão.

Enquanto predomina a fantasia inconsciente de identificação projetiva no objeto interno, o *self* prisioneiro tem um comportamento essencialmente de denegrir, como podemos ver no trecho de uma sessão de Marie após um ano de análise:

> *Ela diz que leu que 'as fobias não têm cura, só as medicações podem ajudar um pouco'. As análises não as resolvem, as fobias não diminuem e ela não consegue sair de casa. Continua em prisão domiciliar.*

É essencial, diz Meltzer, mostrar-lhe que ela está aprisionada dentro do objeto e que o analista pode entrar e sair porque não vive no mesmo mundo que ela; vive no mundo externo. A transferência infantil surge e manifesta-se nas ocasiões das separações. Isso significa que a "criança saiu do *claustrum*" e pode entrar em contato com o analista. Mas, diante do sofrimento, por não estar preparada para enfrentar experiências emocionais, "volta correndo" para dentro do objeto interno.

Esse movimento de "voltar correndo" para dentro do objeto pode ser visto após dezoito meses de análise. Marie passou a escutar-me e a não atacar com veemência aquilo que eu lhe dizia. Diminuía a desconfiança no processo de análise. Em uma sexta-feira pela manhã, ao final de uma semana analítica que transcorria de segunda a quinta-feira, recebi um telefonema dela, pedindo-me uma sessão extra, pois ela não havia dormido, estava com pânico de morrer e havia vomitado.

Ofereço-lhe a sessão, e ela se tranquiliza.

Na sessão seguinte, na segunda-feira, ela me ataca porque não lhe dei o número do telefone de minha casa (que ela nem mesmo pedira). Dizia que eu não queria ser incomodada durante o *weekend* e que não me importei em saber como ela estaria.

Na sessão seguinte (terça-feira), comunica-me que se sente melhor aqui comigo, mais calma; informa que leu seu diário de quando tinha 13 anos e que constatou que tinha fobias desde então. Podemos, assim, conversar para compreender algo sobre suas "crises de pânico" e associá-las com o pânico que experimenta quando não se sente capaz de se manter em contato com suas experiências emocionais. Sente dificuldade em elaborar não apenas a ausência, mas, também, a presença humana.

Continuação da análise

Sessão de 21 de agosto de 1990

> *Hoje tive angústia. Ontem, de repente, assistindo TV, tive falta de ar, sem ter feito nenhum esforço, e também um pouco de colite...*

Falo sobre sua vida imaginativa, que ela não percebe, mas que, mesmo assim, age e tem efeitos até sobre o corpo.

Ela conta um sonho, um pesadelo:

> *"Estava na casa da avó (onde ela já morou uns oito meses quando voltou de viagem dos Estados Unidos com a família), tudo escuro, feio, e havia uma ameaça de invasão... Fora, na frente da casa, uns moleques de bicicleta... quis gritar para espantá-los, e a voz não saía. Estou ocupada em juntar meus pertences... parece que meu pai entra pelos fundos da casa... Não sei se havia uma empregada... E lá pelas tantas, animais vão saindo pelos fundos, como patos, marrecos, eu continuo ameaçada".*

Ela faz associações falando que está angustiada, talvez com a proximidade da separação, pois eu iria me afastar por vinte dias.

Digo-lhe que, no sonho, ela parece estar vivendo a aproximação da separação... parecendo ter de mudar-se do lugar da análise para um lugar fechado, mas não seguro, e escuro (a falta de ar de que se queixa), com seus pertences que, no sonho, são um rádio, uma bolsa etc. Ela está juntando seus "pertences emocionais" que ficarão comigo quando nos separamos.

Sente ameaça vinda do mundo externo (*crianças de bicicleta* = vida pessoal da analista?). O que fazer? Quem a afasta da sua análise? Mas ela não toca nesse assunto = não "*sai a voz*" para falar do presente...

Outro aspecto de seu funcionamento que passou a emergir nas sessões era sua argumentação contínua, a deturpação do sentido, a ambiguidade da comunicação. A minha escuta e continência e a tentativa de levá-la a examinar o que dizia e sentia eram atacadas e transformadas em argumento sobre a "inutilidade de fazer análise, pois seu problema é constitucional, e tudo o que ela precisa é que gostem dela e que a reassegurem de que ela não tem nada"... (se referindo a doenças físicas)... "e que lhe deem certeza de que ela pode viver e que nada vai lhe acontecer". Assim, durante essas sessões, eu a via unindo momentos diversos, contextos diversos, deturpando o significado. Ela parecia "fugir de um significado como quem foge de um lugar para não ser apanhado". Eu sentia que precisava tomar todo o cuidado para falar, pois tudo poderia ser usado contra mim e transformado em acusação. Em várias ocasiões, por causa dessa rigidez, eu perdia qualquer esperança de que fosse possível analisá-la. A deturpação de sentido e a argumentação contínua podem ser vistas em uma sessão do terceiro ano de análise, que foi posteriormente supervisionada por Meltzer (1992).

Sessão de 2 de dezembro de 1992

Marie inicia a sessão falando que passou a semana chorando, que eu mudei meu consultório para um novo endereço para me ver livre dela, que eu poderia ser processada por mudar de bairro, um lugar muito distante, e que criou um transtorno. Agora não sabe como será possível ser trazida...

Digo-lhe que conseguimos horários mais favoráveis, que a irmã se dispõe a trazê-la, que todos colaboraram... Ao que ela responde: "É, mas o mal-estar de viajar até aqui ficou para mim".

Falo que entendo o que sente, mas vejo que conseguiu vir e que agora estamos aqui trabalhando.

Passa a contar sua preocupação de estar com *aids*, porque apareceu uma afta na gengiva, e ela leu que um contágio frequente é via dentista, e ela esteve no dentista no mês passado.

Fala também que vai chegar dezembro e que todos, inclusive a analista, estarão de férias. Que ela terá de ir à praia com os pais passar os feriados, o que é um martírio, mas que, neste ano, terá de ir, porque, no ano anterior, os pais não foram por causa dela.

Pergunto o que ela está fazendo para se preparar para "tal guerra".

Marie diz que não está fazendo nada além de rezar para não morrer. Detesta tudo o que tem lá: areia, pernilongo, bagunça... Nada lhe dá prazer, nada lhe agrada. Se fosse como antigamente, quando ela era normal...

Pergunto o que lhe dava prazer e do que ela gostava antigamente.

Ela responde que não adianta perder tempo com isso.

Digo então: "Imagino que não será o mesmo tempo que perde pensando nas coisas que a desagradam".

Marie diz que não serve para nada, que é um exercício de hipóteses.

Falo que pensar no desagradável também é um exercício de hipóteses.

Ela responde que não, porque a existência da afta faz parte da realidade.

Eu digo: "Mas da afta você vai para a *aids* numa velocidade...".

Ela me interrompe para dizer que, nas condições atuais, caso não tivesse pânico... "Não adianta... Não sei do que eu gosto. Já me perdi, não sei mais como eu era, é um exercício que me faz sofrer muito porque eu vou falar de coisas inatingíveis... Nunca mais vou voltar a ser quem eu era".

Eu lhe mostro que é mais difícil falar do que gostaria e de ter pensamentos bons do que falar que acha estar com *aids*...

Ela diz: "Pensamentos bons, mas inatingíveis", e que bom seria se ela pudesse planejar e fazer, ou se eu lhe desse esperança... "Você não me diz que eu vou ficar curada da porcaria do pânico... então, o que adianta me perguntar o que eu gostaria de fazer?... É a mesma coisa de você perguntar o que o Marcelo Rubens Paiva gostaria de fazer se andasse, e ele ia falar que gostaria de jogar futebol, nadar..."

Respondo: "você pega este exemplo da pessoa tetraplégica, fica trancada em casa com medo de sair e sente-se como ele".

Ela diz: "Ele não fica trancado, eu tenho até inveja, porque ele está lá no seu programa, fazendo de tudo... só o fato de comparar-me com ele não quer dizer que eu tenha de conformar-me com ser paralítica".

"Aí está a deturpação! Foi você que trouxe a comparação...".

"Mas você aproveitou!".

"Eu aproveitei para mostrar que essa pessoa não pode mais jogar futebol, mas pode fazer outras coisas... e você não quis escutar assim... escutou-me acusando você".

"Por que eu só queria que alguém me desse a certeza de que o meu caso não é como o dele...".

"Queria ter certeza! Nenhum ser humano tem certeza de nada. Por que será que você não pode ter dúvidas e funcionar assim mesmo?".

Converso com ela, falando sobre a "maneira de funcionar olhando só para uma parte do problema!". Digo que já falamos sobre sua desesperança, sobre seu desejo de que eu faça milagres e sobre eu ter de defendê-la de todos os pensamentos ruins que sua mente constrói.

Digo também que ela espera que eu tenha uma verbalização contínua de pensamentos bons para neutralizar os ruins, que precisa saber se pode ficar boa, mas sente que eu não sei lhe dizer isso, e essa é a sua "ideia de cura".

Quando lhe mostro movimentos para frente, de progresso, que ela se mostra mais permeável, que escuta mais, ela se assusta e responde que não há nada de novo, que sempre foi assim, e isso serve para me confundir e atacar nossa relação. Que vejo que ela precisa correr e arrumar isso e aquilo antes que eu saia em férias. A falta supõe que se sente ajudada com a presença da análise.

Ela responde: "Mas você nunca me dá certeza de que eu vou sarar completamente".

Nota: os transtornos do pensamento de Marie e suas argumentações falsas são mostrados pela analista, o que acaba configurando mais um debate, argumentos e contra-argumentos, do que uma sessão de análise. Marie argumenta que, se eu lhe mostro que ela distorce a realidade eu lhe tiro a confiança em si. Que, se eu gostasse dela, falasse coisas boas para ela, a acalmasse de seus temores, ela poderia melhorar. Com essas observações, na verdade, ataco sua onipotência, e isso a coloca em crise consigo mesma, porque ela espera, ao contrário, que eu alimente sua onipotência para "se sentir melhor". Digo que acredito ajudá-la quando lhe mostro que ela falsifica a realidade.

Após a leitura desta sessão (2 de dezembro de 1992), Meltzer comenta:

Ela produz um prazer negativo de que suas fantasias não se realizam – é o exercício hipotético que ela faz, que ela produz em sua mente, e assim não ocorrem experiências com as quais poderia aprender. Ela faz uma história para prevenir experiências. Faz uma história particular sobre o que deve acontecer e continua com a história sobre o que teria acontecido, e o prazer da vida vem do que não aconteceu, o prazer vem do que deveria acontecer.

É uma parte da desordem do pensamento com argumentos circulares.

Quando se refere ao apresentador tetraplégico, ela diz não ter inveja de sua capacidade de superar seu handicap... *Poderíamos pensar em um processo de* splitting *da inveja, mas eu penso (...) que não é! Penso que é um argumento de por que ela não tem de ter inveja dele, de suas habilidades para superar seu* handicap, *um argumento de por que ela não tem inveja de superar seu* handicap... *É um pensamento circular e confuso.*

Você, Marisa, está lidando com alguém que, mais que uma criança com distúrbios de crescimento, está lidando com alguém com distúrbios de pensamento... Ela é muito argumentativa...

Tecnicamente é difícil, mas é necessário trabalhar com argumentos, a fim de lhe mostrar seu distúrbio de pensamento.

É uma tarefa realmente árdua e desagradável essa de trabalhar com pacientes com desordem de pensamento, por serem, em minha experiência, extremamente argumentativos e não poderem usar a linguagem para razões corretas.

Você, Marisa, não está lidando só com um "bebê estragado", mas está lidando também com uma menina que não pode usar a sua mente de um modo construtivo, particularmente porque ela tem gastado seu tempo com esse jeito negativo de entretenimento, esse entreter-se com histórias catastróficas que nunca se realizam, isso dá grande prazer. É como quando você vai ver um filme, e, então, o risco de você vivenciá-lo na verdade não existe.

Sessão de 7 de dezembro de 1992

Vem trazida pela mãe, que permanece na sala de espera, o que não é usual.

Ao entrar, dá um pulo para "não tocar" a linha que une os dois pavimentos, um movimento que é frequente. Fala-me do enorme medo que sente e não sabe por quê. Chora dizendo que não sabe se tem medo de morrer ou de viver. Ontem, ela tomou sol no terraço de sua casa e, quando foi tomar banho, foi "assaltada pelo pensamento de que as férias estão próximas"... A viagem para a praia...

Penso que Marie chegou ao ponto de não saber, enquanto antes sabia tudo, mas não mudava nada. Noto esse progresso!

Meltzer descreve o fenômeno do *claustrum* como um movimento evolutivo no desenvolvimento, em torno dos 2 anos de idade, que vai sendo superado se houver condições, se a criança puder contar com a presença mental dos pais de acolhimento e compreensão.

Marie conta uma experiência avassaladora por ter sido deixada pelos pais em uma instituição por quinze dias. Pensou que eles não voltariam nunca mais. Possivelmente, defendeu-se dessa ausência enclausurando-se no objeto interno. Como lidar com tal mudança? A mudança deve ter sido catastrófica, e, a partir de então, Marie se retirou para o *claustrum*?

Ver os pais retornando provocou nela uma forte reação emocional, para a qual ela ainda não tinha um aparato mental para fazer a elaboração dessa forte experiência.

Proponho, agora, que possamos debater as questões que o caso de Marie tenham suscitado e também as colocações de Meltzer sobre o conceito de *claustrum*.

Comentário de Darcy Portolese ao trabalho: "A propósito da mudança catastrófica de Bion e do conflito estético de Meltzer", de Marisa Pelella Mélega

Inicialmente, quero agradecer à Marisa por este convite, que me foi muito estimulante no sentido de refletir sobre um tema que diz respeito a dois conceitos tão importantes em psicanálise, criando ferramentas desenvolvidas por esses dois psicanalistas, que nos ajudam no sentido de estabelecer um contato mais íntimo com a mente primitiva, permitindo maior ampliação da lente psicanalítica. Desde *Aprender da experiência*, Bion explicita a limitação da consciência como o órgão para apreensão das qualidades psíquicas, sendo necessária a criação de instrumentos mais sofisticados para a captação dos fenômenos psíquicos em camadas mais profundas da mente. Podemos situar esses conceitos de *claustrum* e mudança catastrófica nessa categoria do desenvolvimento científico e técnico. Primeiramente, gostaria de assinalar o grau de parentesco entre os dois conceitos, pois têm uma maternidade comum do conceito kleiniano de identificação projetiva. Creio que Marisa, ao longo de sua experiência clínica, escolheu esse tema porque ambos os conceitos emergiram do contato, elaboração e construção de um alfabeto emocional, ampliando e expandindo as possibilidades de desenvolvimento emocional.

O sentimento de catástrofe tem sua origem nos primórdios da vida psíquica, e os movimentos de fragmentar e reunir objetos formarão a base conceitual, respectivamente, da posição esquizo-paranoide e da depressiva (Ps ↔ Pd), que, para Bion, representa o eixo de uma teoria da mente. Antes que se estabeleça a função continente-contido (ρ– ♂), é necessário que se encontre a função continente (ρ), e o seu descobrimento depende do funcionamento da relação entre Ps ↔ Pd. Segundo Michel Eigen, se a emergência da função continente (ρ) depende da relação Ps ↔ Pd, estas, por sua vez, dependem de atos mentais ainda mais precoces. Bion refere que o desenvolvimento mais precoce dos pensamentos dependia da produção de "signos", precursores dos símbolos. Isso quer dizer que o indivíduo, antes que pudesse pensar, teve de reunir elementos para formar signos. A linguagem mais elementar é uma modaθ lidade de linguagem "sígnico-emocional". Os estados emocionais a que faz referência são catastróficos.

Michel Eigen, no seu trabalho "O ponto de partida de Bion: da catástrofe à fé", descreve uma citação de Bion: "Bion denominou elementos β aos elementos ou matérias-primas da vida psíquica. Descreve o ponto de partida como:

> *um estado misto em que o paciente se vê perseguido por sentimentos de depressão e se deprime por sentimentos de perseguição. Resulta impossível distinguir esses sentimentos dos sentimentos corporais, e do que mais tarde, à luz da capacidade de discriminar, pode-se descrever como objetos em si. Em suma, os elementos β são objetos compostos de objetos em si, de sentimentos de perseguição e de depressão, de culpa e, portanto, aspectos da personalidade vinculados por uma sensação de catástrofe.*

Há uma passagem nesse trabalho de Michel Eigen que ajuda a pensar alguns elementos da experiência de Marisa com essa paciente que me parece ir além do alcance conceitual e remete-nos a pensar sobre o alcance da relação analítica como transcendência ao conhecido. Bion se propõe a encontrar o vínculo que une a catástrofe à fé. A biografia do vínculo narra a história do nosso surgimento ou também da nossa queda. A fé é um componente essencial que nos permite adentrar no terreno desconhecido, e penso que poderemos pensar algo nesse sentido na experiência clínica que Marisa nos proporcionou. Em relação ao conflito estético de Meltzer, este é fundado nos rumos que pode tomar a identificação projetiva. Tomando como referência a descrição de Marisa: "a experiência complexa da beleza do mundo, junto ao desejo de conhecê-la, põe em movimento a atividade da formação simbólica, uma função do 'nível estético da mente'". Existe um caminho para a realização estética fundada na reciprocidade "entre a mente-bebê interna e seus objetos internos, a partir da efetiva resposta do bebê à mãe enquanto mundo". A urgência em conhecer e a possibilidade de colocar em movimento a formação simbólica vai depender da estabilidade da posição depressiva com capacidade de suportar a inveja e a destrutividade.

Marisa estabelece um elo entre conflito estético e mudança com emoções contrárias de amor e ódio, que devem ser superadas, a fim de se conquistar o caminho para o conhecimento, e por meio da elaboração da experiência emocional, e simbolizá-la, que representa as bases para desenvolver os pensamentos. A descrição que achei interessante é que o companheiro metafísico do conflito estético é o *claustrum*. Neste, a identificação projetiva sofre uma mudança de rumo e é chamada de identificação projetiva intrusiva, que é o caminho para a entrada no *claustrum*, no objeto interno.

No capítulo "A vida no *claustrum*" (1992), Meltzer descreve rumos distintos para a identificação projetiva: um aponta para a identificação projetiva ligada ao instinto epistemofílico; e o outro rumo, se dá quando a "sede de conhecimento" está dominada por motivações ligadas à inveja e ao ciúmes e, então, o paciente se impacienta em aprender com a experiência ou com exemplos e demonstrações. Busca a satisfação imediata da onisciência e consegue isso mediante a intromissão dentro do aparelho sensorial e do equipamento mental do seu objeto interno.

Por meio do contato, a analista se dá conta de que a paciente não percebe a fonte nutriente e a transforma-a em um objeto, uma entidade médica, e formula uma ausência de intimidade. Essa qualidade de vínculo se aproxima de um *modus operandi* da mente, de natureza parasitária e alucinatória. A aproximação com o objeto-analista ou seio nutriente é vivenciada como persecutória e intrusiva. Esses fenômenos foram descritos por Meltzer e comunicados em sua supervisão como um processo de identificação projetiva intrusiva, característica da configuração emocional, que Meltzer denomina de *claustrum*. É interessante observar que Marisa descreve que essa relação se torna uma análise quando é possível encontrar a criança perdida no paciente, e isso vai permitir uma relação de intimidade.

Nesse sentido, é importante observar que a oscilação Ps ↔ Pd, base de formação e surgimento da função continente (ρ)-contido (σ́), depende do reconhecimento do continente (ρ) para que haja evolução na construção da função continente (ρ) contido (σ́). É mencionado nesse trabalho que a beleza cotidiana da vida do bebê, segundo Meltzer, vai sendo conseguida ao buscar conhecimento e compreensão. Essa necessidade só será suprida se houver a possibilidade da percepção do objeto. Essa capacidade vai sendo construída à medida que a relação ou vínculo passe do plano parasitário à qualidade simbiótica em que os dois constituintes do par possam alimentar-se mutuamente. Esse sistema alucinatório vai sendo desconstruído, por exemplo, quando a relação humana do par é transformada em relação médico-paciente, o que equivale a transformar o leite amoroso em um comprimido ou pílula.

A analista se refere ao pedido da sessão extra por parte de Marie, por estar em pânico, com medo de morrer, e havia vomitado. Na sessão seguinte, Marie ataca a analista porque esta não havia lhe dado o número do seu telefone. Podemos inferir que essas experiências emocionais revelam a percepção da pessoa do analista e a dependência que está se desenvolvendo, assim como um vínculo emocional pessoal e não medicamentoso, o que me parece significar a transformação do mundo das coisas para a construção de uma intimidade humana. Penso que a aridez de uma mente desértica, em que se produz e habita o pânico, o vazio e a depressão vão sendo alimentados pelo desenvolvimento do vínculo emocional.

Na última sessão descrita, a paciente dá um pulo "para não tocar a linha que une os dois pavimentos". Fala do enorme medo que sente e não sabe por quê. Chora dizendo que não sabe se tem medo de morrer ou de viver. Essa indagação ou percepção dá indícios de que os sentimentos contraditórios emergem no pensamento de Marie no sentido de possibilidade de integrar os dois pavimentos. Bion, no Capítulo VI de *Transformações*, explicita: "O Narcisismo insatisfeito impede que o amor se estenda aos objetos", cujo significado me parece de especificar o alimento emocional e o seu meio de veiculação por meio do vínculo, que está em reconstrução nesta análise.

No conjunto do trabalho e ao refletir sobre o *claustrum*, ocorreu-me uma analogia com o "Mito da Caverna", de Platão. Dentro da Caverna escura, habitava uma tribo, e nela, um habitante com capacidade para pensar. Ao ver refletidas nas paredes da Caverna as silhuetas das pessoas, ele pensava que, se havia silhuetas refletidas, deveria vir luz de algum lugar. Ele passa a procurar e, depois de uma longa caminhada, sai da Caverna. Essa analogia me parece representar o trabalho que Marisa desenvolve com Marie, que vai se movimentando de um espaço mental material e concreto para um mundo dotado de vida emocional e de sentido.

4. Vicissitudes com o conflito estético: um caso clínico[1]*

O mundo da psicopatologia pode ser compreendido como um retirar-se do conflito estético afirma.

D. Meltzer, *Appreheension of beauty*, 1988.

Aqui, exponho a concepção teórica de Meltzer sobre o "conflito estético" e apresento um material clínico, buscando correlacionar alguns aspectos do funcionamento psíquico de uma criança com as proposições teóricas desse autor.

Donald Meltzer conceitua o crescimento mental como uma função estética fundamentada na reciprocidade entre a mente-bebê interna e seus objetos internos. No início, a essência divina é o seio como objeto combinado, como descobriu Klein, fonte de confiança e desconfiança. Sua beleza é a fonte da qual surgem a riqueza emocional e as qualidades éticas. Mas o impacto da beleza sensorial é obscurecido pela ambiguidade do interior desconhecido da mãe.

---

1 Caso clínico completo foi publicado em *Psicanálise de crianças: relatos à luz das teorias de Klein, Bion, Meltzer*. Roma: Ed. Universitarie Romane, 2017.

Em seu livro de 1988, assim descreve Meltzer o que denomina "conflito estético":

> *(...) a bela mãe comum abnegada apresenta a seu belo bebê comum, um objeto complexo de incrível interesse, interesse tanto sensual como infra sensual... Sua beleza externa concentrada como deve estar em seu peito e em seu rosto, complicada, em cada caso pelos mamilos e pelos olhos, bombardeia o bebê com uma experiência emocional de caráter apaixonado, consequência de estar ele capacitado para ver esses objetos como "belos".*
>
> *Mas o significado do comportamento da mãe, da aparição e desaparecimento do peito e da luz de seus olhos, de um rosto pelo qual passam as emoções como sombras de nuvens por uma paisagem, é desconhecido para o bebê. A mãe é enigmática para ele, exibe a maior parte do tempo um sorriso de Gioconda, e a música de sua voz muda sem cessar de uma clava maior para uma menor. Como "K" de Kafka, o bebê deve esperar as decisões do "castelo", do mundo interno da mãe. (Meltzer 1988/1990),*
>
> *Este é o conflito estético que pode ser enunciado com mais exatidão em termos do impacto estético do exterior da mãe "bela", a disposição dos sentidos, e o interior enigmático que deve ser construído mediante a imaginação criativa (...) [p. 28] (...) O elemento trágico na experiência estética reside, não na transitoriedade, e sim no caráter enigmático do objeto: sua experiência central de dor reside na incerteza, tendendo à desconfiança chegando à suspeita (...) Creio que M. Klein se*

> *equivocou ao supor que a posição esquizoparanoide nas relações de objeto era anterior à posição depressiva (...) [p. 33] (...) Creio que desde esta postura se invertem os valores humanos, já que olha para atrás, para o objeto abandonado, em lugar de olhar para diante, para o desenvolvimento e a possibilidade de um objeto enriquecido que a própria renúncia torna alcançável (...) [p. 33] (...) Tem, por assim dizer, uma estrutura linear de posse e perda mais que uma imagem complexa capaz de reunir imediatamente o passado e o futuro de uma experiência presente. O desejo de saber é visto como estímulo ao conhecimento e não como ânsia de gratificação e controle sobre o objeto [p. 34].*
>
> *(...) Se o impacto estético saúda a aparição do bebê no mundo fora do ventre, então o conflito estético e a posição depressiva seriam primárias no desenvolvimento, e a posição esquizoparanoide, secundária, por fechar as aberturas perceptuais frente ao "resplandecer da saída do sol" (em termos de Platão, o bebê se apressaria a retornar à caverna)... Daí decorre que o conflito com o objeto presente precede em significação as inumeráveis angústias referidas ao objeto ausente (...) (p. 35).*

Diante do objeto estético, a urgência em conhecê-lo – a curiosidade – pode tornar-se perigosa, feia, dolorosa. O conflito é criado pelo encontro das formas externas da mãe, o belo, com o interior, enigmático; retirar-se da urgência de conhecer também é perigoso.

A experiência complexa da beleza da mãe/mundo junto ao desejo de conhecê-la põe em movimento a atividade de formação simbólica, uma função do nível estético da mente.

No início, a essência divina é o seio como objeto combinado, fonte de confiança e desconfiança, como propôs Melanie Klein. Para Meltzer, sua beleza é fonte da qual surgem a riqueza emocional e as qualidades éticas, mas o impacto da beleza sensorial é obscurecido pela ambiguidade do interior desconhecido da mãe.

Apresento o caso clínico de Hugo, com características psíquicas que podem ilustrar o conceito de conflito estético de Donald Meltzer.

O caso clínico

Hugo tinha 8 anos quando os pais o trouxeram, preocupados com o fato de que ele era pouco competitivo, agressivo e dispersivo, necessitando da ajuda contínua da mãe para as tarefas escolares. Ele apresentava também dores de cabeça e diarreias frequentes em épocas de provas.

Acham o filho inteligente, mas infantilizado. Na época, parecia estar muito triste e chorava frequentemente quando não conseguia fazer algo, acabando por desistir, o que era frequente nas atividades esportivas. Os meninos da rua já não queriam mais brincar com ele. O pai relatou que tinha sido muito severo e exigente; Hugo ficava distante e era capaz de enfurecer o pai por isso.

A mãe tem receio de que seja afeminado por ser muito passivo. O pai acha que não é esse o problema, mas o da competição. A mãe lembra ao pai que Hugo tem medo dele porque apanha e que fica proibido de revidar quando apanha do irmão.

Do primeiro ano de vida, a mãe conta que se sentia muito insegura e que, no início da gravidez, teve ameaça de aborto. A partir do terceiro mês, a gravidez seguiu normalmente. O parto foi normal, induzido por cinco horas e a fórceps. O bebê pesou

3.200 kg. Foi amamentado desde a maternidade, mas demorava muito para sugar. Quinze dias depois, começou a completar o seio com mamadeira porque chorava muito, e acharam ser fome. Nessa mesma época, teve uma diarreia, que relacionaram com reação à vacina. Aos 3 meses, introduziu-se a sopa na alimentação, mas não aceitava... Quando pequeno, foi um drama para ele comer; a mãe começou a distraí-lo com brinquedos enquanto dava as colheradas. Ela guardou um saco de brinquedos estragados dessa época da alimentação. Ela insistia muito, forçava-o a comer, e o pai também chegava a ficar furioso com ele. Ela sabia que essa conduta estava errada, mas não suportava se ele não comesse. Na verdade, essa dificuldade persiste até hoje, e é uma guerra na hora das refeições.

Parece-nos que Hugo experimentou a relação ao peito com muita ansiedade persecutória desde o início, e que essa ansiedade se intensificou com a introdução da mamadeira (elemento estranho, mudança) e continuou quando Hugo passou para a alimentação sólida. Aqui, o incremento das ansiedades persecutórias da criança mobilizou mais ansiedade na mãe (e no pai), que, por sua vez, foi devolvida à criança junto com as colheradas do alimento que ele então recusava.

Repensando neste início de vida à luz da teoria do conflito esttético, imagino o impacto estético desse bebê desde o nascimento, em que não teve condições de permanecer na experiência, pela presença, nesse objeto materno, de nuvens de emoções desconhecidas e sem possibilidade de saber o que estaria se passando "dentro da mãe".

Na primeira sessão da análise, converso com Hugo sobre os horários, duração da sessão, férias... Ele me pergunta se eu sei aquele jogo de adivinhar: "Adivinha o que é 4 em cima de 4, sai 4, corre 4 e fica 4". Eu respondo que não sei e ele diz: "É o gato em cima da mesa, sai para pegar o rato, e fica a mesa". Ele continua: "Adivinha o que é maior no homem, menor na galinha?". Eu digo "não sei" e ele responde: "É o chapéu que fica mais alto no homem que na galinha... Agora eu não sei mais, você sabe?". Eu: "Não, não sei, mas acho que você está me pondo no lugar daquilo que você sente: que não sabe e tem de procurar adivinhar o que estamos fazendo aqui, seus pais te trouxeram, quem eu sou e o que vou fazer com você". Ele escuta, e eu continuo: "Tudo isso vai podendo ser entendido aos poucos, à medida que podemos conversar.". Ele, então, fica quieto um bom tempo, brincando com as mãos. Digo que Hugo tem medo da presença de Marisa; "acha que eu vou forçá-lo a comer?". Ao ouvir isso, ele tosse e ajeita-se, escondendo em parte seu rosto. Pouco tempo depois, timidamente, ele faz perguntas sobre as portas e o corredor do consultório, e sobre se o som do piano (que estamos ouvindo) vem da minha casa. Esclareço-lhe e afirmo que onde estamos é o meu consultório, e que aqui ninguém vai entrar, não vamos ser interrompidos.

No início da análise, Hugo se encontrava em um estado de mente "paralítico", tentando manter sua integração à custa de uma imobilidade física. Para ele, relacionamento significava muito mais adivinhação do que compreensão, e ele mostrava não ter o conceito de que eu poderia compreendê-lo, ou ele me compreender, para ajudá-lo a pensar sobre o que estaria acontecendo dentro dele.

Durante várias sessões, ele permaneceu "paralisado", e isso foi me despertando preocupação quanto à possibilidade de evoluirmos.

Nota: Hugo, diante do "novo" – a analista –, adota a sua defesa de retirar-se da urgência de conhecer, invertendo a situação: eu devo adivinhar o que há dentro, dele mostrando que ele não desenvolveu uma condição de conhecer pela imaginação, e sim conhecer por identificação projetiva intrusiva.

Andamento da análise

1 de julho de 1982 – Retoma a massa de modelar e tenta continuar um jogo esboçado no fim da sessão anterior: acertar bolinhas de massa no meio das almofadas do divã, como se fosse uma cesta.

Sua movimentação física começa a aumentar, mas muito cuidadoso e preocupado com minhas reações. Mostra curiosidade em saber o que há no armário onde guardo as caixas de ludo.

"Então há outros que usam? Esta caixa é só minha?" [Essas questões estão aparecendo em todas as sessões, em que ele quer se certificar de quem eu sou, o que é aquilo tudo, se sou confiável, em suma, sua exploração do continente.]

O jogo de acertar a bola de massa na almofada ou jogá-la antes na parede e em seguida na almofada vai se transformando em uma conduta de enfiar a bola entre a almofada e o colchão do divã – lançando-a com força e até com raiva. O "enfiar com força", penetrar com força, vai sendo a atividade principal dele.

Esta se manifesta também em relação aos conteúdos dos armários do meu consultório e das inúmeras perguntas pessoais. Esse é o momento em que vou situando-o no nosso trabalho de análise, um relacionamento bem diferente do que ele está acostumado.

Após cada intervenção minha, ele tira os óculos e olha por meio deles, focalizando a sala, como que observando ainda mais seus detalhes. Eu digo que ele ainda está mais curioso e interessado em ver o que tenho dentro de mim. Quase no final da sessão, ele esfarela um pouco da massa e joga esses "pedacinhos" entre o colchão e o estrado, com a intenção de deixá-los, e pedindo-me para que eu não olhe o que está fazendo.

Na sessão seguinte (2 de julho), ele está mais tenso e logo liga o ventilador e o desliga em seguida.

Analista – Você está testando se está funcionando? Se você fez algum estrago? Você deixou "pedacinhos seus", talvez para espiar o que se passa aqui enquanto você não está. Acha que isso pode me estragar?

Ele retoma o jogo de lançar com força uma bola de massinha para deixá-la enfiada entre a almofada e o divã. Introduz, em seguida, mais um objeto, um cone de madeira, e tenta, ao mesmo tempo, jogá-lo para o alto e pegar a bola que está no divã.

O jogo parece aludir a ter de conseguir um equilíbrio entre dois objetos, sem que nunca estejam juntos, e mostrar sua destreza em fazer isso.

Nota: aqui aparece a defesa obsessiva da latência de separar e manter separados por controle os dois corpos, equivalente a impedir a visão do objeto combinado, que, em sua beleza (na experiência de Hugo com a analista), está despertando inveja e destrutividade. No entanto, os movimentos de Hugo diante do "novo objeto", a analista, são também de investigação para conhecer.

Ele liga novamente o ventilador e desliga-o, retira uma grade parcialmente e enfia a mão dentro, querendo movimentar as pás. Depois, tenta fazê-lo ligando no mínimo e desligando, porém, arriscando a machucar-se, e aí me diz: "Bateu na minha mão, mas não machuca, não acontece nada".

Digo-lhe que esse é um perigo de ele não diferenciar o que está na imaginação dele, (querer ter o controle de mim e do que eu tenho dentro de mim – O ventilador está me representando) e os efeitos reais do aparelho na sua mão. Eu entendo que ele quer saber se, quando ele se encontra comigo, há perigo de estragar-me e ele se estragar; se, quando o pai e a mãe estão juntos, acontecem estragos, ou eles produzem bebês, como o irmãozinho, que ele não pode tolerar?

Ele põe o ventilador no máximo quando falo isso e, depois, desliga-o. Digo-lhe que ele não gostou do que lhe disse e tentou varrer minhas palavras com o ventilador.

Depois, pergunta o que acontece se ele gritar forte, pois a mãe dele tem um problema com grito, e dá-lhe dor de cabeça.

Digo-lhe que ele quer saber se eu permito que ele entre com violência nos meus ouvidos e na minha mente e deixe-me estragada, e que vejo também a preocupação de que esses estragos vão prejudicá-lo.

Ele, aos poucos, começa a dar uns golpes com a almofada, até que se torna uma luta como um judô, um caratê.

Nota: a combinação atual ele-eu está sendo investigada com muita desconfiança de que seja destrutiva. Ele tem a noção de ser destrutivo para com os pais. Entendo ser a relação dele com o objeto-almofada, parte do meu interior, rival dele (um bebê rival que fica e ele vai embora), a almofada fica e ele vai embora. A luta vai ficando muito verdadeira e eu lhe faço ver que ele sente que há rivais responsáveis pela separação comigo.

Lentamente, pelo uso desse continente analítico (poder manifestar-se), Hugo progride para um novo estado de mente: a violência. Inicialmente, manifesta-se na forma de uma bolinha de plastilina que ele atira com toda a força entre as duas almofadas de encosto do divã para, em seguida, transformar-se num jogo de almofadas entre ele e eu, lançadas com muita força também, e evoluir para uma luta com as duas almofadas ou uma luta de boxe em que eu seguro a almofada e ele a esmurra. O tempo todo da sessão é praticamente preenchido por essa atividade, e o que eu vou lhe falando não é levado em consideração; ou quando eu sugiro uma pausa para pensarmos e tentarmos compreender o que está se passando, ele mal tolera esperar, apressando-me para continuarmos;

se não o faço em seguida, ele se deita no divã recolhendo-se, afastando-se, rompendo o contato. Ele sente esse meu convite como uma recusa a acompanhá-lo, frustrando-o em sua atividade muito prazerosa (a luta).

Nota: estes movimentos de violência corporal me envolvendo mostram que Hugo está extremamente impactado diante desse objeto, a analista, que acolhe seus ataques e busca compreender a origem dessa violação. Ele reage com violência por não suportar a beleza dessa experiência?

Sem dúvida, ele tentava me manter paralisada, eu tendo de me defender do que reproduzia na transferência – Eu, o Bebê passivo, e ele; os pais, forçando uma ação em cima dele (desse modo, não lidando com seu desespero de "nunca poder entrar", de nunca ser tomado por um objeto e de ele nunca ele ser capaz de colocar para dentro de si um objeto). Ele sente que não tem uma mãe que o acolhe dentro de si, na barriga ou na mente, tentando descobrir e dar o que ele precisa; e ele, como bebê, não tem capacidade de tomar uma mãe para dentro dele, nem o leite nem o significado que ela lhe dá em resposta à necessidade que ele expressa. Hugo foi um bebê que se alimentou com dificuldade. Haveria um problema constitucional tornando difícil ao bebê pôr coisas para dentro dele, vida para dentro dele? Ou esses bebês que não põem coisas para dentro poderiam estar respondendo a algum sentimento que apreenderam do temor da mãe de pô-los para dentro mentalmente?

No caso de Hugo, a ameaça de aborto durante sua gestação e o parto difícil teriam influído, predispondo-o a respostas acompanhadas de grande ansiedade de aniquilamento diante das mudanças que o desenvolvimento propõe desde o nascimento? Seria ele um *bad feeder,* que precisaria de uma mãe segura de sua função, uma mãe que não precisa de uma resposta rápida da criança para sentir-se uma boa-mãe, que pode esperar, pois acredita na capacidade de vida do bebê e dela?

A mãe e o pai de Hugo mostraram ter uma relação em suas mentes, por um lado, com um bebê passivo, quase sem vida, ameaçado de morrer e, por outro lado, um bebê violento, destrutivo, que precisa ser controlado. Sem dúvida, Hugo recebeu essas identificações projetivas dos pais, que acrescentaram angústia à sua própria angústia de morte. Hugo ficou invadido pela tarefa de ser continente dessas identificações projetivas e utilizou sua onipotência como recurso para fazer frente a isso, por não encontrar uma relação continente na qual pudesse projetar suas angústias, na qual pudesse testar suas fantasias na realidade, na qual pudesse, ao ser compreendido, aprender a pensar.

Nota: É preciso avaliar o quanto as dificuldades de Hugo de superar o conflito estético diante da beleza do objeto combinado ocorreram pela presença de uma mãe insegura quanto a ser capaz de manter seu bebê com vida, de um pai violento e um bebê que não consegue introjetar um objeto carregado de angústia. Pensaemos que essa relação inicial pouco contribuiu para a superação do conflito estético nesse menino.

Sessão de 16 de setembro de 1982

"Quero jogar o bunda", diz, e pega a bola de massinha, enquanto revê o papel onde fez um desenho relacionado a esse jogo. "O bunda está dentro do pinto" [Ele é o bunda ou ele é o pinto...].

Sente o sapólio do colchão nas mãos – "Que é isto?!".

Quer ver através dos vidros [tijolos de vidro] dentro da casa.

Retira o colchão e coloca-o como um escorregador entre o estrado e o chão (ele está tentando personificar "algo que está acontecendo" em sua mente-corpo, mas eu não me dou conta), penso na necessidade de ele dar vazão ao que está em sua mente pelo movimento corporal, configurando-o pelos gestos. Há também um sentido de exploração da sala, de mim...

Em um certo momento, ele sobe no estrado feito por dois bancos com o colchão por cima; faz um gesto, e eu digo que parece o Tarzan; ele diz que não é o Tarzan, é o "Bunda".

Analista – "O bunda triunfante, em cima de todos" [?] – [Eu penso em cima do peito e de sua própria mente. O bunda é o Tarzan em cima dos seios e de seus sentimentos e necessidades].

Ele se mostra impaciente a cada intervenção minha (Não posso falar, ele me impede de vários e camuflados modos).

Nota: diante do impacto da beleza do funcionamento da mente do analista, que provê um setting possível de ir ao encontro das suas emoções, Hugo, ainda neste, reage com violência, querendo penetrar à força para conhecer por identificação projetiva intrusiva. Ele não tem ainda condições de conhecer por meio de sua atividade simbólica. É conhecer onipotentemente! É ter poder sobre todos. É patente a excitação sensorial de Hugo, vivida diante do impacto da presença da analista-excitação, que não está podendo ser contida, e ele extravasa-a em comportamentos vulgares.

Sessão de 14 de abril de 1983 – última sessão da semana

Ele joga comigo as cartas de Super Trunfo que trouxe de casa, e ganha. Depois pensamos em outro jogo:

Jogo da forca? Ele não quer, mas acaba aceitando: "Vamos jogar uma vez". Então, ele faz a palavra "cu". E fala: "Adivinha que palavra é? Cu". Aí escreve: "A Marisa não tem cu e nem pipi. Assinado Hugo".

Analista: Então, o que é que a Marisa tem?

H: Ela tem teta e...!

Analista: E... o quê?

H: E buceta.

Analista: Mas e o cu, o traseiro?

H: Não.

Analista: — E de onde sai o cocô?

H: — Sai pelas tetas. [Eu vou fazendo um desenho para acompanhar o que ele diz.]

Analista: E de onde sai o leite?

H: Sai pela buceta... é ou não é?... Responde aqui!

Analista: Não! O leite sai da teta; o cocô sai do cu. E da buceta entra o pinto e sai o bebê.

H: Que horas são? Para a bosta que se chama Marisa vamos acabar com isso! Sim ou não!

Analista [escrevo em um papel]: "Hugo está com medo de continuar sabendo das coisas e falar com a Marisa, que para ele, tem uma teta cheia de cocô".

Ele lê e me bate, e quer rasgar a folha. Vira pancadaria com almofada!

Nota: nas sessões seguintes, aparecem o ataque ao casal combinado. Meltzer (1988/1990, cap. 6) esclarece a relação entre o conflito estético de uma personalidade e a violência quando esta emerge pela violação do espaço de privacidade, o que leva à degradação da relação entre self e objetos internos e externos, e a uma vulgarização dos valores éticos.

Sessão de 19 de abril de 1983 (terça-feira)

A atitude de "maluco", que, de repente, aproxima-se de mim e me bate de todos os modos, obrigando-me a defender-me e segurá-lo, com grande prazer dele nisso tudo, é seguida de outra atitude também repentina, em que ele para e fala: "Ué! O que está acontecendo?". E volta a ser um Hugo mais conhecido de nós dois.

Hugo chegou à violência máxima em uma sessão do terceiro trimestre de análise, batendo-me com a almofada, tendo eu que limitá-lo enquanto lhe falava, e ele respondia para calar a boca, em um clima de tirania e dominação, como podemos ver na sessão de 8 de setembro de 1983, na qual, após continuar um jogo de bola comigo, ele se deita, tirando primeiro o tênis e querendo fazer o jogo de bola, deitado (como muitas vezes tem feito).

(Mantenho esta sequência do material clínico para ilustrar como é necessário permanecer no campo emocional dele até quando eu verbalizo que há limite para tolerar sua agressão. Ele não aceita e vai embora).

Após jogar um pouco, ele começa a debater-se no sofá; parece estar excitado muscularmente; parece ter prazer nesses movimentos, e, rindo, começa a provocar-me, batendo em mim de leve com a almofada para que eu reaja, e, aos poucos, vai se tornando inconveniente essa brincadeira, vai ficando violenta... Entre tentar impedi-lo de me bater com as almofadas e ele mandar-me calar a boca, fica um clima de tirania e dominação... Eu lhe tiro uma a uma as duas almofadas, e ele tenta recuperá-las... Nessa, luta, há pequenos incidentes; há a necessidade dele de limitar sua fantasia.

Diante da insistência dele em manifestar-se daquele modo, eu abro a caixa de ludo e falo que vou "armar uma brincadeira"... E pego bonecos: uma mulher, um menino, um bebê. Ele, então, pede-me para lhe jogar dois bonecos – um homem e um boneco-menino.

No divã, ele fica brincando com os bonecos no colo de um jeito que eu não vejo. Parece que lutam, e o menino bate no boneco homem e derruba-o no chão. Diz que ele [o boneco] quer raptar a criança, e o pai está tentando defender.

Enquanto isso, a "minha cena que monto sobre a mesa é: mulher + menino + bebê dentro de um caminhão". Pego alguns animais a pedido dele, e são três cavalos.

A certa altura do jogo, ele tenta armar uma "descida", um caminho que parece ser onde a ação do raptor teria de continuar... De repente, ele começa a morder a mão do boneco raptor até arrancá-la, sob meus olhares de horror e minha verbalização de seus sentimentos. Ele prossegue com essas mordidas.

H: Vou devorá-lo, vou engoli-lo

E vai arrancando braços e pernas com os dentes e cuspindo-os, e jogando os outros bonecos contra a parede, com força... Ele está totalmente dentro da brincadeira e fala em monstros e gigantes; e seu "humor" é de estar comigo tranquilo, de estar manifestando "estados monstruosos de mente" (transformações do menino em monstro e vice-versa, um não sabendo do outro, e a passagem de um no outro sendo feita por meio do deitar e dormir.) Eu intervenho na dramatização como uma repórter que entrevista o monstro para saber dele o que busca com isso, como se sente. "O monstro", porém, afasta-se da reportagem, tornando-se um menino [o boneco], e eu me torno também um boneco. Mas, ao voltar a ser monstro, ele come e arranca também as pernas e braços do boneco mulher, do outro menino, e morde o bebê e atira todos longe, contra a parede.

H: "Todos mortos!".

Aí ele se transforma de novo no menino que vai olhar os corpos dos bonecos e os animais também, todos mortos, e ele pergunta: "Que houve?", como que percebendo agora que estavam mortos. A certa altura, ele diz: "O pai está morto... todos estão mortos... só sobrou o bebê...".

Coloca todos na mesa e diz que, agora, vai dar trabalho isso tudo.

A hora está terminada, e quando o aviso disto ele guarda um por um dos bonecos com violência dentro da caixa, ordenando que eu guarde os que ele não tirou da caixa.

Nas sessões seguintes, ele usa quase o tempo todo da sessão em um jogo de lutar boxe no qual eu tenho de segurar uma almofada que ele esmurra. Depois da sessão de 13 de setembro de 1983, ele quer retomar a luta de boxe e prepara-se. Digo-lhe que, hoje, há coisas a conversar... Ele pergunta: "Quais?".

Eu, então, tento compor uma "historinha" em que há um menino que precisa lutar para diminuir a violência dentro dele [o menino arrogante, o "cala a boca", o que despreza o adulto], e aparecer um bebê-medroso que não pode comer o alimento da mãe porque desconfia (e a luta é o que precede a condição de relacionar-se). Ele escuta essa história, levanta-se e diz para eu esperar, que ele vai contar outra história. Deita-se no divã e fala: "O bebê não quer comer o feijão. Ele esmurra, esmurra e (o bebê) se cria no murro". Agora o menino [com luva de boxe feita por nós] luta, luta e mata. Agora é o homem de 40 anos que diz: "Cala a boca! Exijo respeito porque matei um menino".

Analista: "Por que ele matou o menino?".

H: O menino é um colega que quis roubar o feijão da mãe... Tá bom? O meu pai tem 40 anos.

Falo que essa história dele é triste...

H: Mas não sou eu o menino, viu?

Analista: Sim, entendo que você não quer falar ainda sobre esse menino, e vem o "cala a boca", "o contador de piadas sujas", que me mantém distante desse menino, que parece estar confuso: não sabe se ele é um menino mau ou se querem fazê-lo de mau...

Na sessão seguinte, em 15 de setembro de 1983, retoma a almofada e a luva de boxe – e vai dando socos e lutando com o "fulano" [a almofada]. Forja uma luta em que o "fulano" também responde, e ele cai algumas vezes...

Analista: Quem é o fulano? Ele é mais forte hoje?

Ele faz um sinal para mim de conluio contra o "fulano". E, enquanto penso na violência desse menino e nos perseguidores internos que ele projeta na sala e em mim, ele me joga a luva de boxe no rosto, assim, de repente.

Analista: Agora eu fui transformada por você no ""fulano"" [ele volta a atacar-me jogando-me a "luva"].

Eu lhe mostro a inconveniência e a dificuldade em aceitar esse comportamento dele, que é violento e impede-nos de conversar.

Ele tenta, então, outro modo: vai jogar "a almofada" para a Lua [eu], e depois o "pirata do espaço" vem buscá-la e torna a lançá-la...

Analista: Será que não tem ninguém na Lua que possa devolver a almofada?"... [e eu passo a devolver...].

Mas a situação dele evolui de novo, para socos e almofadadas em mim (sinto-me inábil para lidar com isso hoje. Parece estar envolvido em uma situação muito louca em que há um menino que está invertendo os papéis e está me convencendo de que eu tenho de defender-me dele, pois ele está biruta; que ele é maldoso, cruel e que eu não tenho jeito de fazer-lhe entender que não o estou perseguindo, mas que ele está me provocando de todos os modos para que eu concretize esse perseguidor...).

Começo a falar-lhe do medo que sente de que eu o ataque. E que o jeito de disfarçar o medo para si mesmo é provocando medo em mim. Agora, ao ignorar-me enquanto falo com ele, lendo uma revista, é porque não está suportando que eu não sou essa que o ataca. Ele, então, arranca da minha mão o lápis com o qual eu estava rabiscando uma folha de papel enquanto falava com ele, quebra-o e daí começa a retirar tudo da caixa dele... Temeroso, mas impulsionado a fazê-lo, como que se livrando de um perseguidor.

(Parece-me claro que ele quer que eu viva os sentimentos daquele bebê que se criou no boxe – o bebê do feijão – que se criou no soco.)

Na sessão seguinte, em 19 de setembro de 1983, Hugo abre a caixa e termina de esvaziá-la do restante que não foi possível na última sessão. Mostro-lhe como ficou ligado na última sessão para continuar a fazer o que o tempo não permitiu concluir, mas que ele se mostra com outro humor hoje...

Ele está bem satisfeito agora, aliviado de ter se livrado daquilo que para ele não eram brinquedos, mas "sedução" (?). Começa a brincar com uma almofada da sala. Eu para você, você para "mim", com grande prazer e disposição. E progride para "novos modos de brincar". Coloca-se na frente da caixa aberta, como se fosse um gol, e eu devo, com uma bola, tentar fazer o gol (distraí-lo para enfiar comida nele?).

Nas sessões seguintes, vão se alternando movimentos de aceitação de minhas palavras – incorporação de água e movimentos de expulsão muscular e recusa do que lhe digo, até chegar ao momento em que ele me agride de um modo intolerável, e eu suspendo a ação enquanto lhe digo que ele precisa se dar conta de que há limite para tolerância e aceitação da maneira pela qual ele se manifesta, e que ele pode tentar dizer isso que ele sente de outro modo. Ele se "recolhe" com muita hostilidade, e eu lhe mostro que ele está frustrado ao ver que eu não posso ter uma aceitação ilimitada de suas manifestações, mas que ele pode contar também com ele mesmo tentando se limitar. Ele me escuta com muito ódio e desprezo, joga no lixo a última coisa que sobrava em sua caixa, faz um gesto como que a devolvendo e vai embora antes que termine a hora.

Na sessão seguinte ele tenta retomar a relação que ele "tinha quebrado", fazendo gestos, sem falar. Escreve na mesa, com um lápis que ele trouxe de casa, e propõe por meio de gestos que lutemos boxe por vinte minutos e que, no tempo restante, conversemos. Retorna a tomar goles da "boa-água" (palavras dele) da pia (representante do seio analítico).

Nota: esse foi o ponto de virada de Hugo, agora com a condição de poder conter sua destrutividade, por estar internalizando um objeto que o compreende e que pode ajudá-lo a dar significado às suas emoções.

No quarto semestre ele cria um brinquedo, em 5 de junho de 1984: um funil-filtro de papel, que ele enche de água e vê gotejar; olhando o esvaziamento desse recipiente maior e o enchimento de outro recipiente menor, ele pode manipular seu enchimento e esvaziamento (penso ser a representação de um seio que agora tem "esfíncter", que goteja leite por ação de sua mão-boca. Representaria uma relação viva boca-seio). Ao terminar o gotejamento, ele olha para as últimas gotas caindo e diz-me: "Sabe do que fiquei com vontade de brincar? De cobra-cega!". Evidentemente é a necessidade de reassegurar-se de, ao aceitar o "desmame" do objeto primário (o seio), não ter perdido a relação comigo, na origem com a mãe, e de ser capaz de manter esta relação pessoa-pessoa.

Na última semana antes das férias, ele continua brincando, como vinha fazendo desde o fim do semestre passado, de cobra-cega (um fica com os olhos vendados e o outro se esconde e tem de ser achado e agarrado pelas mãos). Para isso, ele fez um capuz de papel. Quando lhe digo que estou pensando nesse menino que está querendo "como me achar" quando não me vê, querendo saber se pode me gravar em seus pensamentos, ele transforma o capuz em uma bola e arruma o balde de lixo para ser uma cesta de basquete. Mas é uma arrumação em que a cesta fica muito alta, longe e difícil para acertar, e cai toda hora! "Cesta-Marisa lá longe e bola-Hugo que não pode atingi-la... Como acabou de acontecer com o brincar de cobra-cega, como Hugo pode estar sentindo que vai acontecer quando for de férias para X na próxima semana." Ele, então, dá um soco na almofada e joga na minha direção. Digo-lhe que recebo pelo correio os socos de Hugo, que está longe... Ele ri. Espreme cola na mão e gruda uma na outra, e mostra como pode grudar e desgrudar. E, quando seca, ele põe sua mão junto à minha, para me mostrar que, se secar, não gruda. Eu lhe digo que, mostrando-me que a cola ao secar não gruda, mostra o receio de que, com a distância-férias, vai "secar" o vínculo que nos mantém unidos em sua mente... Ele põe cola na mão novamente e torna a colocá-la em cima da minha. Eu lhe digo que, assim, ele pensa levar uma marca minha e deixar uma marca dele para garantir que vamos permanecer unidos dentro dele e comunicando-nos. Ele diz que vai levar para X o capuz amassado. Porque, digo eu, você não tem certeza de me levar dentro de você em pensamentos! Na última sessão antes das férias, ele pega um canudo de papel que fez tempos atrás, tenta equilibrá-lo nos dedos, faz piruetas, joga-o no ar e pede-me para contar quantas voltas dá, em uma verdadeira exibição de habilidades. Continua a exibição, dando palavras "agora para o espaço": agora, dá um mergulho... Agora, vai para a Lua... (e cada vez o canudo vai chegando mais perto de mim). Digo-lhe que eu sou o espaço, a Lua, e ele, do outro lado do mundo, entra em contato comigo por meio desse "canudo-vínculo". Ele o lança, eu o devolvo, e, assim, a comunicação se estabelece... Ele se deita no divã, tenta me olhar por meio do canudo... a luz está bastante obstruída; ele tenta abri-la. Ele faz um gesto de aspirar todo o conteúdo da sala, inclusive a mim, e diz: "Levo tudo para X". Começa a olhar-me pelo canudo... e pede que eu faça um gesto com a boca, para ver se me enxerga. Atendo ao pedido e faço o gesto enquanto ele me olha por meio do canudo. Tira o olho do canudo e mostra-me com sua boca o gesto que eu fiz, para ter a confirmação de que está certo. E assim segue o jogo; depois, inverte-se: eu olho para o canudo, e ele faz os gestos. Esse caminho imitativo se dá também na tentativa de se reproduzirem os sons emitidos, assim como a tomada de goles de água da pia. A introjeção se manifestando em fantasias de estar incorporando sensorialmente e ter certeza desta incorporação por saber reproduzir, imitar o que eu fiz, e eu, o que ele fez, para ter certeza de que ele está me tomando dentro dele, e eu o tomando dentro de mim.

Nota: a atividade simbólica está progredindo, como transparece no brincar deste quarto semestre, o que indica o começo de superação do conflito estético. Hugo agora pode ter experiências emocionais na relação comigo e já tem alguma estrutura para elaborá-las e simbolizá-las.

Comentário final

A análise foi interrompida em junho de 1984, para possibilitar que a mãe entrasse em uma análise, devido a vários sintomas psicossomáticos. Passado um ano, os pais e Hugo voltam para um *follow-up*. Nesta sessão, Hugo salienta a necessidade de a família toda estar junta em uma conversa comigo, para que haja uma confrontação da relação pais-Hugo, a fim de que possam se "redimensionarem responsabilidades no funcionamento do grupo familiar". Tomando como referência o trabalho "Família e comunidades" de M. Harris e D. Meltzer, pensamos na organização e no funcionamento do grupo familiar de Hugo. Ao que parece, a não superação do conflito estético de Hugo ocorreu em grande parte por um casal parental insuficiente para promover um desenvolvimento emocional de Hugo: uma mãe insegura, que permitia uma violação de seu espaço de privacidade; e um pai intrusivo e violento. Resulta disso um objeto combinado, sentido por Hugo, poderoso em sua violência, o que o levou a viver em uma fortaleza inexpugnável. Na transferência, o objeto combinado, a analista, é penetrado por identificação projetiva – socos e adivinhações – para, então, ser completamente degradado em suas funções, como já vimos em algumas sessões de abril a setembro de 1983.

Para Hugo, o mistério e a privacidade dos pais, combinados, eram vistos como um poder abusivo a ser atacado e destruído. Pensamos que a análise ajudou Hugo a dar passos importantes no relacionamento da privacidade de seu objeto combinado, do qual ele depende para gerar significados de sua vida emocional.

5. Acerca da analisabilidade: um depoimento[1]

É sabido que a condição de um analisando ser analisável vai depender das características dele próprio, do analista e da relação analítica a ser construída por ambos.

As características de personalidade do analisando têm sido amplamente descritas e debatidas durante congressos: patologias de difícil acesso à terapia analítica (Winnicott, 1960), a psicopatologia do claustrum (Meltzer, 1984), alguns quadros pós-autísticos, e outros.

Freud, em 1937, passou a incluir na avaliação da analisabilidade as características de personalidade do analista. Entre os fatores que influenciam as perspectivas do tratamento analítico e somam-se às suas dificuldades, deve-se levar em conta não apenas a natureza do paciente, mas, também, a individualidade do analista.

Pensamos que o processo de análise deriva da estrutura da mente do paciente e do analista, ele então me pede que se expressa pelos movimentos transferenciais e contratransferenciais. Se esses

---

1 Trabalho apresentado em mesa redonda na Sociedade Brasileira de Psicanálise de São Paulo (SBPSP), em 2007.

movimentos não ocorrerem ou se forem extremamente dificultados pelo "terror ao outro", ao desconhecido, a analisabilidade fica comprometida!

Se, por outro lado, ocorrer o movimento transferencial, e o analista mantiver o *setting* analítico, poderá haver uma expansão e aprofundamento da transferência do paciente. Mas, para que o processo avance, necessitamos de um aspecto "adulto" da mente do paciente que faça aliança com o trabalho analítico.

Quanto às características do analista, pensamos, antes de tudo, em sua formação analítica, seus dotes pessoais para ser analista e no escrutínio constante de sua prática clínica por meio de supervisões, seminários e teorizações de sua prática.

Consultando meu arquivo de casos clínicos, fruto de quarenta anos de profissão, deparei-me com algo interessante: lembrava-me de muitos pacientes que tinham sido motivo de reflexão e de vários deles terem sido usados como exemplo para teorizar a clínica. No entanto, vários outros estavam inacessíveis à minha memória.

Mesmo considerando que os primeiros estariam presentes por terem sido estudados "mais afundo", ainda fica a pergunta: por que teria escolhido aqueles? Por que há pacientes que fazem parte da nossa história de vida, e outros, apenas passam, mesmo considerando o tempo de permanência em análise ou o grau de dificuldade no trabalho analítico?

Arrisco pensar que "os que ficaram conosco" estabeleceram um vínculo com um aspecto de nossa personalidade, conhecido ou não, o que pode ter contribuído para otimizar nossa função analítica ou, ao contrário, obscurecê-la.

Para repensar acerca dos critérios de analisabilidade, escolhi um caso clínico que me parece servir para olhar tanto para as características dos pacientes quanto para as do analista, e ainda acompanhar os movimentos da dupla para avaliar a condição de trabalho.

As emoções do analista vividas durante a sessão são um auxiliar na investigação da vida mental do paciente. Considero contratransferência como uma resposta emocional do analista à transferência do paciente – ambas processos inconscientes –, contratransferência esta que precisa ser reconhecida por seus derivados conscientes e ser transformada em conhecimento pelo analista.

Assim como Donald Meltzer, prefiro chamar de contratransferência a resposta parental (não analítica) do analista à transferência do paciente.

Caso clínico

Tive uma experiência muito marcante ao conduzir pela terceira vez a análise de um homem próximo dos 40 anos. As duas interrupções anteriores deram-se aparentemente pela dificuldade crescente de pagar meus honorários, justificada pela sua realidade externa.

No entanto, nos períodos anteriores de análise, após os primeiros meses, assim que a análise progredia, iam surgindo impedimentos de horários, atrasos às sessões, demora em pagar-me, parcelamento dos honorários, até chegar à "situação real" de impossibilidade em continuar, por estar totalmente endividado.

Por mais que eu interpretasse suas resistências e sua hostilidade à análise, e que as verdadeiras dificuldades eram internas, ele achava absurdo, já que tinha procurado a análise, pois a admirava, tinha fé de que pudesse ajudá-lo..., mas eu (analista) não queria considerar que ele vivia em uma realidade externa adversa, que dificultava suas realizações (o tom dele era "esses analistas têm mania de achar que tudo vem de dentro da gente...").

Eu lhe mostrava que, se bem podia entender que havia dificuldades externas e estava até colaborando com ele nesse sentido (atrasos de honorários), eu via a origem dessas dificuldades como vindo de dentro dele, sendo assunto de análise.

Mas o impulso de atuar (*acting out*) foi mais forte do que as nossas condições de trabalho analítico, e a interrupção se deu. Na época, eu acreditava estar lidando com algo intransponível, pois o que, de fato, ele me comunicava é que necessitava de que eu pudesse providenciar as implicações externas do fato de ele estar em análise.

Apesar de ser uma pessoa bem-dotada intelectualmente, sua vida profissional era medíocre, em parte resultado de suas atuações, que não o faziam digno da confiança dos outros. Sua vida matrimonial havia fracassado nitidamente por causa dele, e ele apresentou uma justificativa muito forte para pôr fim ao casamento.

Vou relatar um trecho de sessão para mostrar como ele reagia à frustração:

Conta com ansiedade e hostilidade que, de manhã, tinha acontecido uma pequena colisão com seu carro, e que ele não era culpado, mas tinha de pagar porque quem estava dois carros à frente dele brecou de repente, o da frente, também, e ele entrou no de trás... não deu tempo de brecar. Aliás, ele achou que estava distraído..., pensando nos problemas..., na análise. E, agora, quer diminuir de quatro para três sessões para pagar a colisão. Fui lhe dizendo que ele queria me responsabilizar pela sua distração; que ele não pode suportar falhas nele e não pode arcar com as consequências; que ele entende que isso aconteceu porque eu não o provi, não lhe dei condições psíquicas para mantê-lo imune, sem falhas; eu não o ajudo a manter a idealização dele mesmo e tenho de ser castigada. E assim ele repassa a responsabilidade ao propor diminuir as sessões.

Ele não aceita a minha intervenção, retrucando que há um fato: ele não tem dinheiro, e eu tenho de "quebrar o galho".

Eu lhe digo que "quebrar o galho", para ele, seria eu não interpretar essa situação e deixar passar tudo isso como uma dificuldade externa dele. E ele quer me pôr à prova para saber o limite da minha capacidade de não ser levada a atuar junto com ele, e, sim, analisar essa maneira de ele pensar, e isso eu podia fazer, embora ele achasse que precisava de ajuda econômica. Eu via que, naquele momento, ele precisava de mim para mostrar-lhe verdades sobre ele mesmo. Após um silêncio prolongado, ele disse: "Então, isto que é análise!".

Com o progredir desta análise, as identificações projetivas maciças de culpa e desespero do paciente para comigo foram tendo, aos poucos, idas e vindas de sentimentos, ora de querer protegê-lo e de reassegurá-lo de que estávamos progredindo, ora querendo me livrar dele com sua organização mental defendendo seus *status quo* com "unhas e dentes" pelo pavor da mudança.

Considero essa a parte mais difícil da análise: quando o paciente nos empurra para uma função parental, e o analista precisa ter a firme convicção de que é preciso analisar essa situação e tolerar os ataques e os desperdícios para ir adiante. A dificuldade de lidar com a atuação dele na transferência, o impacto que me produziram seus aspectos dissociados e a necessidade de decidir-me por continuar a análise levaram-me a rever cuidadosamente meu trabalho.

Minhas anotações e reflexões logo após as sessões – durante as quais predominavam sentimentos de ter feito intervenções apropriadas e ter estado em contato com a realidade do paciente – me surpreendiam. Assim, as minhas intervenções, que tinham tido o sentido de apontar para seus aspectos construtivos, passavam a ter um significado de reasseguramento.

E as intervenções, no sentido de colocar limites de realidade na nossa relação, e a impossibilidade de eu fazer o trabalho sozinha adquiriam, ao ler minhas anotações, o significado de ameaça do tipo "ou você se comporta ou rua".

Na análise, ele mostrava o enorme medo de ter uma relação mais profunda e ser dominado. Vivia em um mundo interno, onde se sentia constantemente criticado e exigido, onde todos o esvaziavam e ninguém o ajudava a funcionar. Ele, então, retirava-se desse mundo persecutório, indo para uma relação mais primitiva com um objeto ideal.

Isso era concretizado por meio de inúmeros relacionamentos amorosos, que duravam até a primeira decepção aparecer. Sentia culpa e acusava-se de cronicidade por chegar habitualmente tarde às sessões, de não conseguir mudar. Fazia-me sentir o objeto terrível desse seu mundo, que exigia e não me importava com ele, apenas comigo e com meus honorários.

Hoje, ele é capaz de movimentos até a fronteira da posição depressiva, mas aparece muita culpa, da qual se evade indo novamente para o funcionamento esquizoparanoide. Ele me mobilizava sentimentos contraditórios: o de facilitar para que pudesse permanecer e o de ter vontade que ele fosse embora, por achar que não haveria evolução e que ele estava aderido a "esses objetos patológicos" como forma de contenção. Parecia que ele apenas buscava um objeto onde pudesse se alojar.

Penso que algumas mudanças ocorreram, mas, por haver profundas cisões em sua personalidade, o progresso em direção a uma integração era muito lento.

Esse funcionamento poderia ser entendido pelo que autores ingleses chamam de organização patológica. O fundamental na definição da *organização patológica* é não permitir a elaboração da posição esquizoparanoide para a depressiva, e o fator fundamental para tal impedimento é a culpa. Esse paciente não conseguia ter ambivalência em relação ao objeto.

O objeto era maravilhoso e, à primeira frustração, tornava-se péssimo, e ele o descartava. Ele fazia com que a função continente falhasse, mas não via que a falha era dele, e não da continência. Era um ataque permanente à relação, ao casal, a duas pessoas que pudessem ter uma relação criativa. Ele atacava a possibilidade de nós dois fazermos um casal analítico.

Concluindo: quais critérios de analisabilidade nós podemos extrair desse caso ao examinarmos a dupla analista-paciente?

É bem difícil lidar com um paciente com grande dificuldade de elaborar a posição esquizoparanoide por não tolerar a culpa desse movimento. Como resposta defensiva, ele mantém o *status quo*, pois a linguagem predominante ao se aproximar do *insight* é de culpa insuportável e desespero, beirando a desesperança.

As identificações projetivas maciças de desprezo, de incapacidade de conter tais estados de mente, podem levar o analista a sucumbir ou a dar uma resposta parental em vez de uma resposta analítica. Podemos chegar à conclusão de que esse paciente não é analisável?

Na apresentação desse material a Eric Brenman, em 1984, ele comentou:

> *Este paciente é um exibicionista, e o que importa é a visão dele, ele é melhor e a analista tem que se sentir "uma merda". A vida deste paciente é uma confusão. Ele quer fazer a analista sentir que fala de coisas sem importância e que está negligenciando o que importa. E o que importa para ele é pôr a vida (externa)*

> *em ordem. O paciente não quer aprender a ter problemas e lidar com eles. O paciente não quer ter o problema. Trata-se de uma organização patológica defensiva.*

A visão de Brenman acerca desse paciente contribuiu para que eu percebesse o quanto minha contratransferência diante desses estados mentais bloqueou minha condição de aceitar sua enorme impotência para lidar com sua realidade.

Comentário de José Américo Junqueira Mattos ao trabalho: "Acerca da analisabilidade – um depoimento"

Você faz considerações iniciais em que situa com clareza e precisão o problema e delimita sua área de ação. Em seguida, entra no caso clínico. Ficam patentes as dificuldades do paciente em reconhecer que tem uma mente, de que não é governado apenas por fatores externos e que a análise seria para ajudá-lo a lidar com a realidade interna. No material clínico apresentado, fica claro o que foi apontado.

Em todo o trabalho, você faz uso de sua contratransferência para elaborar o que emerge na sessão. É também de minha experiência como é difícil trabalhar quando os pacientes nos "forçam" a exercermos uma função parental. Em tais momentos, temos de ser firmes e analisar a fuga à responsabilidade de lidar tanto com a realidade interna como externa.

Achei muito importante você ter feito após as anotações das sessões uma revisão minuciosa de sua conduta, questionando sempre suas atitudes e interpretações.

Não concordo, porém, quando entende como reasseguramento as interpretações que você fazia, nas quais você chamava a atenção para seus aspectos positivos. Penso ser fundamental para o desenvolvimento da análise que o analisando tenha também contato com as qualidades que ele não reconhece, por estarem inconscientes, e para lidar com elas, é preciso ser conscientizado.

O que gostei particularmente em seu trabalho é que toda formulação teórica se harmoniza com o material clínico trazido, que ilumina o que você pretende defender, por exemplo, o papel da culpa, que impede a elaboração da posição esquizoparanoide.

Quanto à pergunta "será que esse paciente é analisável?", não sei o que aconteceu depois, mas, por tudo o que você trouxe, fiquei, sim, com a impressão de que ele seria analisável.

Finalmente, gostei muito do trabalho, que tem a contribuir para todos aqueles que se interessam e precisam se aprofundar no tema da analisabilidade. Você desenvolve muito e dá ênfase ao pas pel da contratransferência e de seus derivados no trabalho de tão difíceis questões clínicas.

Referências

Bergson, H (1988). Ensaio sobre os Dados Imediatos da consciência Tradução de João da Gama. Lisboa: Edições 70.

Bick, E. (1964). Notes on infant observation in psychoanalytic training. *International Journal of Psychoanalysis*, *45*, 558.

Bick, E. (1964). Notas sobre la observación de lactantes en la enseñanza del psicoanalisis. Traduzido de *The Internacional Journal of Psicoanálisis*, *XLV*(4).

Bick, E. (1987). A experiência da pele em relações objetais arcaicas. *Jornal de Psicanálise*, XX(41), 27-31 [também publicado em: *Melanie Klein Hoje* (Vol. I). Rio de Janeiro: Imago].

Bick, E. (1987). Child analysis today. (1987). In *Collected papers of Martha Harris and Esther Bick* (The Roland Harris Trust, n. 14, pp. 104-113). Duckworth: The Clunie Press. (Trabalho original publicado em 1961.)

Bion, W. R. (1961). *Experiences in groups, and other papers*. New York: Tavistock.

Bion, W. R. (1962). *Second thoughts – Selected papers on psychoanalysis*. London: Heimann.

Bion, W. R. (1963). *Elements of psycho-analysis*. London: Heinemann.

Bion, W. R. (1970). *Attention and interpretation*. London: Tavistock, 1970.

Bion, W. R (1971). *Esperienze nei gruppi*. Roma: Armando, 1971. (Trabalho original publicado em 1948.).

Bion, W. R. (1973). Notes on memory and desire. *The Psychoanalytic Forum*, *2*, 272-3 e 279-80 [Ed. brasileira: Notas sobre a memória e desejo. In *Melanie Klein Hoje* (Vol. 2). Rio de Janeiro, Imago]. (Trabalho original publicado em 1967.)

Bion, W. R. (1977). *Two papers: the Grid and caesura*. Rio de Janeiro: Imago.

Bion, W. R. (1981). Il cambiamento catastrofico. In *Seminari Brasiliani*. Loescher, Torino. (Trabalho original publicado em 1973-1974.)

Bion, W. R. (1984). *Learning from experience*. London: Heimann. (Trabalho original publicado em 1962.) [Reeditado em brochura: London: Maresfield Reprints/H. Karnac Books, 1984]; ed. brasileira: *Os elementos da psicanálise*. Rio de Janeiro: Zahar, 1966].

Bion, W. R. (1984). *Transformations*. London: Heimann. (Trabalho original publicado em 1965.) [Reeditado em brochura: London: Maresfield Reprints/H. Karnac Books, 1984; ed. brasileira: *Transformações*. Rio de Janeiro: Imago, 1991].

Bion, W. R. (1992). Uma teoria do pensar. In *Melanie Klein, Hoje*. Rio de Janeiro: Imago, 1991.

Bion, W. R. (1992). *Cogitations*. London/New York: Karnac Books. (Trabalho original publicado em 1962.)

Bion, W. R. (1994), *Emotional Turbulence Clinical Seminars and Other Works*. London: Karnac Books. (Trabalho original publicado em 1987.)

Bowlby, J. (1982). *Formação e rompimento dos laços afetivos*. São Paulo: Editora Martins Fontes.

Bowlby, J. (1984). Apego. In *Trilogia Apego e Perda* (Vol. II). São Paulo: Martins Fontes. [Trabalho original: *Attachment and Lass. Attachment*. (Vol. I). Tavistock Institute of Human Relations, 1969].

Brenamn, E. (1986). Comunicação pessoal. São Paulo.

Cid, D. J. L. (2000). De la forma al símbolo. Apresentado em 2000, Florença, em Mesa Redonda no Congresso Internacional "Lo sviluppo del método psicoanalitico".

De Masi, F. (2006). *Vulnerabilità alla psicosi.* Milano: Raffaello Cortina.

Eliot, T. S. (1919). Hamlet and his problems. In *The Sacred Wood.* London/New York: Methuen/Barnes – J. Nobles.

Elmhirst, S. I. (1980). Bion and babies. In *Do I dare disturb the Universe?* (pp. 83-92). Beverly Hills: Caesura Press.

Ferrão, L. M. Supervisão em 1976, 1977, 1978.

Fonagy, P. (1995). Comunicação pessoal durante o "I Simpósio Brasileiro de Observação da Relação Mãe-Bebê", São Paulo.

Freud, S. (1900). The interpretation of dreams. In *The Standard Edition of the Horgarth Press.* London: Horgarth Press.

Freud, S. (1915). Instincts and their vicissitudes dreams. In *The standard edition of the complete psychological works of Sigmund Freud.* London: Hogarth Press.

Freud, S. (1932). New introductory lectures. In *The standard edition of the complete psychological works of Sigmund Freud.* London: Hogarth Press.

Freud, S. (1937). *Obras completas de S. Freud* (Vol. XXIII). Rio de Janeiro: Imago.

Freud, S. (1975). The ego and the id. In *The standard edition of the complete psychological works of Sigmund Freud.* London: Hogarth Press. (Trabalho original publicado em 1923.)

Freud, S. (1996). A interpretação dos sonhos. In *Edição standard das obras completas de Sigmund Freud* (Vol. V, pp. 380-381. Rio de Janeiro: Imago. (Trabalho original publicado em 1900-1901.)

Greco, L. (1980). *Montale commenta Montale.* Parma: Pratiche Ed.

Harris, M. (1988). Bebês e criança pequena: reflexões a partir de observações psicanalíticas. In *Enciclopédia Aberta da Psique.* São Paulo: Vértice.

Heimann, P. (1949). On countertransference. *IJPA*, *31*(81), 40.

Isaacs, S. (1952). The nature and function of phantasy. In *Development in Psychoanalysis.* London: Hogarth Press.

Isaacs, S. (1971). Naturaleza y función de la fantasía. In *Desarrollos en psicoanalisis.* Buenos Aires: Paidós.

Junqueira, L. C. (2009). Acomodação do espaço mental nas tramas da cidade. In *A psicanálise nas tramas da cidade* (pp. 129-141). São Paulo: Casa do Psicólogo.

Keats, J. (1984). *Lettere sulla poesia* (N. Fusin, ed.). Milano: Feltrinelli.

Kernberg, O. (1995). Entrevista. *Revista Percurso*, *14*(1).

Klein, M. (1946). Notes on some schizoid mechanisms. In *The writing of Melanie Klein* (Vol. 3, pp.1-24). [Ed. brasileira: Notas sobre alguns mecanismos esquizoides. In *Obras completas de Melanie Klein* (Vol. 3). Rio de Janeiro: Imago, 1991.]

Klein, M. (1952a). On observing the behaviour of the young infant. In *Development in psycho-analysis*(pp. 237-270). London: Hogarth Press,.

Klein, M. (1952b). The origins of transference. In *The writings of Melanie Klein* (Vol. 3, pp. 1-24). [Ed. brasileira: As origens da transferência. In *Obras completas de Melanie Klein* (Vol. 3). Rio de Janeiro: Imago, 1991.]

Klein, M. (1969). *The psychoanalysis of children* (3rd. ed.). New York: Humanities Press, . (Trabalho original publicado em 1932.)

Klein, M. (1970). Situações de ansiedade infantil refletidas numa obra de arte e no impulso criador. In *Constituições à psicanálise*. São Paulo: Mestre Jou. (Trabalho original publicado em 1929.)

Klein, M. (1975a). The development of mental functioning. In *Envy and gratitude and other works 1946-1963*. London: The Hogarth Press, . (Trabalho original publicado em 1958.)

Klein, M. (1975b). The Emotional life of the Infant. In *Envy and gratitude and other works 1946-1963*. London: The Hogarth Press. (Trabalho original publicado em 1952.)

Klein, M. (1982). Sobre a observação do comportamento dos bebês. In P. Heimann, S. Isaacs, & J. Riviere, *Os progressos da psicanálise* (3a ed.). Rio de Janeiro: Zahar Editores. (Trabalho original publicado em 1952.)

Laplanche, J. (1997). *Vocabulário de Psicanálise* (Pedro Tamen, trad.). São Paulo, Martins Fontes.

Mattos Junqueira, J. A. (1989). *Metapsicologia dos processos cognitivos e misconceptivos do analista e analisando*. Trabalho apresentado no Congresso Brasileiro de Psicanálise, Rio de Janeiro, e distribuído aos membros da Sociedade Brasileira de Psicanálise de São Paulo e Rio de Janeiro.

Mattos Junqueira, J. A. (1990). *Preconcepção e Transferência*. Apresentado no "Simpósio W. R. Bion" da Sociedade Psicanalítica do Rio de Janeiro.

Mattos Junqueira, J. A. (1994). *Do soma para o psíquico – Em busca do objeto psicanalíticos*. Trabalho a ser publicado em livro sobre a Segunda Bienal, São Paulo.

Mattos Junqueira, J. A., & Braga, L. C. (2009). Consciência moral primitiva: um vislumbre da mente primordial. *Revista Brasileira de Psicanálise, 43*, 141-158.

Mélega, M. P. (1981). *Mauro, A Organização de uma Personalidade a Partir de um Episódio de Autismo Infantil não Tratado*. Apresentado na Sociedade Brasileira de Psicanálise de São Paulo.

Mélega, M. P. (1985). Um jovem psicanalista trabalhando. *Revista Brasileira de Psicanálise, XVIII*(3), 358.

Mélega, M. P. (1987a). Observação da relação Mãe-Bebê: instrumento de ensino em psicanálise. *Revista Brasileira de Psicanálise, XXI*(4), 309-327.

Mélega, M. P. (1987b). O uso dos derivados da contratransferência na interpretação e formação do psicanalista. Apresentado no IX Congresso Brasileiro de Psicanálise.

Mélega, M. P. (1990). O observador psicanalítico como modelo continente da função materna. *Arquivos de Psiquiatria, Psicoterapia e Psicanálise, 2*(2), 2º Semestre, Ano 2. [Também publicado em: *O olhar e a escuta para compreender a primeira infância*. São Paulo: Casa do Psicólogo, 2008.]

Mélega, M. P. (1992). Aplicações dos conceitos psicanalíticos ao trabalho em contextos não clínicos – uma nova entidade profissional. In *Publicações Científicas; Centro de Estudos Psicanalíticos Mãe-Bebê-Família, III*, 19-23.

Mélega, M. P. (1993). "Constituição *versus* ambiente: diálogo decisivo na formação e transformação psíquica. *Revista Brasileira de Psicanálise, 27*(4), 681-705.

Mélega, M. P. (1994). A prática da observação da relação Mãe-Bebê e sua contribuição à formação analítica. In *O olhar e a escuta para compreender a primeira infância.* São Paulo: Casa do Psicólogo, 2008.

Mélega, M. P. (1995a). Supervisão da observação da relação mãe--bebê", ensino e investigação. *Revista Brasileira de Psicanálise, 29*(2),.263-282.

Mélega, M. P. (1995b). O Método de Observação da Relação Mãe--Bebê como um Método de Pesquisa. Apresentado em mesa--redonda intitulada "Métodos de investigação em psicanálise" durante o I Simpósio Brasileiro de Observação da Relação Mãe-Bebê (não publicado).

Mélega, M. P. (1996a). Investigação em Psicanálise: Método e Objeto. In *Anais do II Congresso Latino-Americano de Psicanálise de Crianças e Adolescentes.*

Mélega, M. P. (1996b). Reflexões em torno de uma supervisão com Wilfred Bion. *Revista Brasileira de Psicanálise, 30*(1), 157-168.

Mélega, M. P. (1996c). Relação Mãe-Bebê como um modelo da relação analítica. *Revista de Psicanálise da Sociedade Psicanalítica de Porto Alegre, III*(2), 243-253.

Mélega, M. P. (1996d). Relação Mãe-Bebê: um modelo da relação analítica. *Revista Latino-Americana de Psicanálise, I*(2).

Mélega, M. P. (1998). Intervenções terapêuticas conjuntas pais-filhos. *Alter: Jornal de Estudos Psicodinâmicos, XVII*(2), 119-134.

Mélega, M. P. (2001). *Eugenio Montale – Criatividade poética e psicanálise.* São Paulo: Ateliê.

Mélega, M. P. (2001). Gerando significados no trabalho com pais-crianças. *Revista Brasileira de Psicanálise, 36*(3).

Mélega, M. P. (2003). Da clínica psicanalítica à pesquisa em psicanálise. *Revista Brasileira de Psicanálise, 37*(2/3), 615-618.

Mélega, M. P. (2004). Reverie Materno e desenvolvimento da atividade simbólica do Bebê entre 0 e 18 meses. In *Pesquisando com o método psicanalítico* (pp. 223-243). São Paulo: Casa do Psicólogo.

Mélega, M. P. (2017). Narrative of a dream life. In *Meltzer in Sao Paulo* (pp. 1-37) (The Harris Meltzer Series), London: Karnac, 2017.

Meltzer, D. (1967). *The Psychoanalytical Process*. Strathtay: The Roland Clunie Press.

Meltzer, D. (1971). *O processo psicanalítico*. Rio de Janeiro: Imago.

Meltzer, D. (1973). *Sexual States of Mind*. Perthshire: Clunie Press.

Meltzer, D. et al. (1975). *Explorations in Autism*. Perthshire: Clunie Press.

Meltzer, D. (1979). La dimenzionalidad como un parámetro del funcionamiento mental: su relación con la organización narcisista. In *Exploración del autismo: un studio psicoanalítico* (Cap. 9, pp. 197-209). Buenos Aires: Paidos. (Trabalho original pub blicado em 1975.)

Meltzer, D. (1984). *Dream life*. London: Clunie Press.

Meltzer, D. (1986a). Identificação adesiva. *Jornal de Psicanálise, XIX*(38), 40-52.

Meltzer, D. (1986b). *Studi di metapsicologia allargata – Applicazioni cliniche del pensiero di Bion*. Milano: Raffaello Cortina, 1987.

Meltzer, D. (1986c). *Studies in Extended Metapsychology* (Roland Harris Trust Library, n. 13). Pertshire: Clunie Press.

Meltzer, D.; Harris Williams, M. (1988). *Apprehension of beauty: the role of aesthetic conflict in: development, art and violence*. Pertshire: Clunie Press.

Meltzer, D. (1990). *La aprehension de la belleza* (pp. 47, 60, 61). Buenos Aires: Patia Ed. (Trabalho original publicado em 1988.)

Meltzer, D. (1991). Comunicação pessoal. Oxford.

Meltzer, D. (1992a). Além da consciência. *Revista Brasileira de Psicanálise*, *26*(3), 397- 408.

Meltzer, D. (1992b). Comunicação pessoal. Montevideo.

Meltzer, D. (1992c). *The claustrum: an investigation of claustrophobic phenomena* (The Roland Harris Trust Library, n. 3).

Meltzer, D. (1993). *Claustrum, Uno studio dei fenomeni claustrofobici*. Milano: Raffaello Cortina, Milano. (Trabalho original publicado em 1992.)

Meltzer, D. (1994). *Sincerity and other works*. London: Karnac Books.

Milner, M. (1972). El papel de la ilusión en la formación de símbolos. In M. Klein et al., *Nuevos direcciones en psicoanálisis* (2ª ed., p. 99). Buenos Aires: Paidós, 1972. (Trabalho original publicado em 1952.)

Montale, E. (1937). La speranza di pure rivederti. In *Tutte le poesie*. Milano: Amoldo Mondadori, 1984.

Montale, E. (1937). Non recidere, forbice, quel volto. In *Le Occasioni*. Milano: Amoldo Mondadori, 1994.

Montale, E. (1984). Due nel Crepuscolo. La Bufera. In *Tutte le poesie*.Milano: Arnoldo Mondadori. (Trabalho original publicado em 1940.)

Montale, E. (1984). *Tutte le poesie*. Milano: Arnoldo Mondadori.

Pick, I. (1985). Working through in the countertransference. *Interr national Journal of Psychoanalysis, 66*, 157.

Pick, I. (1986). Comunicação pessoal. São Paulo.

Prego y Silva, V. (1978). Comunicação pessoal. São Paulo.

Rickman, J. (1940). On the nature of ugliness and the creative impulses. *International Journal of Psycho-Analysis, 21*, 294-313.

Segal, H. (1981). Phantasy and other mental processes. In *The Work of Hanna Segal. A Kleinian Approach to Clinical Practice*. New York: Jason Aronson.

Segal, H. (1982). Notas a respeito da Formação de Símbolos. In *A Obra de Hanna Segal*. Rio de Janeiro: Imago.

Segal, H. (1993). *Sonho, fantasia e arte*. São Paulo: Imago. (Trabalho original publicado em 1991.)

Sharpe, E. (1971). *Análise dos sonhos*. São Paulo, Imago.

Tustin, F. (1982). *Estados autísticos em crianças* (Cap. 1). Rio de Janeiro: Imago. (Trabalho original publicado em 1981.)

Williams, M. H.; Waddell, M. (1991). *The chamber of the Maiden thoughts*. London/New York, Routledge.

William, M. H (2010). *Lo sviluppo estético: lo spirito poetico della psicanalisi, Saggi su Bion, Meltzer, Keats*. Roma: Borla, 2012.

Winnicott, D. (1953). *O brincar e a realidade*. Rio de Janeiro: Imago, 1971.

Winnicott, D. W. (1960). *Distorção do ego em termos de verdadeiro e falso self*. In: Winnicott, D. W. O Ambiente e os processos de maturação: estudos sobre a teoria do desenvolvimento emocional. Porto Alegre: Artmed, 1983.

Winnicott, D. (1971). O brincar: uma exposição teórica. In *O brincar e a realidade* (Cap.III). Rio de Janeiro: Imago,. (Trabalho original publicado em 1953.)

Winnicott, D. (1978). Preocupação materna primária. In *Textos selecionados: da pediatria à psicanálise* (Cap. 24, p. 491). Rio de Janeiro: Francisco Alves.

Winnicott, D. (1978). Objetos transicionais e fenômenos transicionais. (1951) In *Textos selecionados: da pediatria à psicanálise* (3a ed., pp.389-408). Rio de Janeiro: Francisco Alves. (Trabalho original publicado em 1951.)

GRÁFICA PAYM
Tel. [11] 4392-3344
paym@graficapaym.com.br